Christiane Hübner

Shibori

Traditionelles Färben neu interpretiert

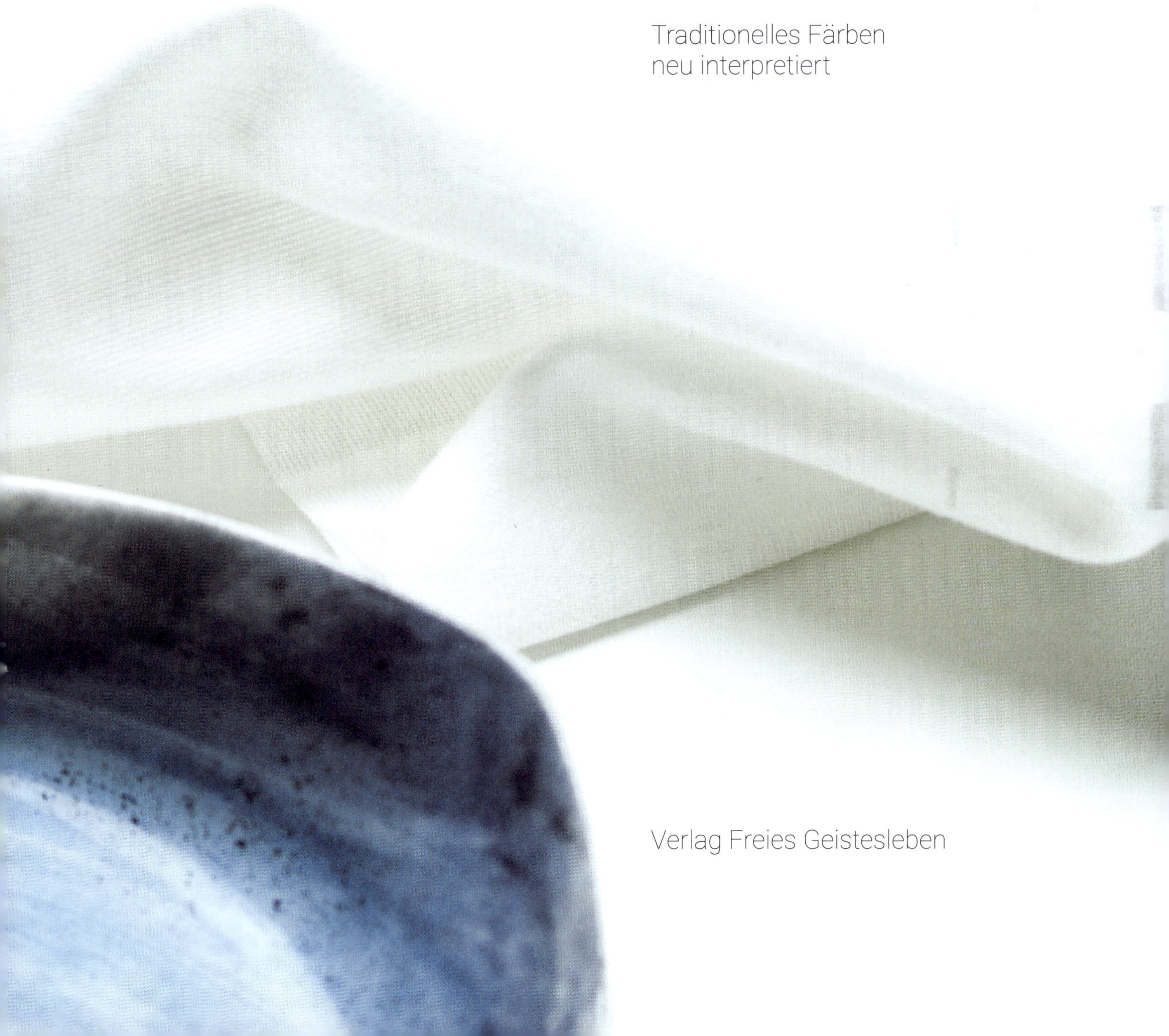

Verlag Freies Geistesleben

Christiane Hübner

Shibori

Traditionelles Färben neu interpretiert

Mit Fotos von Jean-Marie Engel

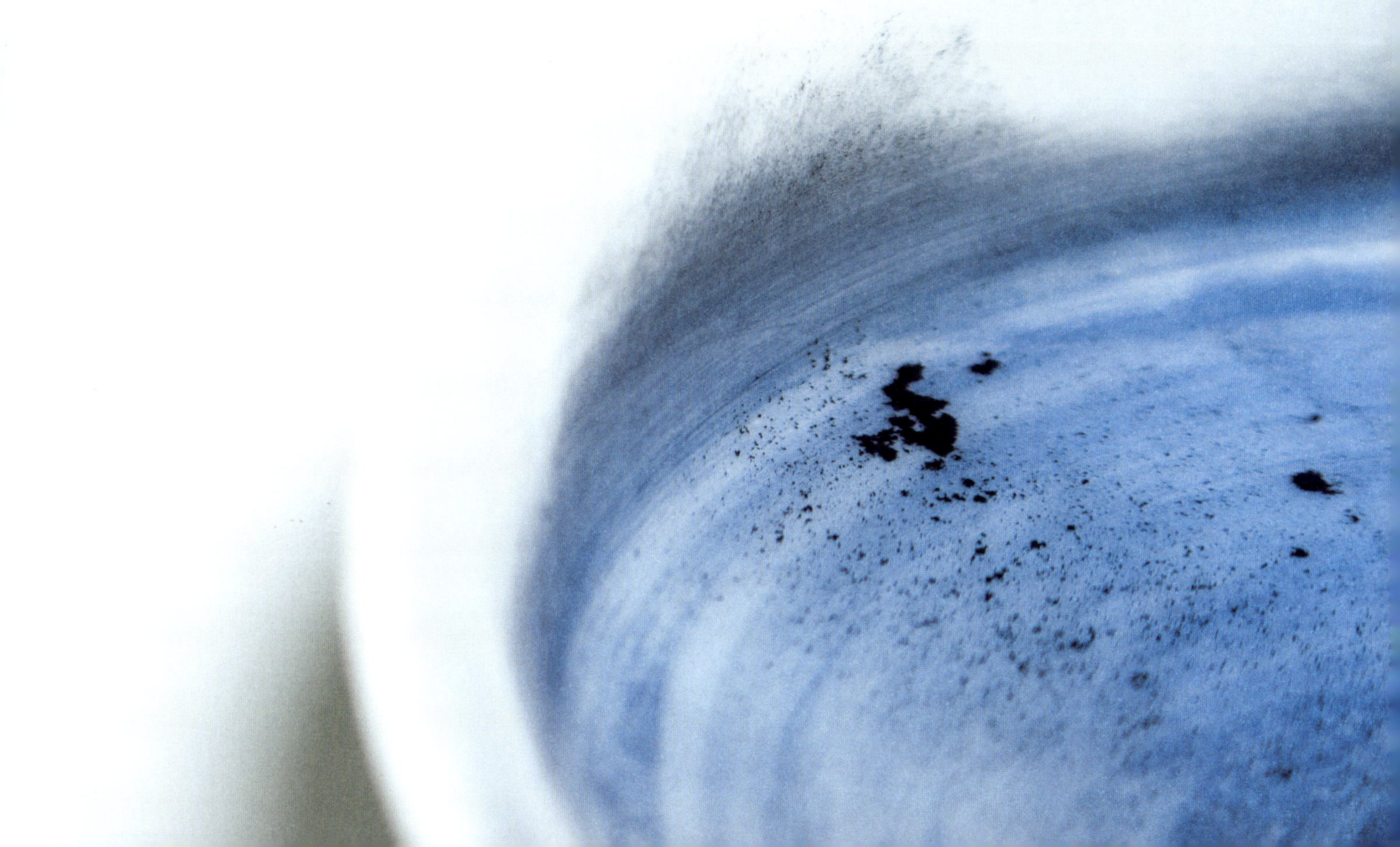

Mein großer Dank *herrn m.*, der mit einer geduldigen Gelassenheit über Monate in einer Werkstatt lebte und mich stetig in meinen Projekten bestärkt.

4. Auflage 2024

Verlag Freies Geistesleben
Landhausstraße 82, 70190 Stuttgart
geistesleben.de

ISBN 978-3-7725-2743-2

Fotos: Jean-Marie Engel | jmdphoto.de
(S. 144 unten, Oliver Fiegel)
Fotostyling: Katrin Engel | nicenicenice.de
Zeichnungen: Ralf Powierski (S. 24, 49, 64, 68, 73);
alle anderen Christiane Hübner
Gestaltung: Bonfert & Kafitz
Satz: Bianca Bonfert
Druck: Print Best, Viljandi
Printed in Estonia

FSC www.fsc.org MIX Papier | Fördert gute Waldnutzung FSC® C129413

ClimateCalc™ Der CO2-Ausstoß dieses Druckproduktes wurde mit ClimateCalc berechnet und kompensiert: South Pole
www.climatecalc.eu CC-000113/EE

Zu diesem Buch

Wohl jeder von uns hat schon einmal Kleidung abgebunden und in Kaltfarbbäder eingetaucht. Hier sind zumeist völlig unkontrollierte Muster entstanden. Mit Shibori lassen sich gezielt Dekore entwickeln, umsetzen und reproduzieren.

Noch heute wird Shibori in Japan traditionell für Kimonos und Accessoires verwendet und hat vor einiger Zeit auch Einzug in die Modewelt und den Wohnbereich gehalten.
Die Ausbildung zum Shibori-Meister dauert bis zu zehn Jahren, und dann ist er ein Spezialist für nur eine bestimmte Art des Shibori. Den Anspruch auf diese Meisterschaft hat das vorliegende Buch nicht, vielmehr möchte ich damit Interesse an dieser traditionellen Technik wecken und zeigen, wie sie sich neu und zeitgemäß interpretieren lässt.
Daher enthält dieses Buch eine Vielzahl an Mustertechniken und bietet zudem Anwendungsmöglichkeiten für die so entstandenen Shibori-Stoffe. Es möchte anleiten, inspirieren und zum Experimentieren animieren.

Nicht alles lässt sich für uns Laien in dem Prozess steuern, aber vieles lenken. Es gibt kein falsch – alles ist richtig!

Ich hoffe, meine Begeisterung für diese Textilgestaltung steckt an.

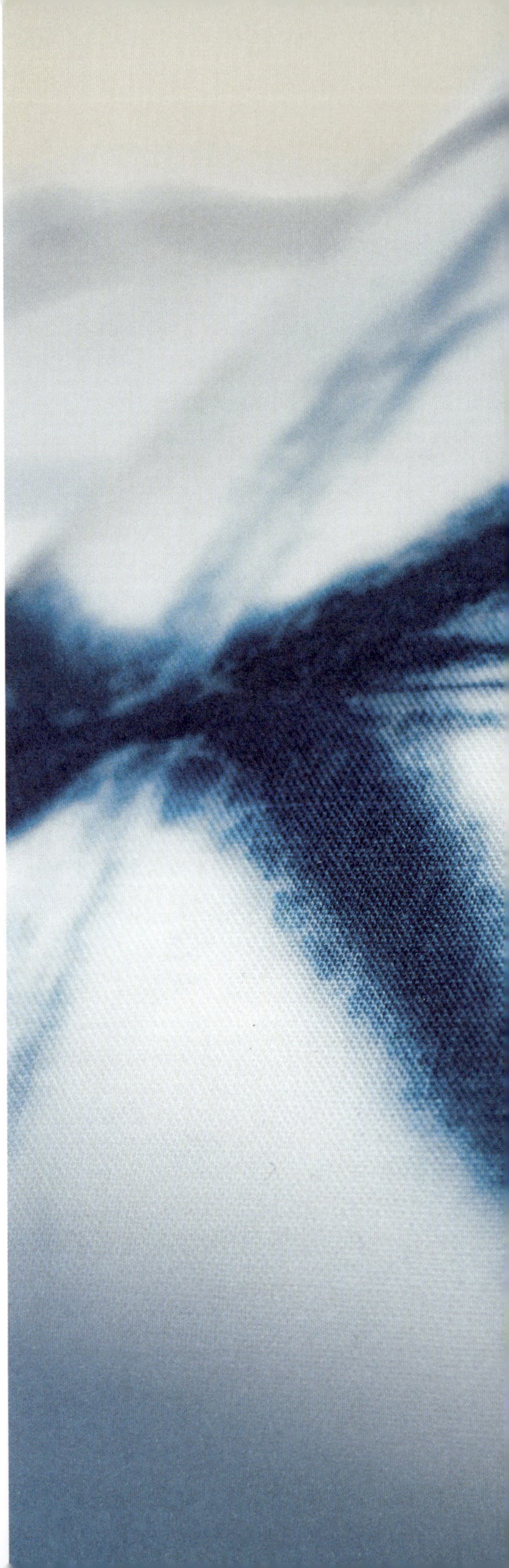

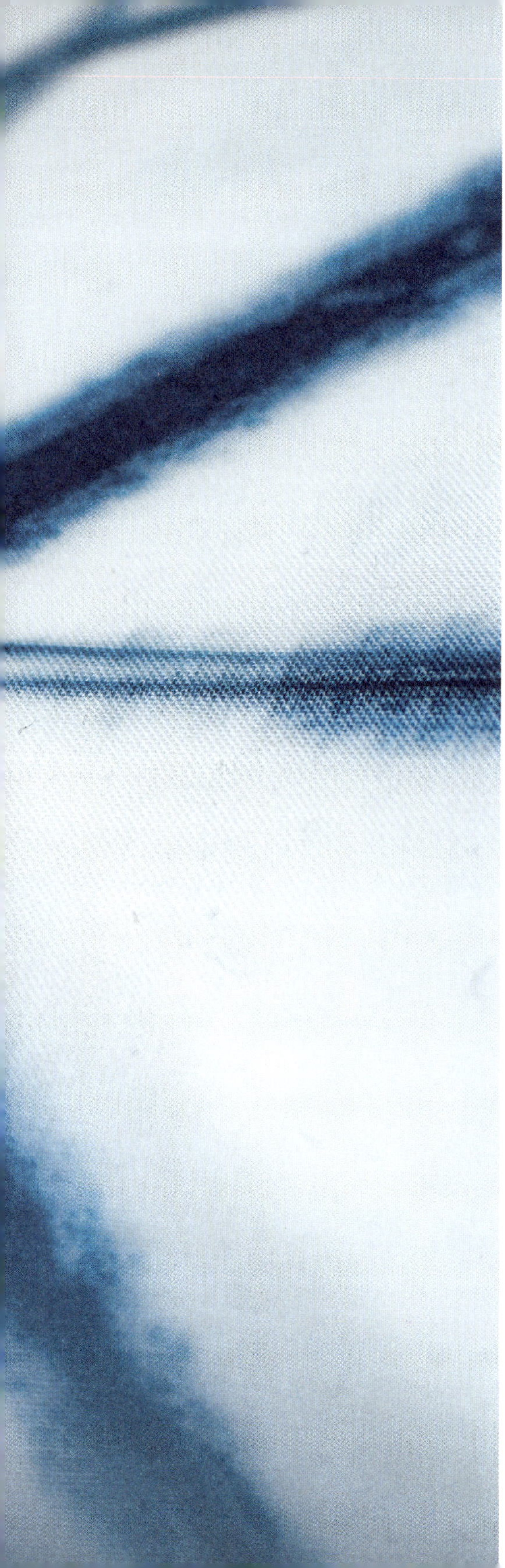

Einführung

Das japanische Verb *shiboru* bedeutet pressen, drehen, quetschen. Diese manuellen Handhabungen mit Stoff bilden die Basis zur faszinierenden Welt des Musterfärbens.

Shibori ist eine Reservefärbung: Durch das Falten, Abbinden und Nähen wird das Eindringen der Farbe in das Textil unterbunden. Die Stärke des Pressens, die Beschaffenheit und Art des Stoffes, die Farbe und Färbezeit beeinflussen das Ergebnis und eröffnen zugleich ein weites Feld des Experimentierens.

Die Anfänge des japanischen Shibori lassen sich in die Asuka- und Nara-Periode im 6. – 8. Jahrhundert zurückverfolgen. Shibori war ursprünglich ein Kunsthandwerk der Armen. Sie konnten es sich nicht leisten, regelmäßig neue Kleidung zu kaufen. Die alte Kleidung wurde geflickt und umgefärbt, um sie neu aussehen zu lassen. Im Lauf der Zeit entwickelte sich Shibori zur dekorativen Färbung von Seiden für die Kimonos der Adligen und wurde zur Volkskunst, die sich von Region zu Region unterscheidet.
Die Reservierungstechniken finden sich in fast allen Kulturkreisen wieder: Unter den Namen *Adire* in Afrika, *Plangi Tritik* in Indonesien, auf den Philippinen, in Mittel- und Südamerika sowie in Tibet, als *Bandhani Laharia* in Indien, *Jiao Xie* in China und *Tie and Dye* in den englischsprachigen Ländern.
In Europa wurde die sogenannte «Wickelbatik» verwandt, wobei Batik «mit Wachs zeichnen» bedeutet und eine andere Technik ist.

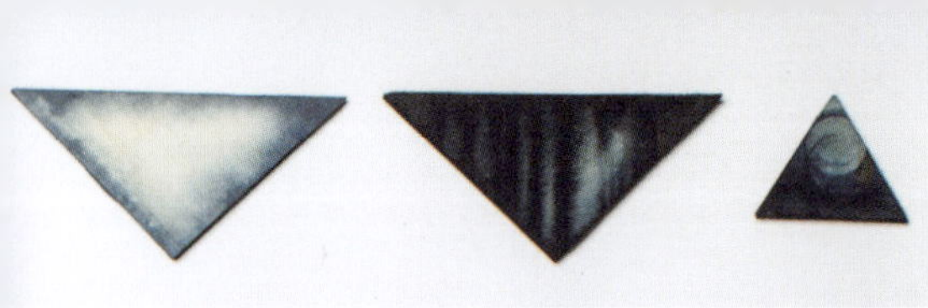

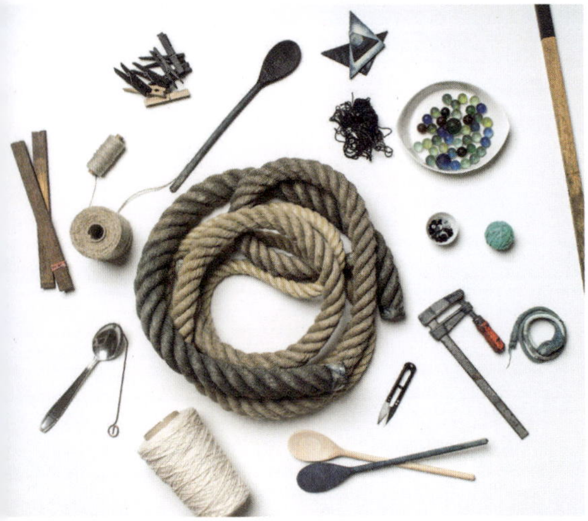

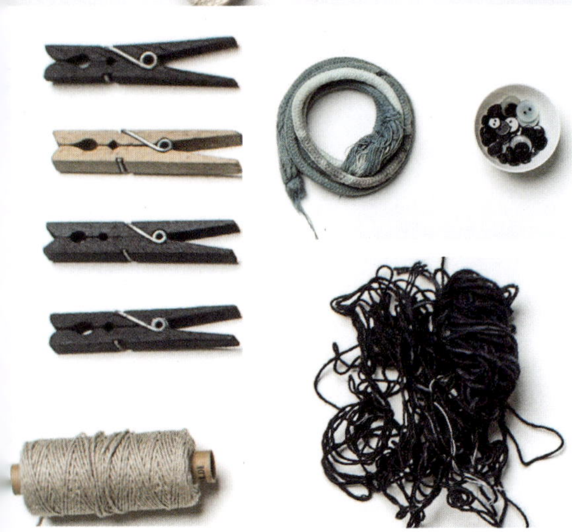

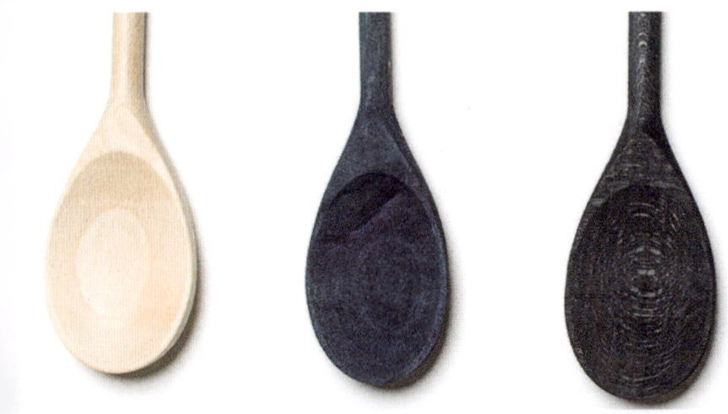

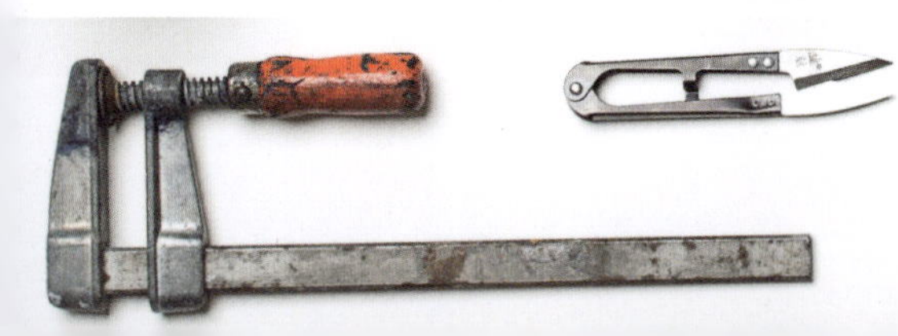

Werkzeuge

Nicht jedes Werkzeug kommt bei den verschiedenen Techniken zum Einsatz. Hier ein Überblick der wichtigsten Utensilien; in den einzelnen Techniken sind sie nochmals im Einzelnen aufgeführt.

Baumwollgarn
Cutter
Draht
Eieruhr
Esslöffel
Folie
Großer Topf mit Deckel
Gummibänder
Gummihandschuhe
Klammern
Knöpfe
Knopflochgarn
Kochlöffel
Kunststoffrohr
Lineal
Messbecher
Messlöffel
Metallstab
Murmeln
Nähnadel
Pappelsperrholz
ph-Indikatorpapier
Polyestergarn
Rührstab
Schere
Schnur
Shibori-Haken
Stoffmarkierstift
Tau
Thermometer
Wäscheklammern
Zwingen

Tipp
Für die Technik *itajime shibori* werden Holzplättchen zum Abbinden der Stoffpakete benötigt. Pappelsperrholz, in der Stärke 4 mm, lässt sich gut mit einem normalen Cuttermesser schneiden.

Stoffe

Baumwolle, Halbleinen, Hanf, Leinen, Seide, Wolle, Viskose – diese Naturfasern eignen sich sehr gut zum Färben. Mischgewebe sollten mindestens einen 60 % Naturfaseranteil haben. Die Farben werden jedoch weniger intensiv.

Entschichten

Der normale Stoff ist vom Hersteller mit einer Appretur versehen. Für ein brillantes Farbresultat sollte diese Beschichtung vor dem Verarbeiten entfernt werden. Hierzu den Stoff in der Waschmaschine bei 60° C unter Hinzugabe von ½ Teelöffel Soda-Asche oder Waschsoda waschen.

Stoffe mit PFD – Prepared for Dying

Diese Stoffe sind bereits für das Einfärben vorbereitet und können sofort eingesetzt werden.

Einweichen vor dem Färben

Ist der Stoff fertig gefaltet, verschnürt oder genäht, sollte er mindestens 15 Minuten zum Einweichen in klares Wasser gelegt werden. Teilweise schrumpft das Stoffpaket, und die Schnüre oder Klammern müssen nachgezogen werden. Das aufgenommene Wasser in der Faser verhindert das tiefe Eindringen der Farbpigmente ins Textil. Das Muster wird zudem exakter. Schwere Stoffe benötigen eine etwas längere Einweichzeit als leichte.

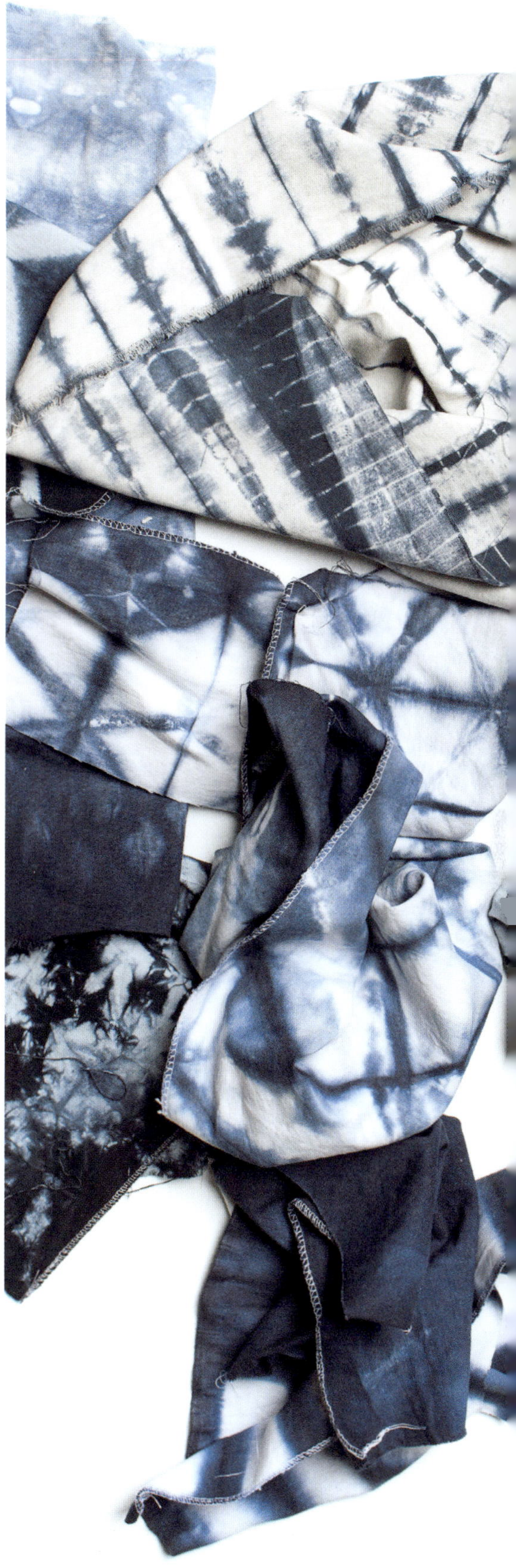

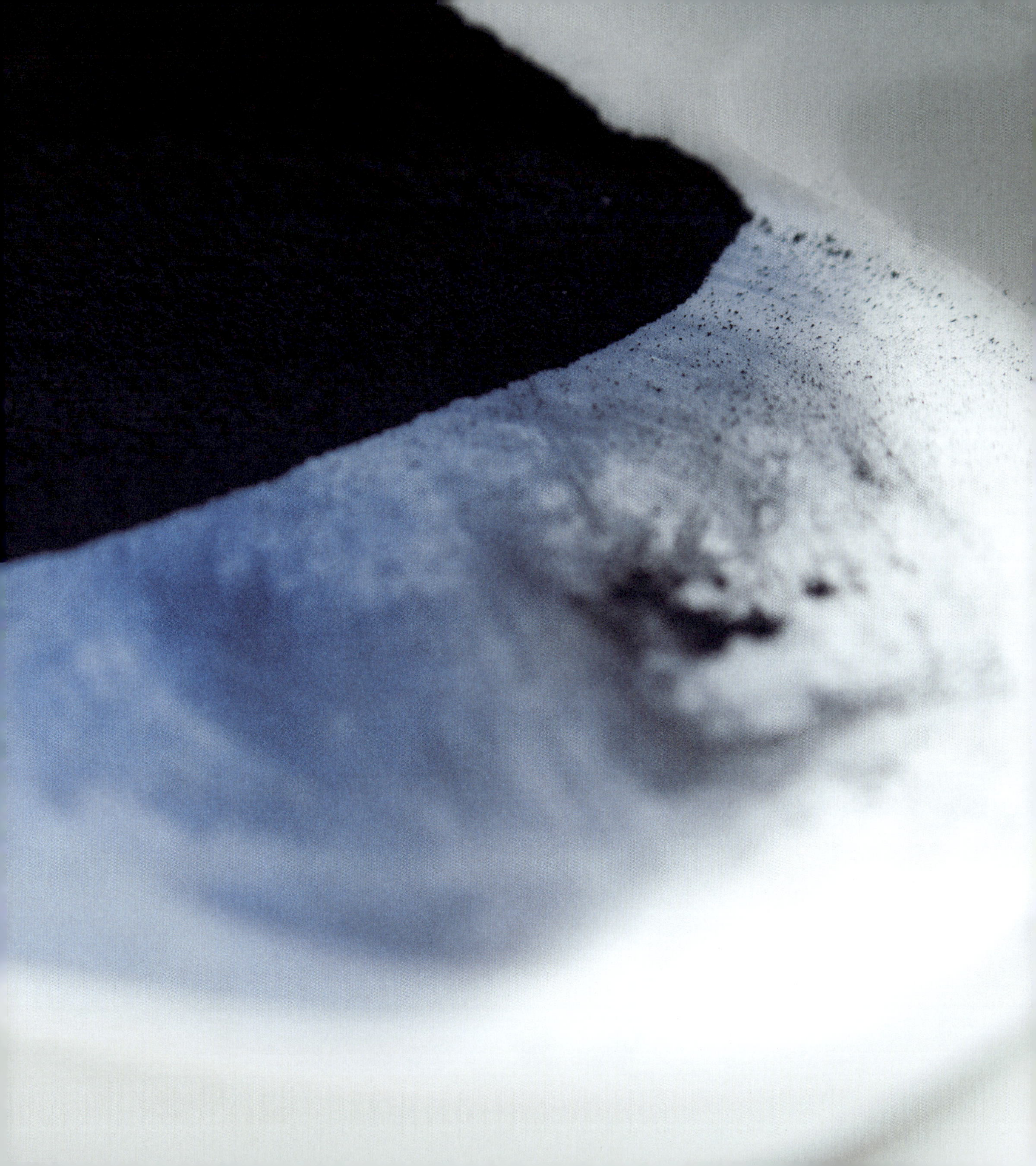

Färben

Färben ist ein chemischer Vorgang, und die Färbemittel können allergische Reaktionen hervorrufen. Bitte beachten Sie daher folgende Sicherheitsmaßnahmen:

› Beim Färben geeignete Kleidung und Schutzhandschuhe tragen. Die Arbeitsfläche großzügig mit dicker Folie auslegen. Jeder Farbspritzer, sei er noch so klein und zart, hinterlässt einen Fleck, der selbst durch die modernste Chemie nicht entfernt werden kann.
› Ob pflanzliche oder synthetische Farben – Farbstoffstäube sollten grundsätzlich nicht eingeatmet werden. Atemmasken findet man in jedem Baumarkt oder bei den spezialisierten Farbstoffanbietern. Während des Färbens für eine gute Raumlüftung sorgen.

Um brillante und reine Farben zu erzielen, sollten die Werkzeuge, wie Meßlöffel, Rührstab und Behälter, peinlich sauber gehalten werden. Nach dem Abspülen alle Werkzeuge sehr gut trocknen lassen, bevor sie wieder verwendet werden.

Die folgenden Rezepturen sind für ca. 200 x 150 cm Stoff berechnet. Generell sollte der Stoff beim Färben immer komplett mit der Farbflüssigkeit bedeckt sein.

Tipp
Erscheint das Anrühren der Farblösungen zu aufwendig oder kompliziert, können alternativ Stofffarben für Schüsselfärbung aus dem Bastelbereich verwendet werden. Diese nach Gebrauchsanweisung verarbeiten.

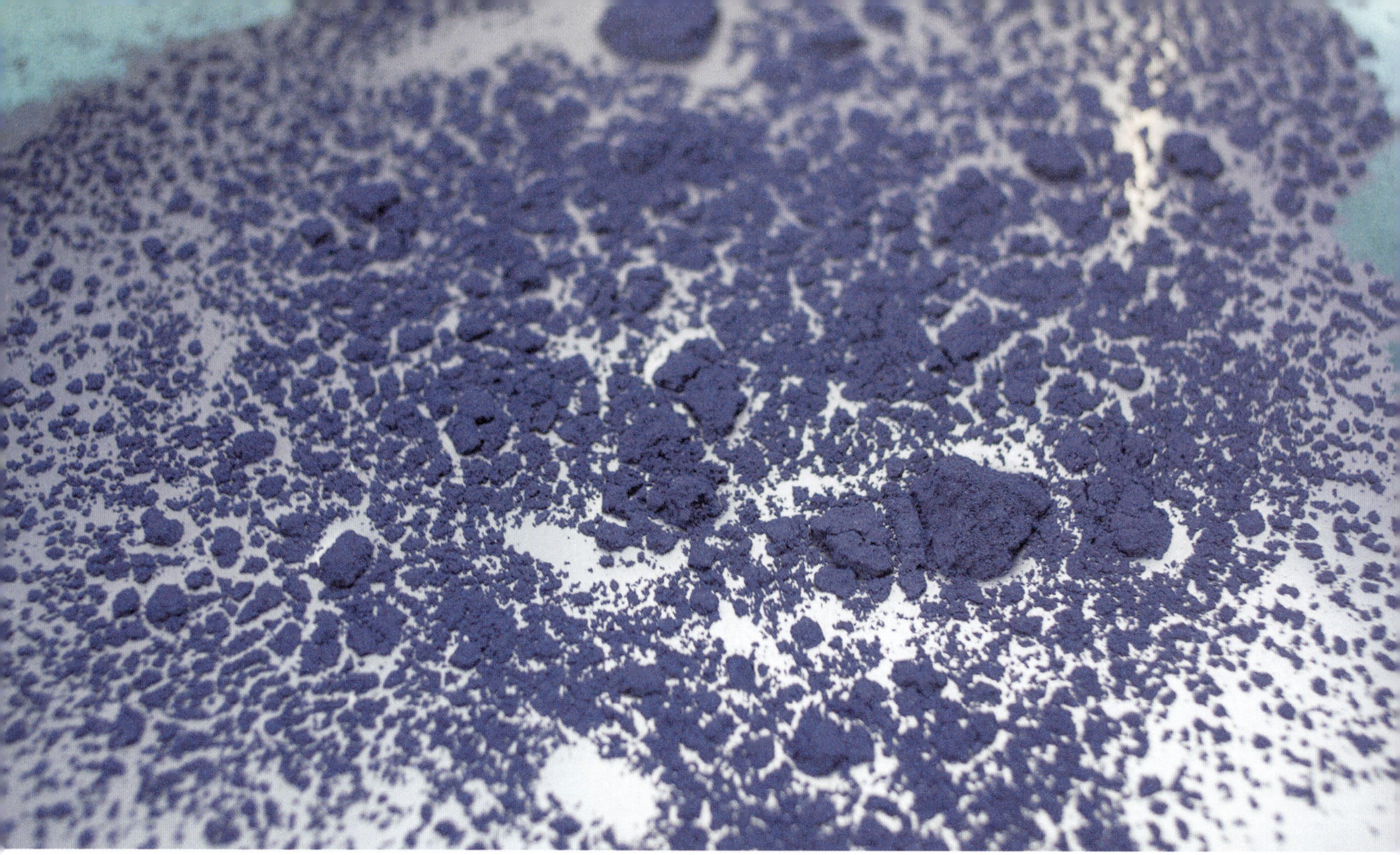
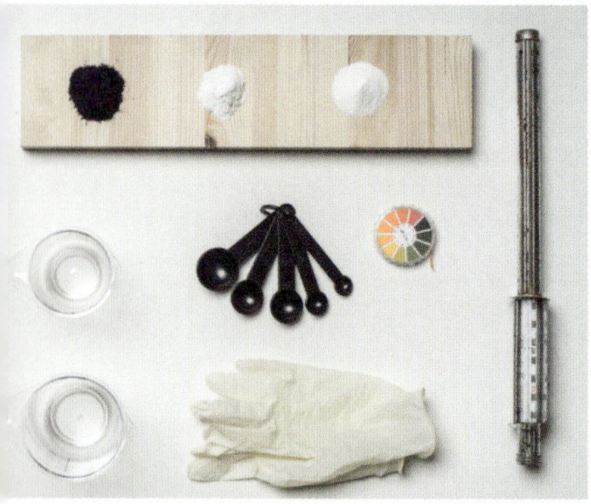
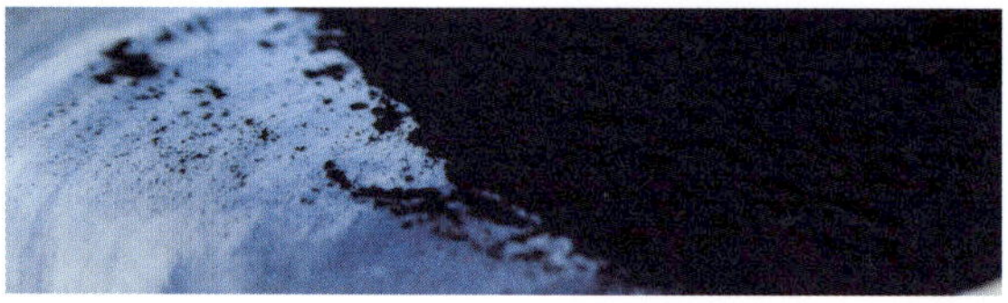
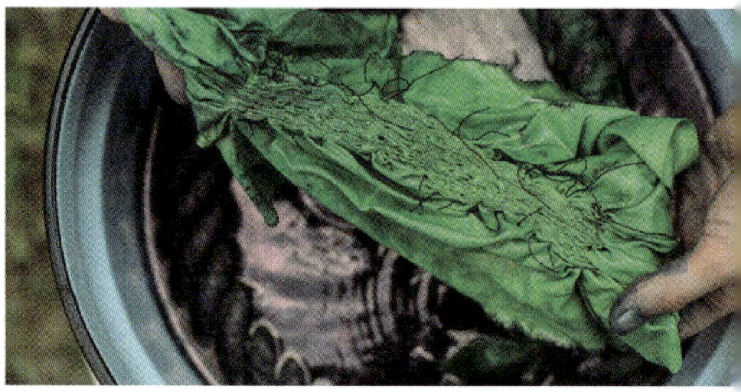
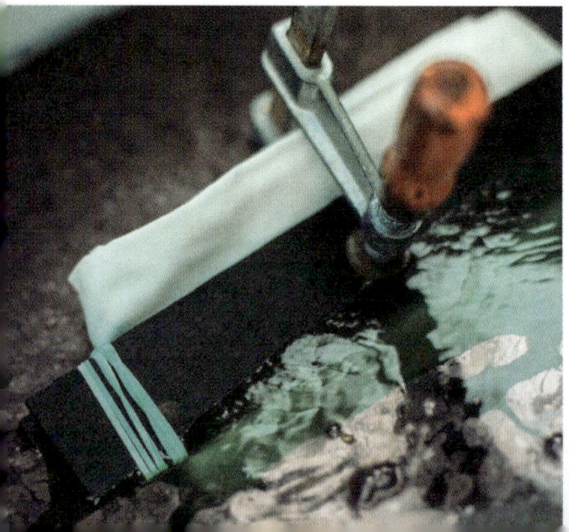
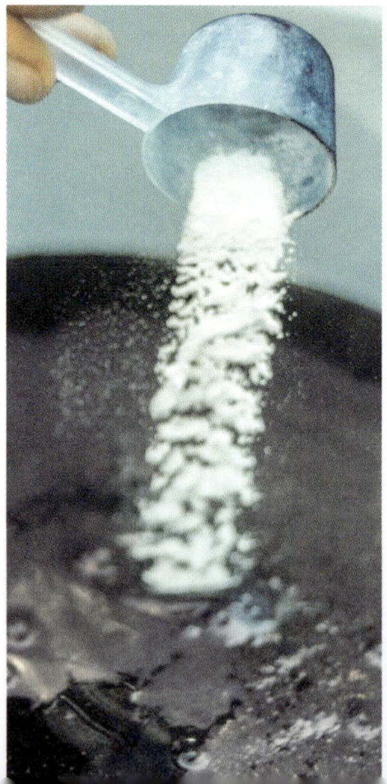
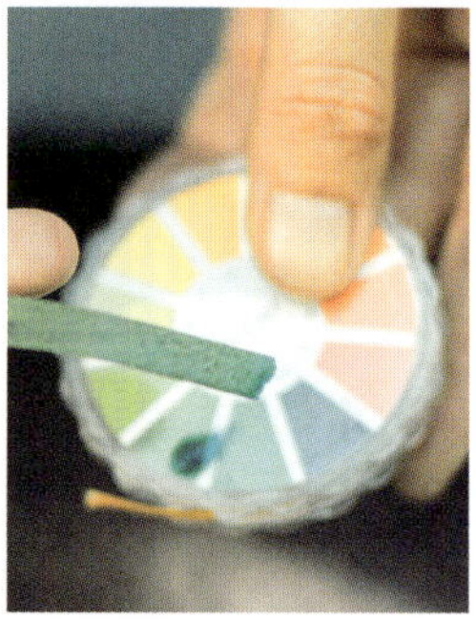
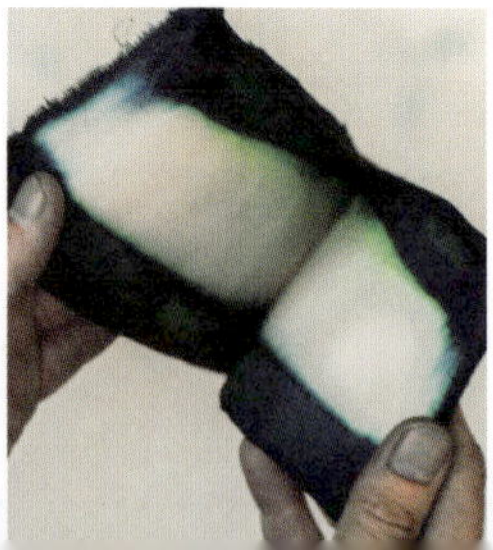
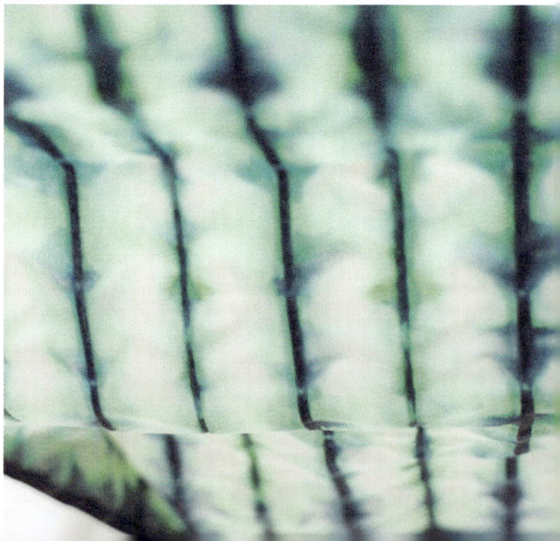

Färben mit Indigo

Der Farbstoff Indigo, sein Name stammt vom Griechischen *indikón*, was «das Indische» bedeutet und auf das Herkunftsland veweist, kann aus verschiedenen Pflanzen gewonnen werden. Im 13. – 16. Jahrhundert florierte die Stadt Erfurt durch den Handel mit Färberwaid – dem «deutschen Indigo». Die Pflanze wurde in Thüringen angebaut und durch die Anbindung an wichtige Handelsstraßen in alle Himmelsrichtungen verkauft. Das orientalische Indigo besticht durch seine intensivere Leuchtkraft und löste Ende des 17. Jahrhunderts den Waid ab. Die in Indien beheimatete Indigopflanze *indigofera tinctoria* ist am bekanntesten und ertragreichsten.

Indigo selbst ist nicht wasserlöslich und muss vor dem Färben in eine wasserlösliche Form umgewandelt werden. Hierzu wird dem Wasser Natriumdithionit hinzugegeben. Durch diesen Prozess entsteht Indigoweiß. Die Wasserfarbe wechselt von Blauviolett zu einem Gelb. Diese Umwandlung, die auch bei anderen Textilfarbstoffen angewandt wird, nennt sich Verküpung.
Wird das Textil dem Färbebad entnommen, ist es zunächst Gelbgrün. Nun reagiert die Flüssigkeit mit dem in der Luft befindlichen Sauerstoff, und der Stoff verfärbt sich von Gelb nach Grün zu Blau. Durch die Oxidation entsteht wieder Indigo.

Hinweis
Wer mehr über das chemische Verfahren und zudem über Indigo erfahren möchte, findet unter www.seilnacht.com/Lexikon/Indigo.htm eine ausführliche und für Laien verständliche Beschreibung.

Rezept mit natürlichem Indigo

Utensilien
Großer Topf mit Deckel, z.B. Einkochtopf, ca. 25 l Inhalt | Kochplatte | Thermometer | Rührstab | pH-Indikatorpapier | Eieruhr

Zutaten
10 Liter Wasser

4 Esslöffel Intensiventfärber aus der Drogerie (30 % Natriumdithionit)

2 Esslöffel natürliches Indigo, eventuell 2 Esslöffel Waschsoda aus der Drogerie

> **Tipp**
> Den Stoff nach dem letzten Tauchgang über Nacht ausgiebig oxidieren lassen und erst am folgenden Tag die Reservierungen entfernen. Das Farbergebnis ist oftmals brillanter.

Zubereitung

› Wasser auf 55 – 60° C erhitzen.
› Intensiventfärber hinzufügen und auflösen.
› Indigo hineingeben und vorsichtig umrühren. Es soll kein Sauerstoff unter die Flüssigkeit gerührt werden.
› Mit geschlossenem Deckel mindestens 1 Stunde ruhen lassen. Temperatur im Auge behalten.
› Mit dem Indikatorpapier den pH-Wert prüfen. Er soll zwischen pH10 – 14 liegen. Ist der Wert niedriger, etwas Waschsoda hinzugeben und erneut vorsichtig umrühren.

Färben

› Den vorbereiteten und bereits ausgiebig gewässerten Stoff ausdrücken und langsam in die Küpe, das Färbebad, geben. Der Stoff muss nass sein, damit er keinen Sauerstoff in die Farbflüssigkeit bringt. Der Sauerstoff würde eine vorzeitige Oxidation im Färbebad auslösen und die Färbung misslingen. Ab und an vorsichtig umrühren.
› Nach 5 Minuten die Stoffpakete entnehmen, aufhängen oder auf der Folie verteilen.
› 5 Minuten oxidieren lassen. Den Stoff, die Faltungen und Raffungen bewegen, damit der Sauerstoff auch in die Zwischenräume gelangen kann.
› Den Tauch- und Oxidationsvorgang wiederholen, bis der gewünschte Farbton erreicht ist.
› Nach dem letzten Tauchgang den Stoff aufhängen oder ausbreiten und oxidieren lassen.
› Das Färbebad unter fließendem Wasser in den Ausguss schütten.
› Den Stoff ausspülen und sämtliche Reservierungen (Klammern, Schnüre, Nähte) entfernen.
› Abschließend waschen, trocknen und bügeln.

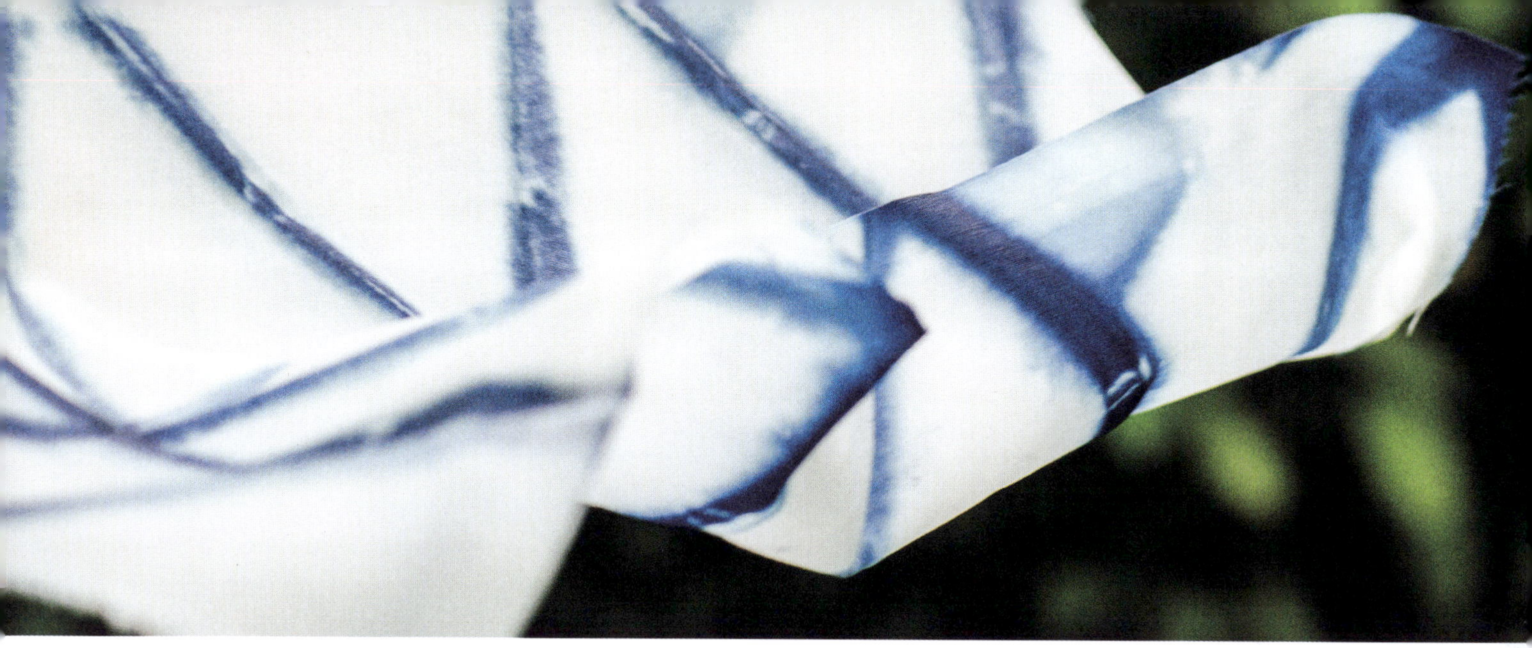

Rezeptur mit synthetischem Indigo nach Janice Gunner

Zutaten
10 Liter Wasser

4 Esslöffel Kochsalz (nicht jodiert)

8 Esslöffel Waschsoda

4 Esslöffel Natriumdithionit

4 Esslöffel synthetische Indigoküpe

Granulat (60 %)

Zubereitung

- Das Salz in heißem Wasser auflösen.
- Das Waschsoda hinzugeben.
  Für das Färben von Seide immer Waschsoda verwenden.
- Natriumdithionit einrühren und auflösen.
- Langsam das Indigogranulat unterrühren.
- Mit geschlossenem Deckel mindestens 1 Stunde ruhen lassen.

Färben

Färbevorgang wie bei natürlichem Indigo, Tauchgang 2 Minuten, Oxidation 5 Minuten.

Hinweis
Ich habe keine Erfahrung mit der Verarbeitung von synthetischem Indigo, weiß aber, dass u.a. aus Kostengründen gerne darauf zurückgegriffen wird. Das hier abgedruckte Rezept stammt aus dem Buch *Shibori im Textildesign* von Janice Gunner, das im Haupt Verlag erschienen ist.

Färben mit Farbpulver

Utensilien
Großer Topf | kleines Gefäß | Rührstab

Zutaten
10 Liter Wasser

2-mal ½ Liter Wasser

1–2 Esslöffel Farbpulver

1 Tasse Kochsalz (nicht jodiert)

7 Esslöffel Urea

4 Esslöffel Soda-Asche oder
8 Esslöffel Waschsoda

1 Teelöffel Synthrapol (Reiniger zum Nachwaschen in Kombination mit Procion®-MX-Farben), alternativ Farbfixierer anderer Hersteller

Zubereitung

› Wasser auf 40 °C erhitzen.
› Für die Stammlösung ½ Liter Wasser entnehmen und das Farbpulver auflösen.
› Kochsalz in den großen Topf hineinrühren und auflösen.
› Urea hinzugeben und auflösen.
› Die Stammlösung gut unterrühren.

Färben

› Den vorbereiteten und bereits ausgiebig gewässerten Stoff ausdrücken und ins Färbebad geben.
› 10 –15 Minuten den Stoff häufig in der Lösung bewegen.
› Soda-Asche in ½ Liter warmes Wasser auflösen.
› Stoff aus dem Farbbad entnehmen.
› Die Soda-Asche-Lösung als Fixierer in das Färbebad geben und intensiv rühren.
› Den Stoff in den Topf zurückgeben und mindestens 5 Minuten ständig in Bewegung halten.
› 60 Min. im Färbebad belassen und ab und zu umrühren.
› Den Stoff unter fließendem Wasser ausspülen, bis es klar ist.
› Sämtliche Reservierungen (Klammern, Schnüre, Nähte) entfernen.
› 60 °C heißes Wasser und Synthrapol oder einen anderen Farbfixierer in eine Schüssel geben.
› Den Stoff etwa 20 Minuten einweichen lassen.
› Klar spülen, trocknen und bügeln.
› Das Färbebad unter fließendem Wasser in den Ausguss schütten.

Schwarz färben

Schwarz ist der am schwierigsten zu färbende Farbton. Zumeist geht er in einen Blau- oder Braunton über. Man benötigt mehr Farbpulver und Salz, um satte Farbtöne zu erzielen.

Utensilien
Großer Topf | kleines Gefäß | Rührstab

Zutaten
10 Liter Wasser

2-mal ½ Liter Wasser

2 Esslöffel Farbpulver |

4 Tassen Kochsalz (nicht jodiert)

7 Esslöffel Urea

4 Esslöffel Soda-Asche oder
8 Esslöffel Waschsoda

1 Teelöffel Synthrapol (Reiniger zum Nachwaschen in Kombination mit Procion®-MX-Farben), alternativ Farbfixierer anderer Hersteller

Zubereitung

› Wasser auf 55 – 60 °C erhitzen.
› Für die Stammlösung ½ Liter Wasser entnehmen und das Farbpulver auflösen.
› Salz in den großen Topf hineinrühren und auflösen.
› Urea hinzugeben und auflösen.
› Die Stammlösung gut unterrühren.

Färben

› Den vorbereiteten und bereits ausgiebig gewässerten Stoff ausdrücken und ins Färbebad geben.
› 15 Minuten den Stoff häufig in der Lösung bewegen.
› Soda-Asche in ½ Liter warmes Wasser auflösen.
› Stoff aus dem Färbebad entnehmen.
› Die Soda-Asche-Lösung als Fixierer ins Färbebad geben und intensiv rühren.
› Den Stoff in den Topf zurückgeben und mindestens 5 Minuten ständig in Bewegung halten.
› 30 Minuten ruhen lassen und anschließend gut umrühren. Diesen Vorgang weitere 2- bis 3-mal wiederholen.
› Den Stoff unter fließendem Wasser ausspülen, bis es klar ist.
› Sämtliche Reservierungen (Klammern, Schnüre, Nähte) entfernen.
› 60 °C heißes Wasser und Synthrapol in eine Schüssel geben.
› Den Stoff etwa 20 Minuten weichen lassen, anschließend klar spülen, trocknen und bügeln.
› Das Färbebad unter fließendem Wasser in den Ausguss schütten.

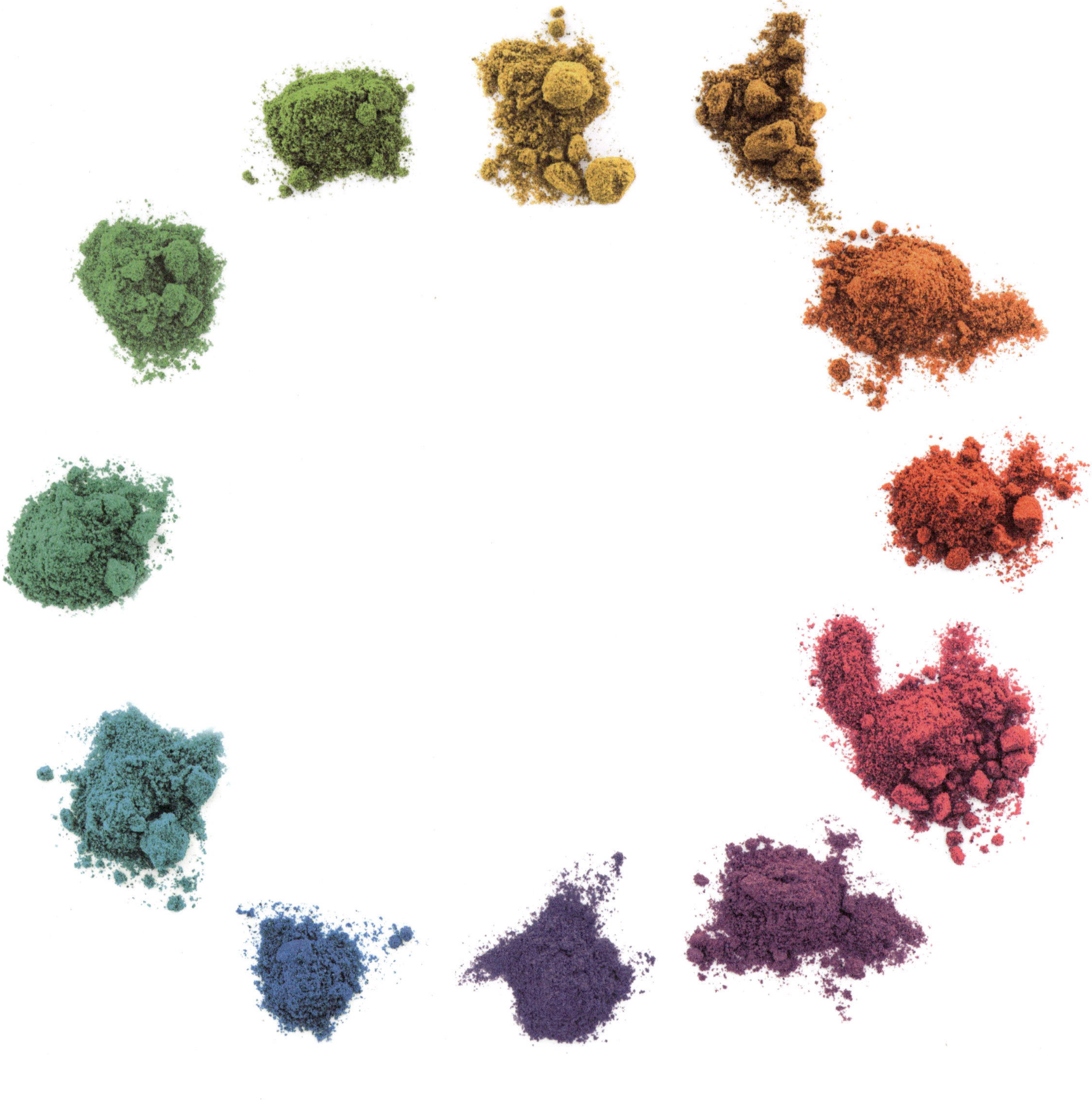

Farben

Bei der Wahl der Farbe für das eigene Shibori-Projekt ist es nicht notwendig, jeden Farbton als Pulver zu besitzen. Das Mischen von Farben ergibt unendlich viele Farben, die in immer neuen Mischversuchen entstehen können.
Der Farbkreis ist ein gutes Hilfsmittel, um Farben effektiv zu kombinieren. Die Primärfarben Rot, Gelb und Blau lassen sich nicht aus anderen Farben mischen. Diese Grundfarben sind die Basis für alle anderen. Werden zwei Primärfarben gemischt, entstehen die Sekundärfarben Orange, Grün und Violett.

Rot + Gelb = Orange | Gelb + Blau = Grün | Blau + Rot = Violett

Tertiärfarben entstehen beim Mischen von Primär- und Sekundärfarbe.

Gelb + Grün = warmes Grün | Blau + Grün = warmes Blau
Blau + Violett = kaltes Blau | Rot + Violett = kaltes Rot
Rot + Orange = warmes Rot | Gelb + Orange = warmes Gelb

Die warmen Farben Rot, Orange und Gelb sind leuchtend und ausdrucksstark. Die kalten Farben Blau und Grün wirken beruhigend und zurückhaltend.

Die Sättigung einer Farbe ist ebenso wichtig wie der Ton an sich. Eine Sättigung von 100 % ist kräftig und hat eine starke Wirkung. Ist der Farbanteil geringer, wirken die Farben leichter und zurückhaltender. Das Feld der Farben ist so umfangreich – es lohnt sich, mit ihnen zu spielen und vielleicht sogar eine persönliche Farbwelt zu entwickeln.

Tipp
Experimente mit Farbmischungen und Sättigungsgraden sind gut in einem Notizheft aufgehoben. So lassen sich Farben reproduzieren und weiterentwickeln.

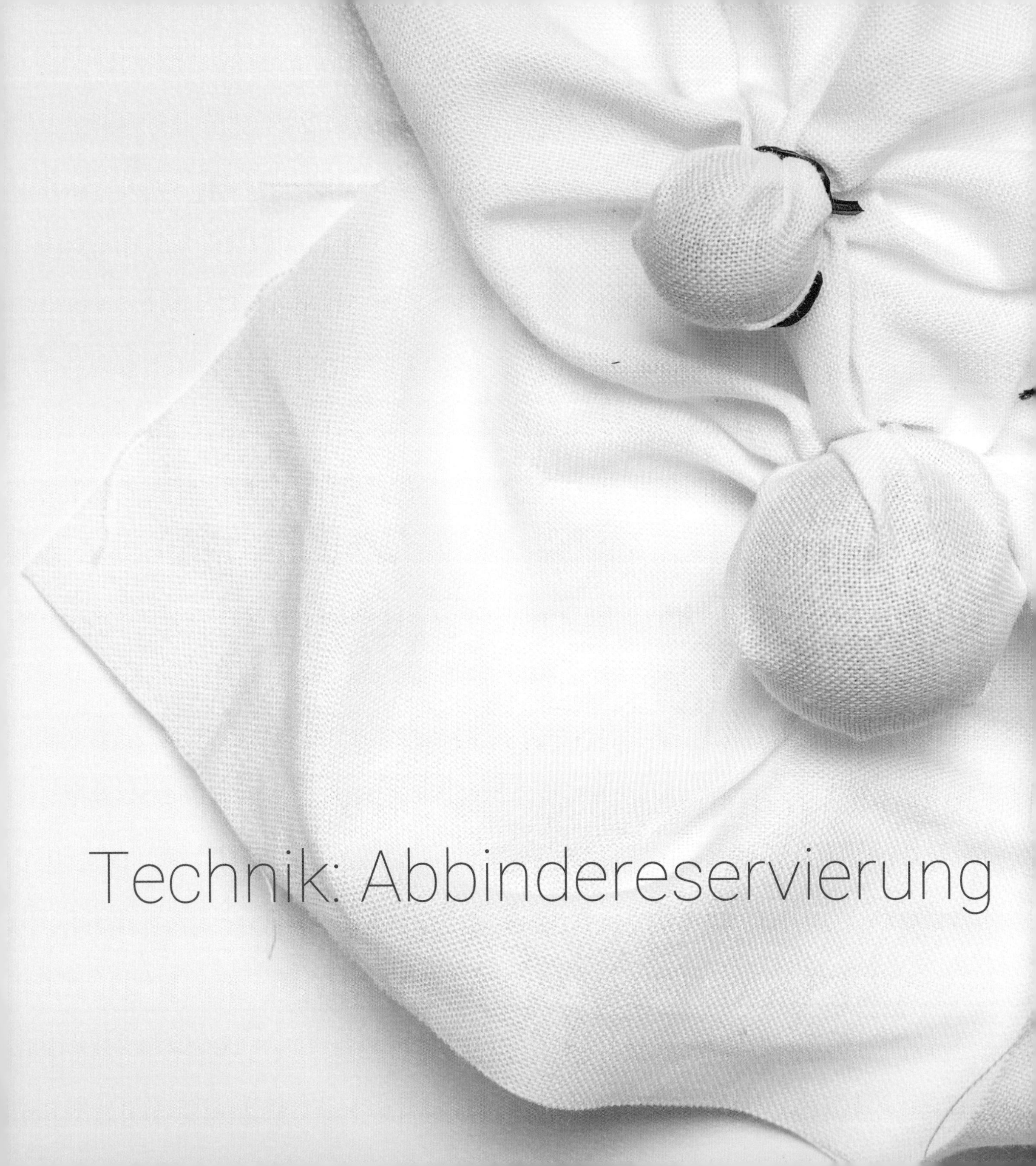

Technik: Abbindereservierung

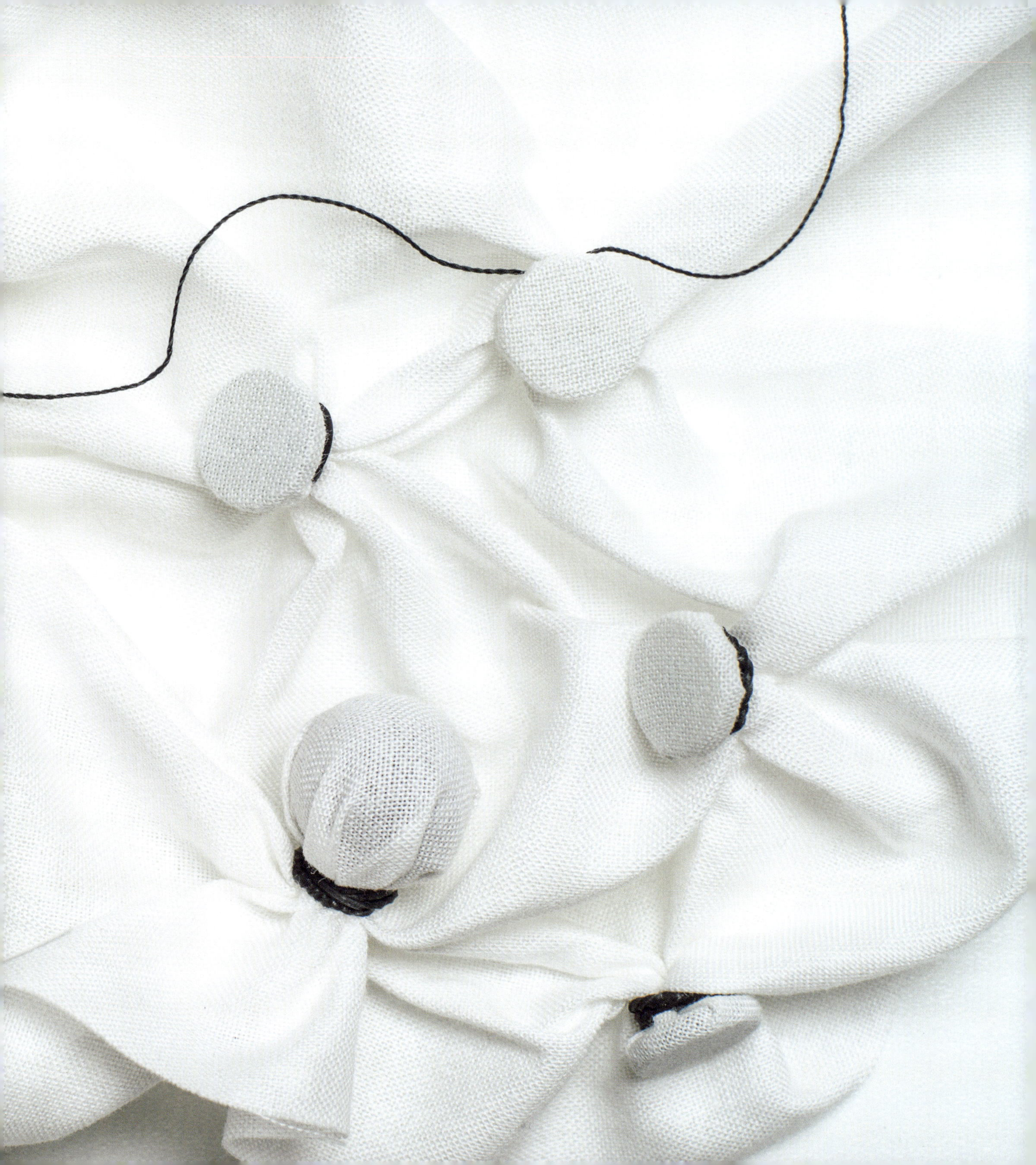

ne-maki shibori

Kreise & Kringel

Material
Stoff | Gummibänder | Knopflochgarn | Murmeln | Knöpfe

Ne-maki shibori ist die einfachste Technik, um Muster zu erzeugen. Der Stoff wird mit Garn oder Gummibändern abgebunden. Knöpfe, Murmeln, Bastelperlen und vieles mehr kann in den Stoff eingebunden werden, um unterschiedlich große Kreismuster zu erzielen. Hierfür ist der Kamosage-Knoten sehr hilfreich (Beschreibung auf S. 24).

Tipp
Mit dem Shibori-Haken können sehr kleine Stoffsegmente abgeschnürt werden. Zunächst den Shibori-Haken mit einer Schnur an einem Möbel befestigen, z.B. an einer Stuhllehne.
Mit dem Haken die Markierung (mit wasserlöslichem Stift angebracht) des Stoffes durchstechen. Den Stoff zu sich ziehen und spannen.
Mit dem Garn im kurzen Abstand zum Haken den Stoff abbinden.

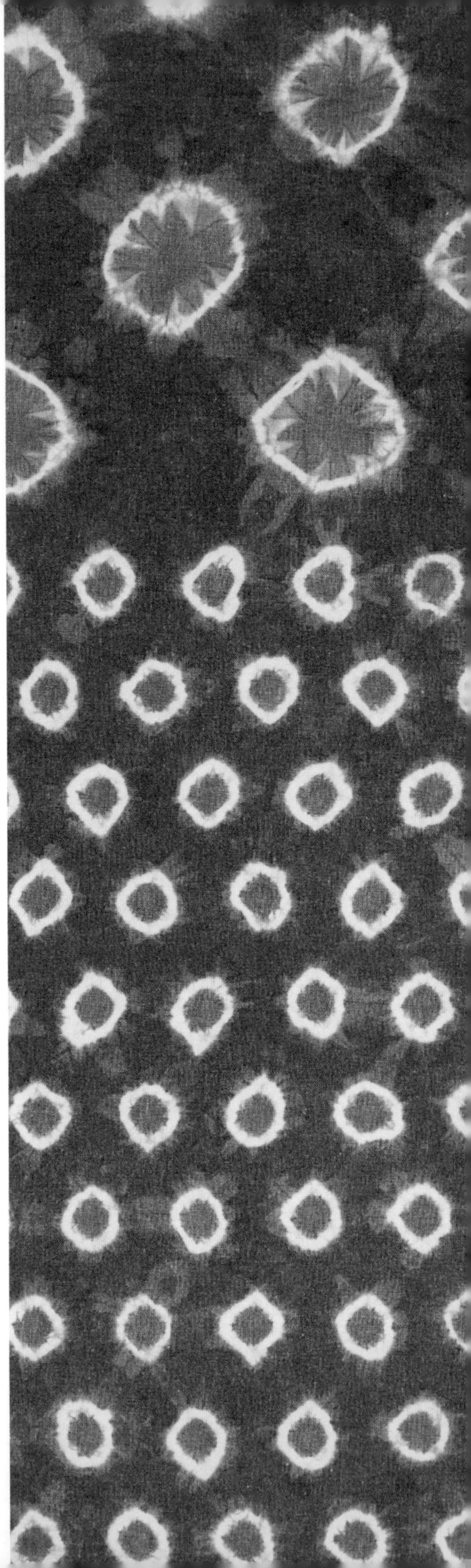

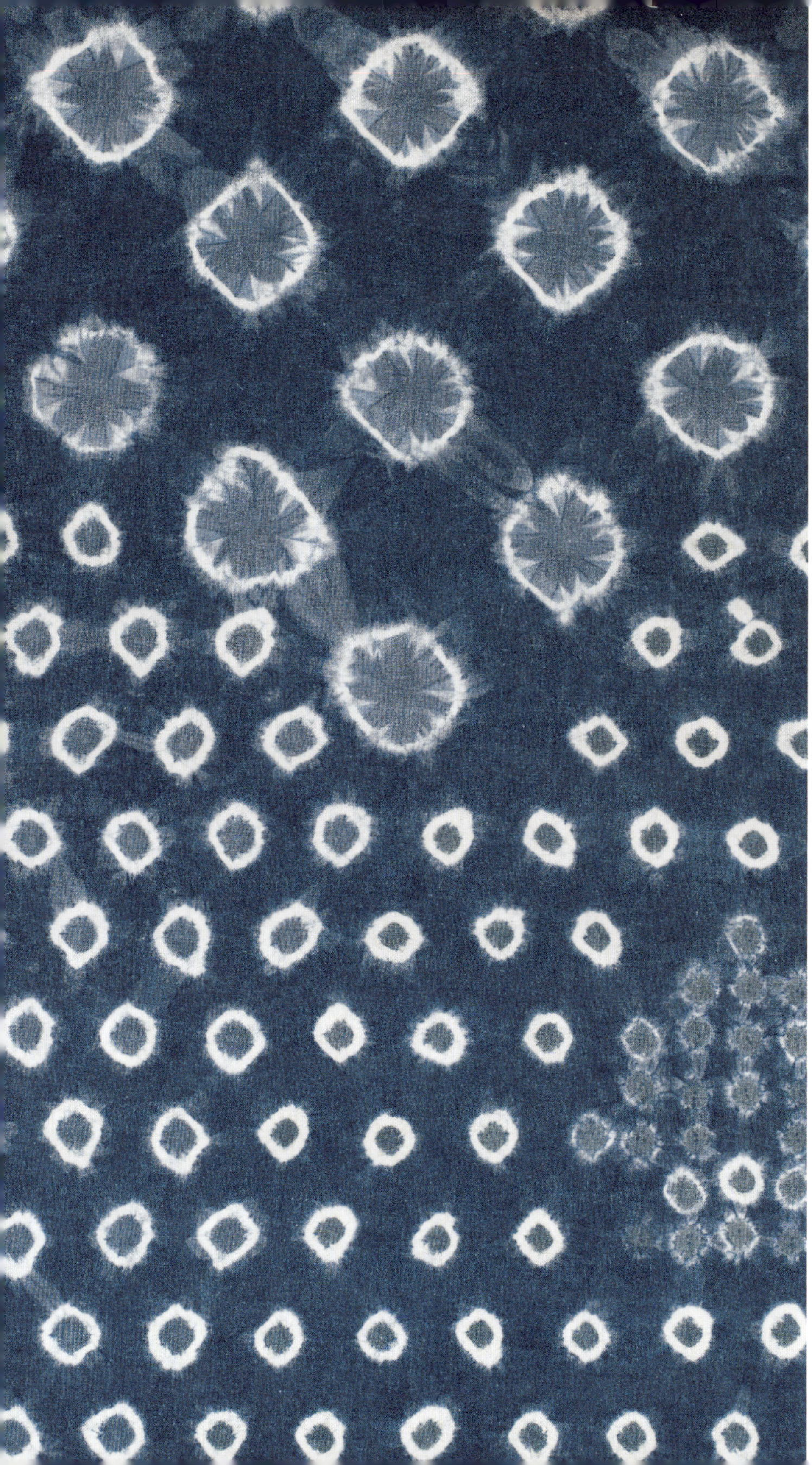

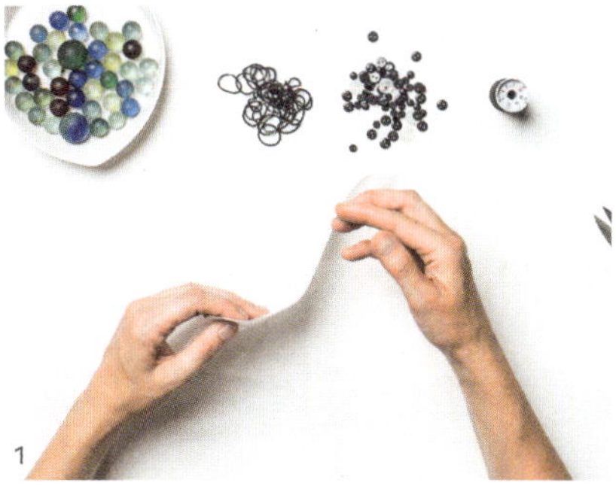
1

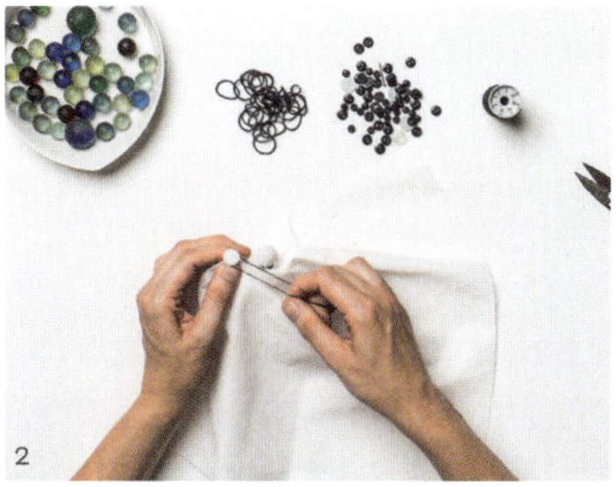
2

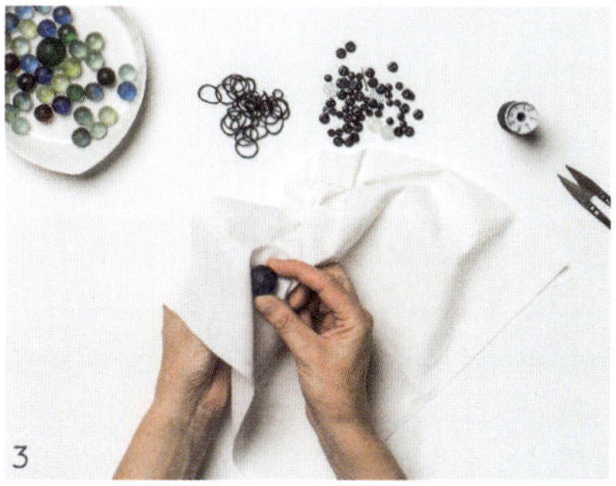
3

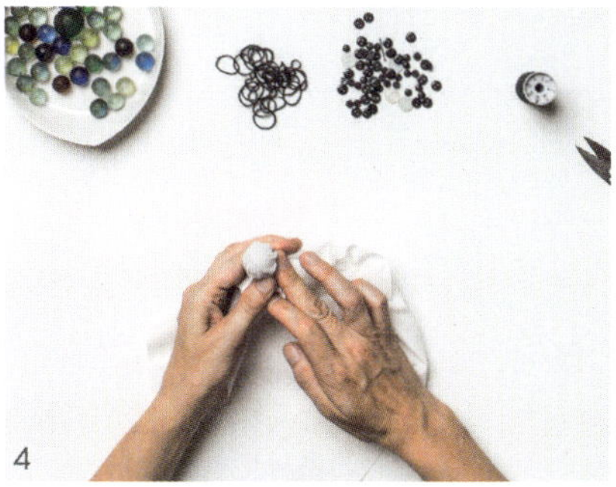
4

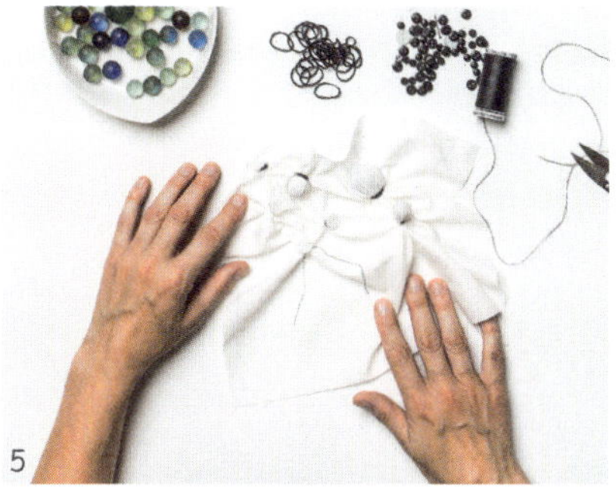
5

Kamosage-Knoten

Es gibt verschiedene Knotentechniken im Shibori. Der *Kamosage-*Knoten ist ein Basisknoten, der eher einer zugezogenen Schlaufe denn einem klassischen Knoten gleicht. Zum Öffnen der Knoten muss nach dem Färben lediglich der Stoff gespannt werden und die Verschnürung springt auf. Diese einfache Handhabung macht ihn unverzichtbar im traditionellen Shibori.

› Mit der linken Hand den Stoff und das kurze Ende des Bindegarns festhalten. In der rechten Hand befindet sich das lange Ende des Fadens. Den langen Faden im Uhrzeigersinn um den Stoffzipfel wickeln (Abb. 1).
› Den langen Faden mit dem Daumen am Mittelfinger festhalten und um Zeige- und Mittelfinger spannen (Abb. 2).
› Den Stoffzipfel mit der linken Hand von außen zwischen Daumen und Zeigefinger unter dem langen Faden hindurchführen (Abb. 3).
› Die entstandene Schlaufe auf die Umwickelung bringen (Abb. 4).
› Die Schlaufe zuziehen (Abb. 5).

Soll ein regelmäßiges Muster abgebunden werden, wird der Faden nicht abgeschnitten. Nach jedem gebundenen Stoffsegment wird der Faden zum nächsten Stoffsegment gezogen und wieder mit Schritt 1 begonnen.

1

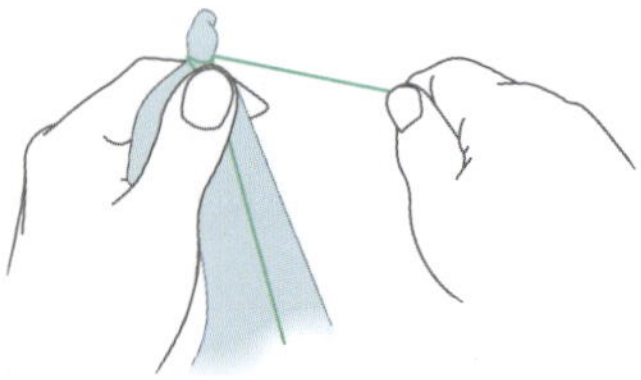

2

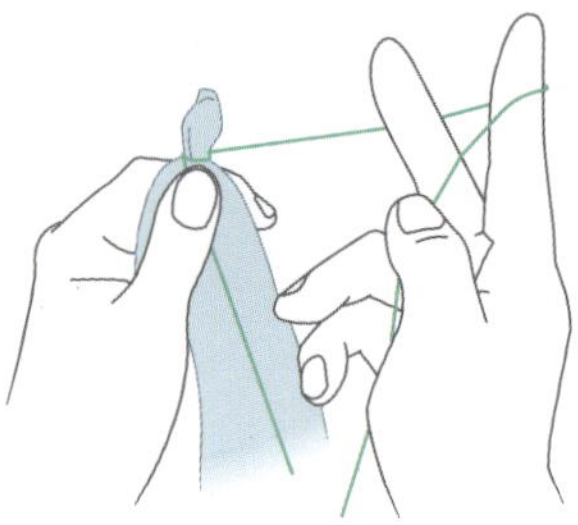

3

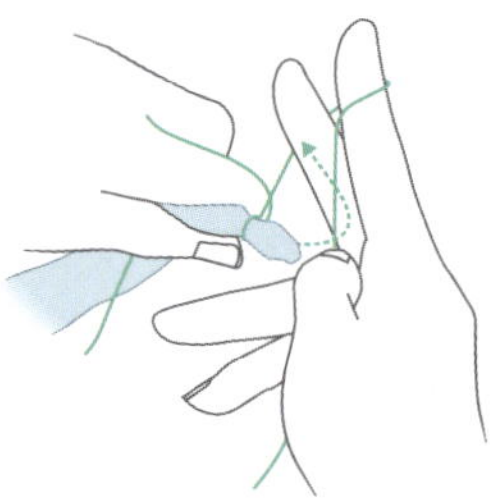

4

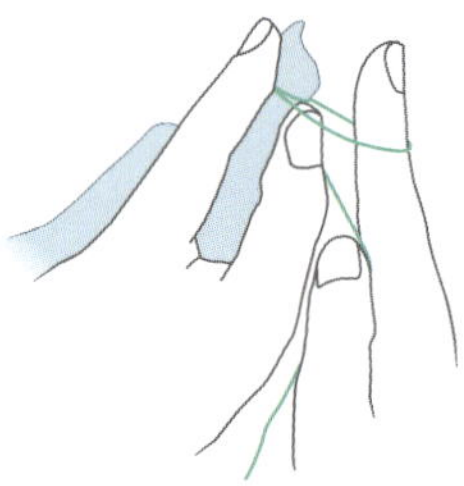

5

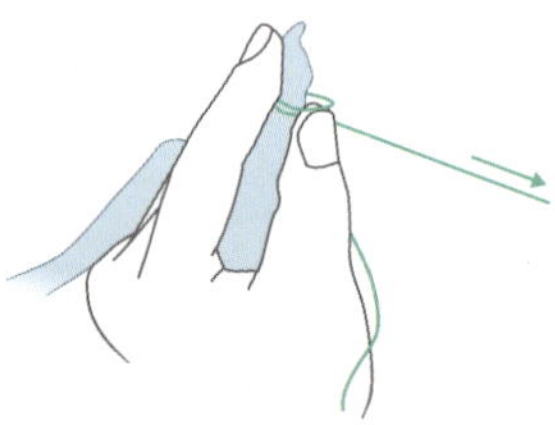

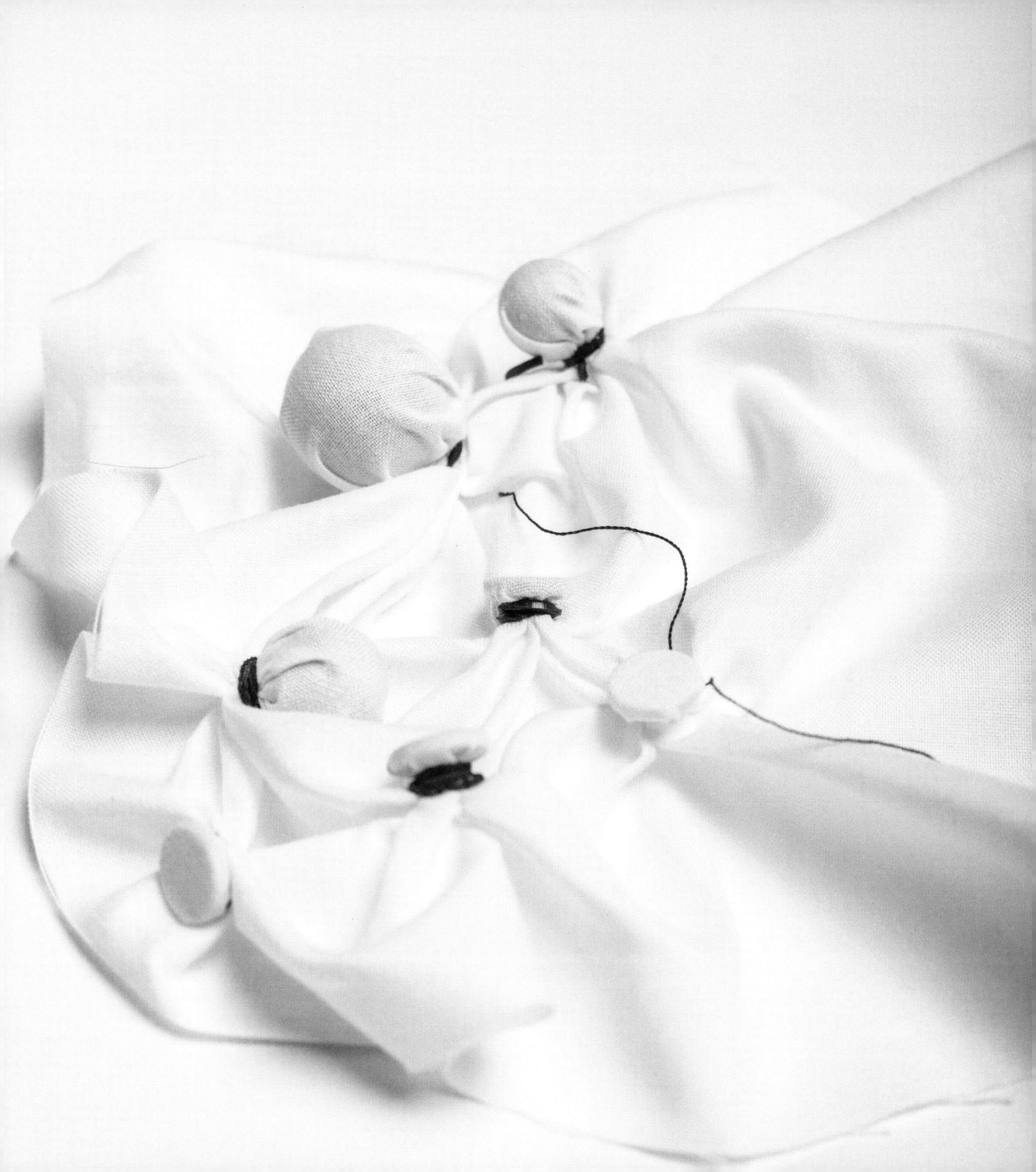

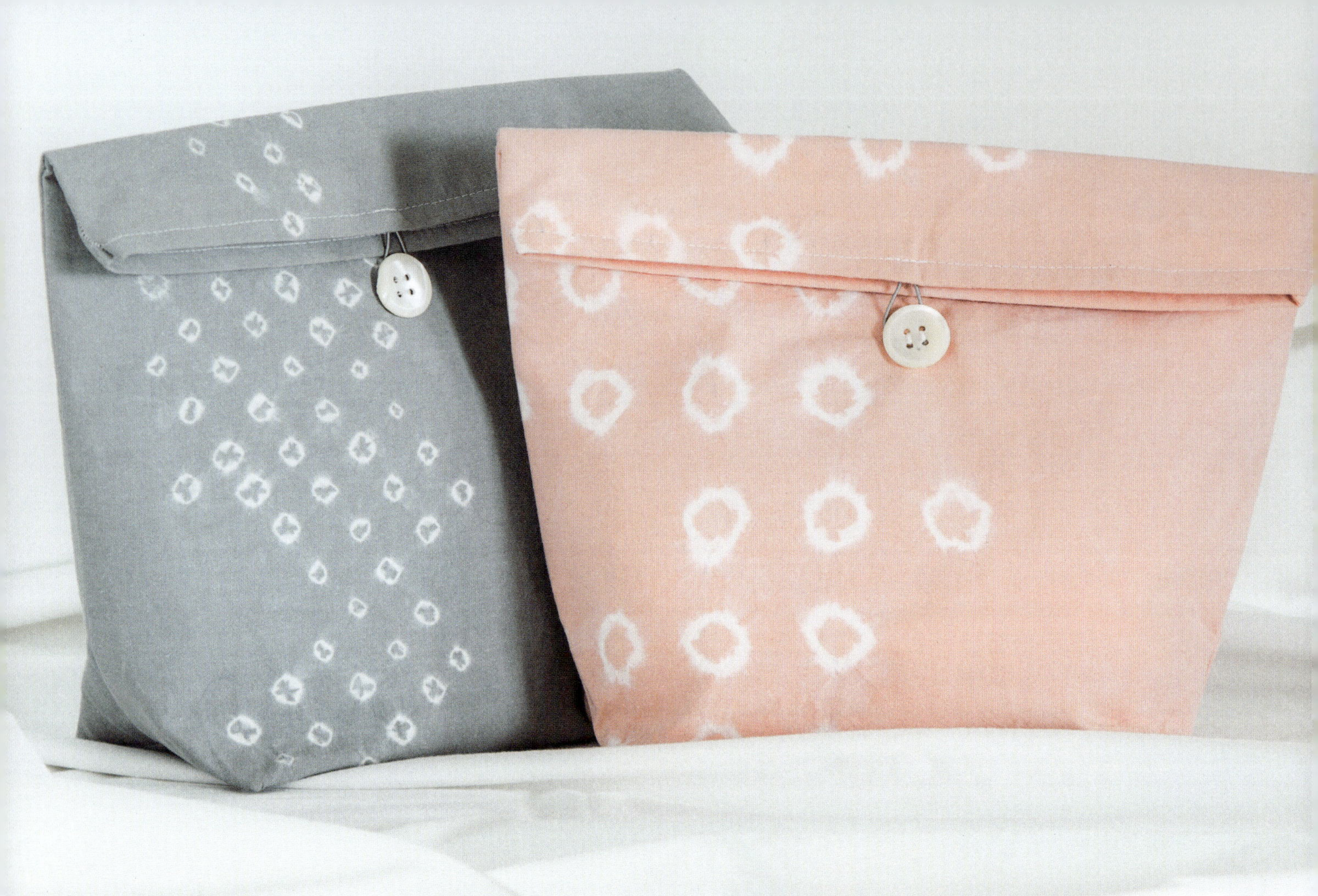
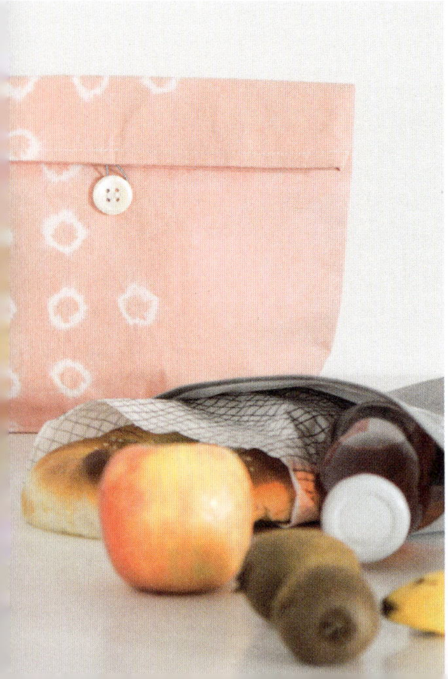
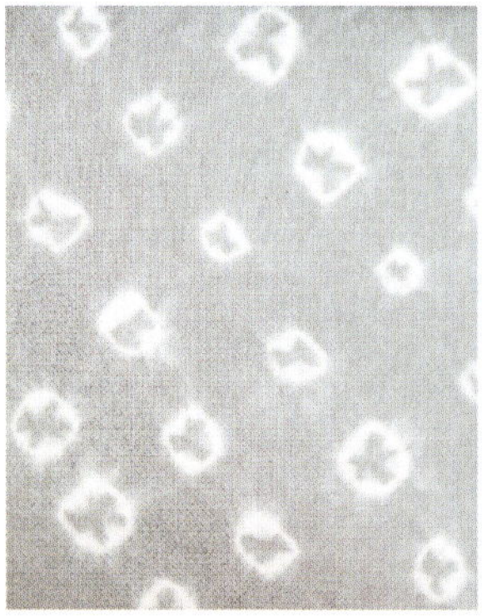
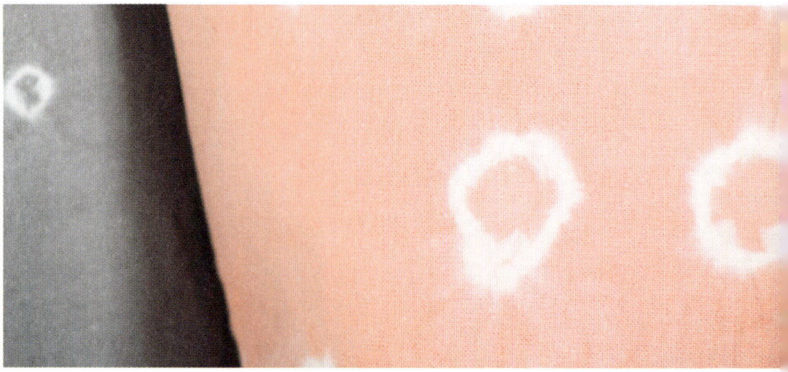
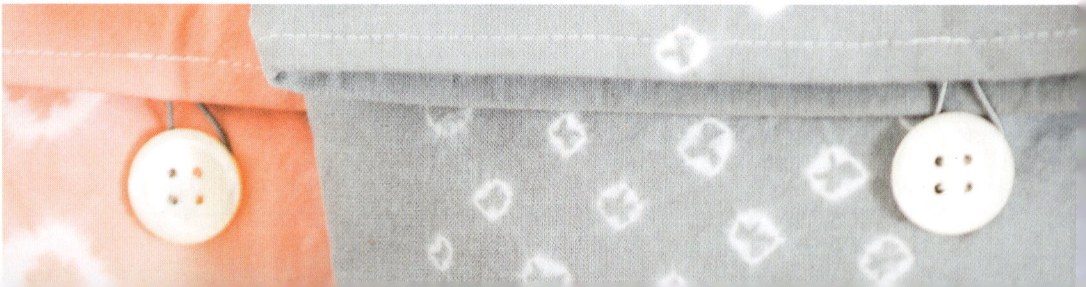

Projekt Lunchbag

Anleitung

› Den Stoff nach der Schnittvorlage zuschneiden.
› Das Bügelvlies auf die linke Seite des Shibori-Stoffes bügeln.
› An den kurzen Seiten des Shibori-Stoffes einen Saum, 1 cm breit, bügeln.
› Die beschichtete Baumwolle auf der Innenseite unter den Saum schieben und feststecken.
› Die Gummikordel zur Schlaufe legen, auf einer kurzen Seite mittig unter den Saum schieben, nach außen umklappen und feststecken.
› Saum auf beiden Seiten absteppen (Abb. 1, Schnittvorlage auf S. 134).
› Die Längsseiten des Außenstoffs rechts auf rechts zusammennähen.
› Die Längsseiten des Futterstoffs rechts auf rechts zusammennähen und eine Wendeöffnung belassen.
› Nun die Taschentiefe 5 cm abschneiden, auseinanderziehen, aufeinanderlegen und absteppen. Mit dem Futter ebenso verfahren (siehe Abb. 2 + 3 auf S. 134).
› Das Lunchbag auf rechts drehen und die Wendeöffnung vernähen.
› Nun noch den Knopf festnähen.

Shibori-Muster rosa
Leichte Baumwolle, 75 x 35 cm | wasserlöslicher Stoffmarkierstift | Knöpfe, ø 9 mm | kleine Gummibänder

Shibori-Muster grau
Leichte Baumwolle 75 x 35 cm | wasserlöslicher Stoffmarkierstift | Shibori-Haken | Knopflochgarn

Größe
ca. 32 x 28 x 10 cm

Material
Leichte Baumwolle, Shibori, 70 x 30 cm | Bügelvlies h250, 70 x 30 cm | Baumwolle, beschichtet, 68 x 30 cm | dünne Gummikordel, 10 cm | 1 großer Knopf, ø 2,5 cm

Schnittvorlage auf Seite 134

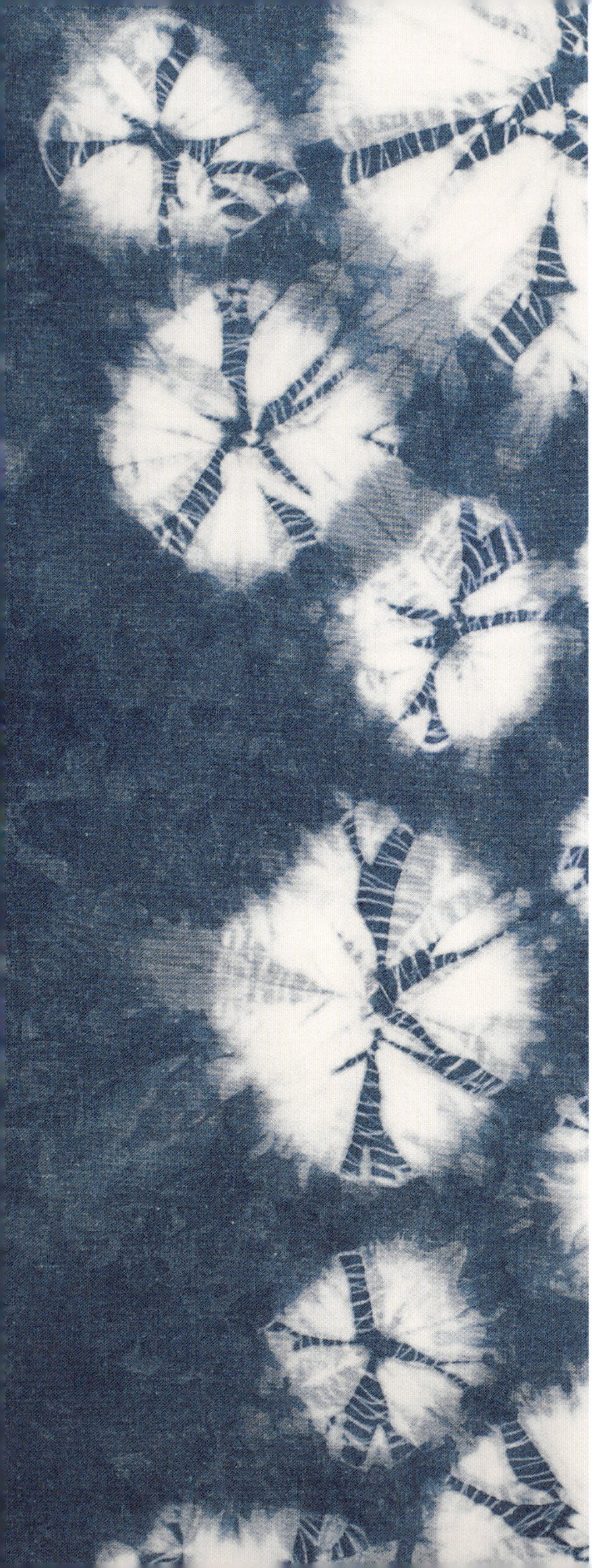

kumo shibori

Spinnenweben

Material
Leichte Baumwolle | Knopflochgarn | wasserlöslicher Stoffmarkierstift | dünner Stab | Shibori-Haken

Anleitung Shibori-Haken

› Zunächst den Shibori-Haken mit einer Schnur an einem Möbel befestigen, z.B. an einer Stuhllehne.
› Mit dem Stoffmarkierstift die Mittelpunkte der Spinnweben auf den Stoff zeichnen.
› Den Shibori-Haken in die vorgezeichnete Markierung des Stoffes einhaken (Abb. 1).
› Den Stoff zu sich ziehen und kegelförmig spannen (Abb. 2).
› Das Garn am unteren Rand der Spinnenwebe verknoten (Abb. 3).
› Den Stoffkegel auf- und abwärts fest mit dem Garn umwickeln (Abb. 4 – 6).
› Die Garnenden verknoten und abschneiden (Abb. 7 + 8).
› So viele Spinnweben abbinden wie gewünscht (Abb. 9 – 12).

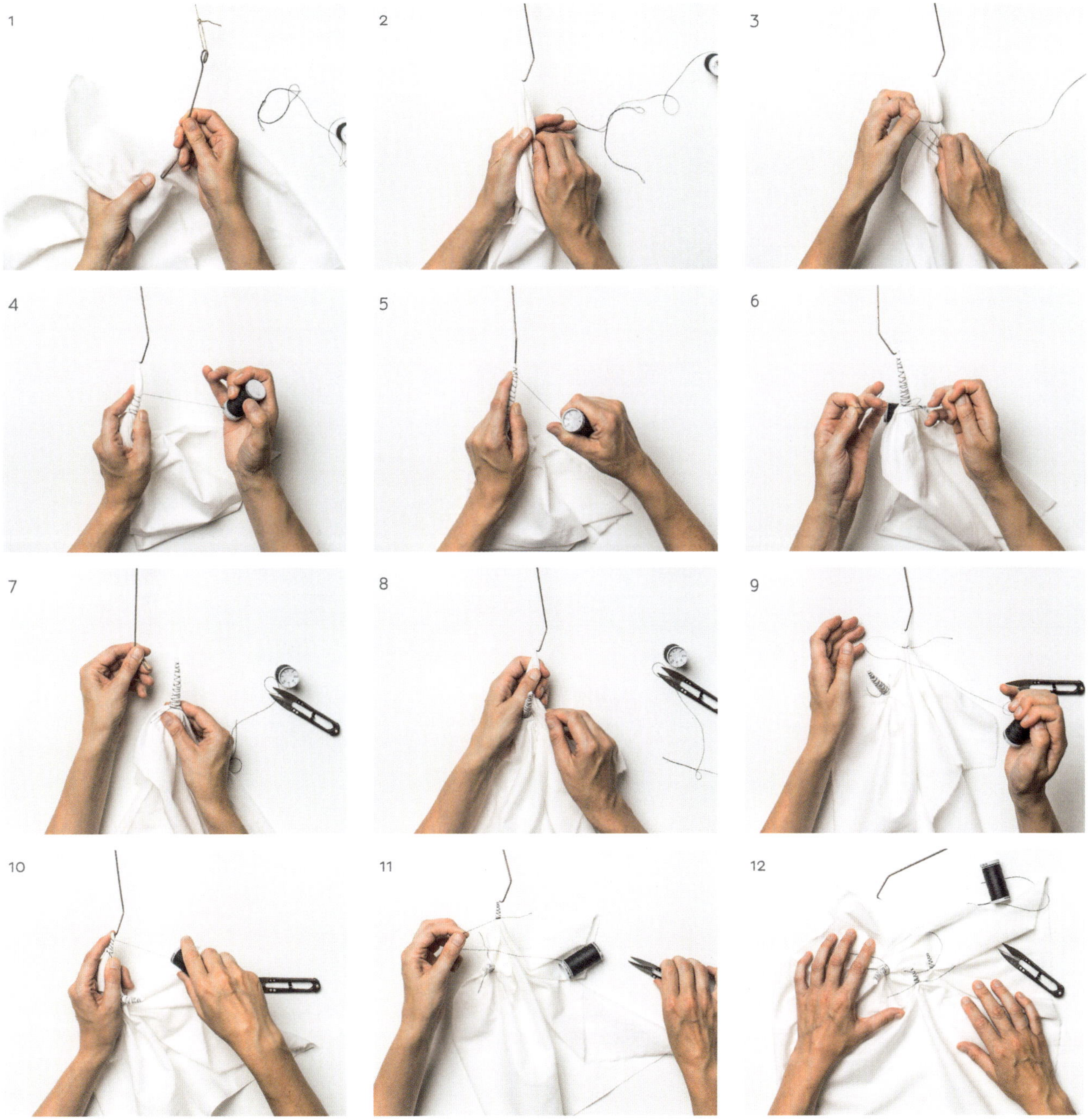
1
2
3
4
5
6
7
8
9
10
11
12

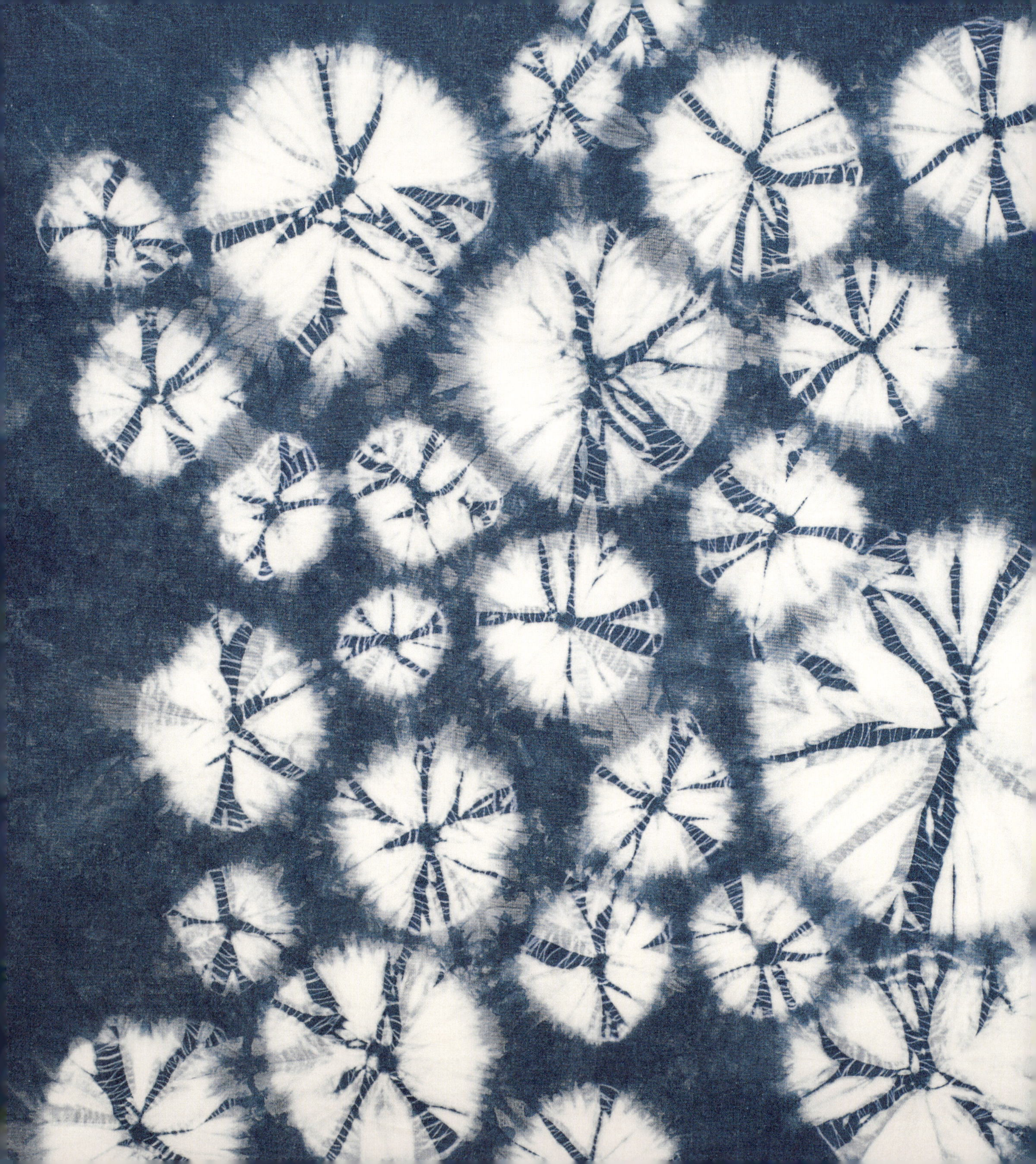

Anleitung Stab

- Mit dem Stoffmarkierstift die Mittelpunkte der Spinnenweben auf dem Stoff markieren.
- Das Stabende von links auf die Markierung setzen (Abb. 2).
- Den Stoff kegelförmig um den Stab ziehen und spannen (Abb. 3).
- Das Garn am unteren Rand der Spinnenwebe verknoten (Abb. 4).
- Den Stoffkegel auf- und abwärts fest mit dem Garn umwickeln (Abb. 5 – 7).
- Die Garnenden verknoten und abschneiden (Abb. 8 + 9).

1
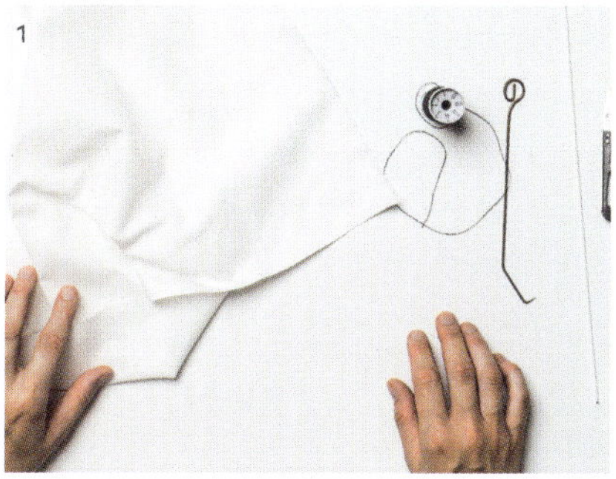

2
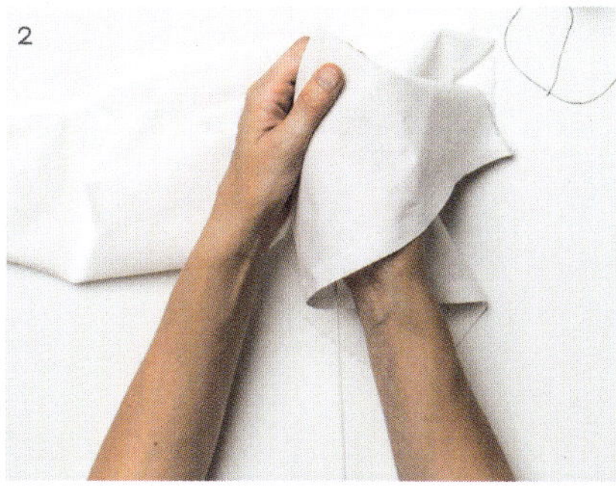

3
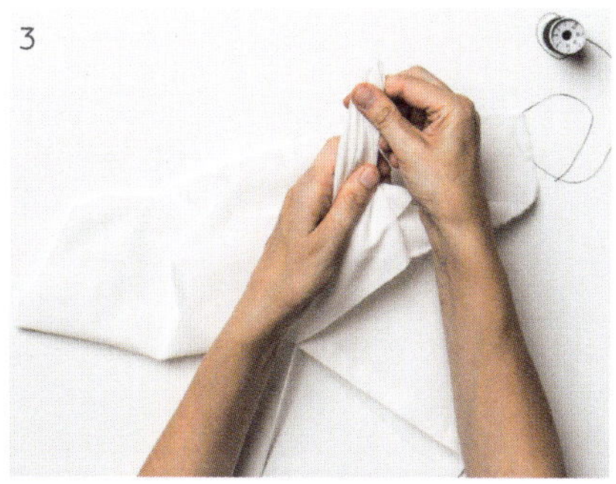

4
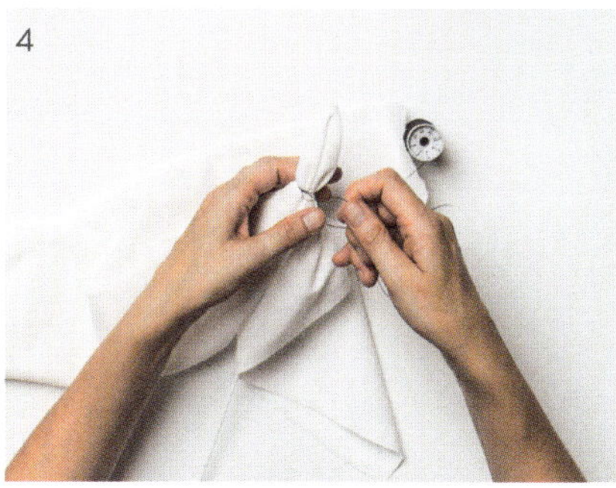

5
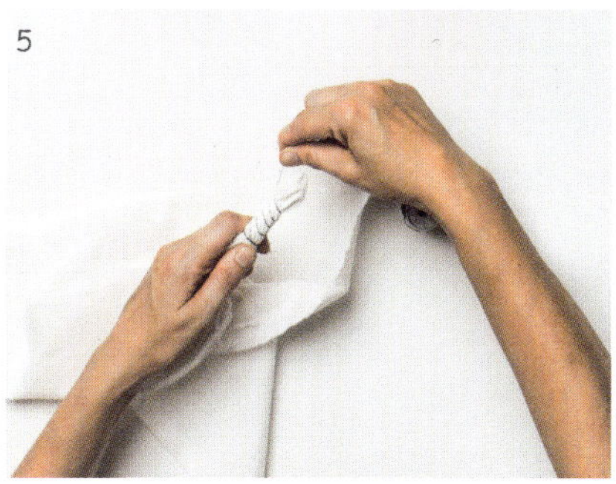

6
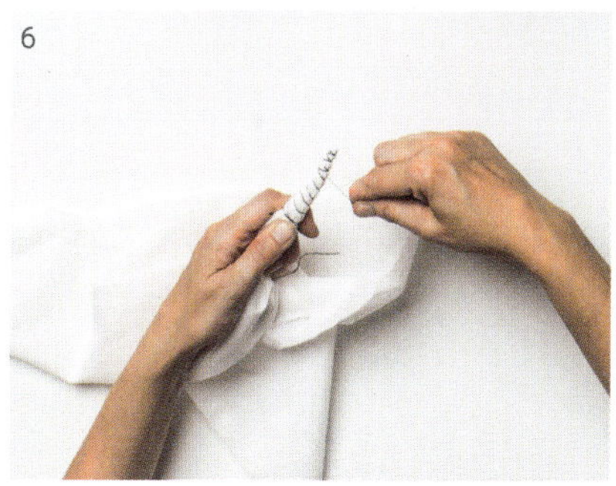

7
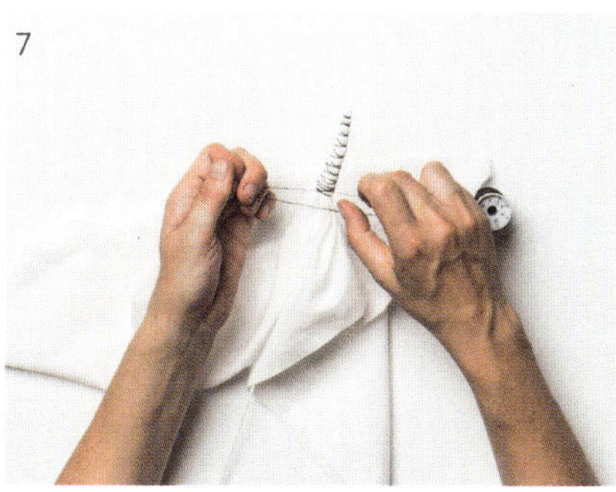

8
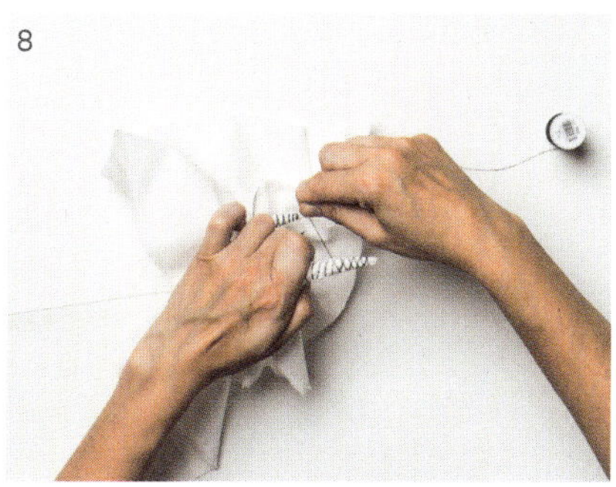

9
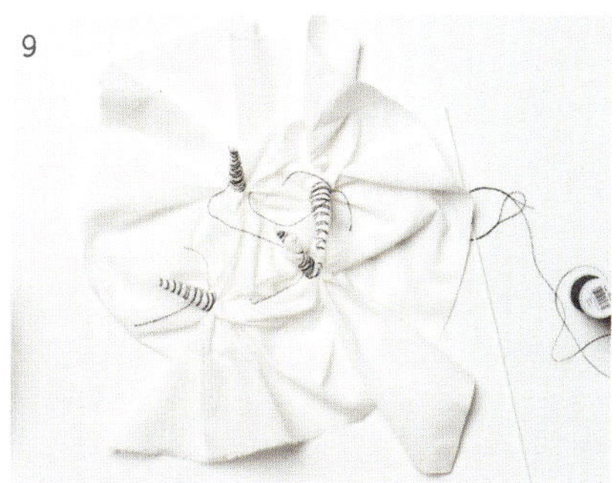

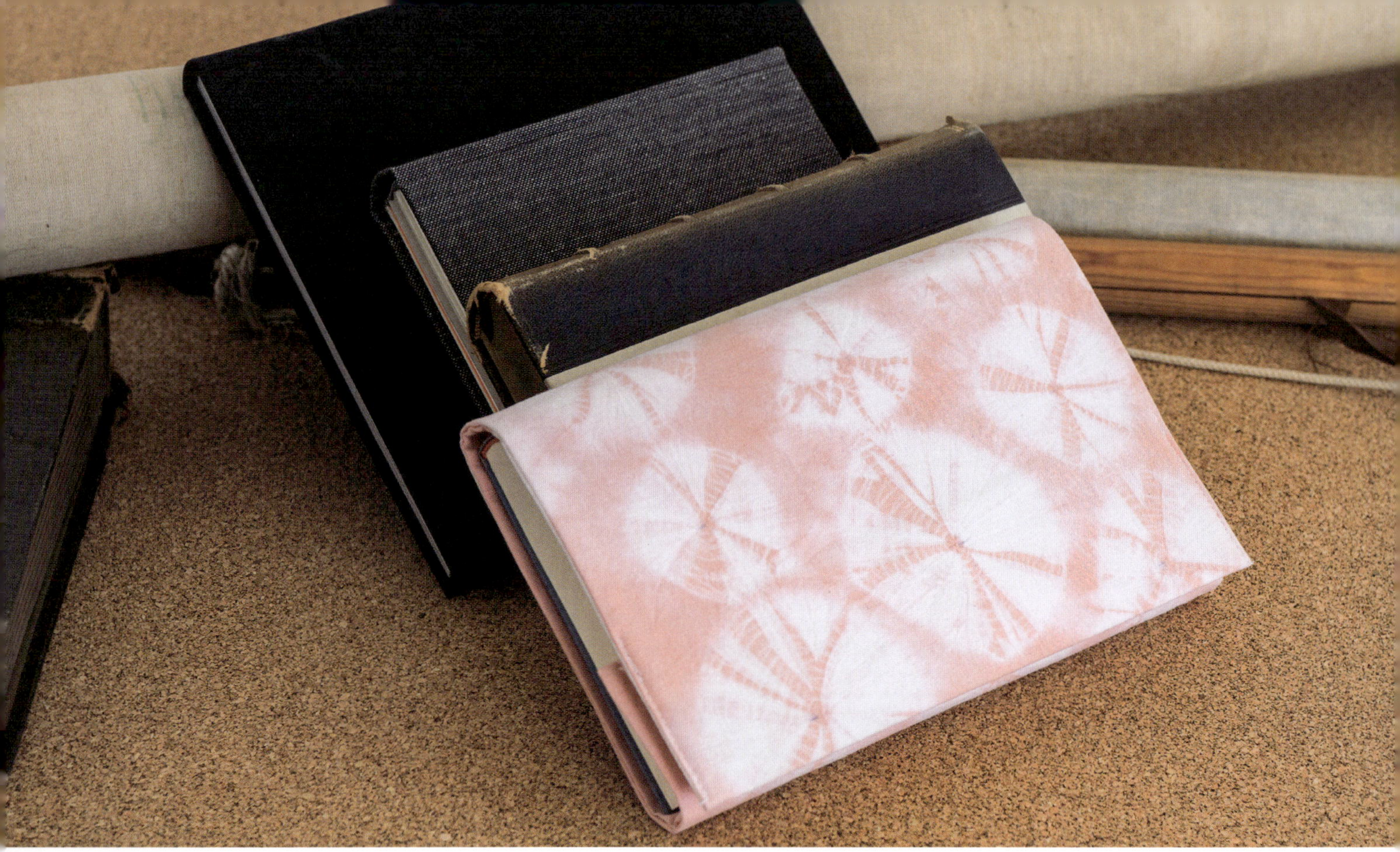
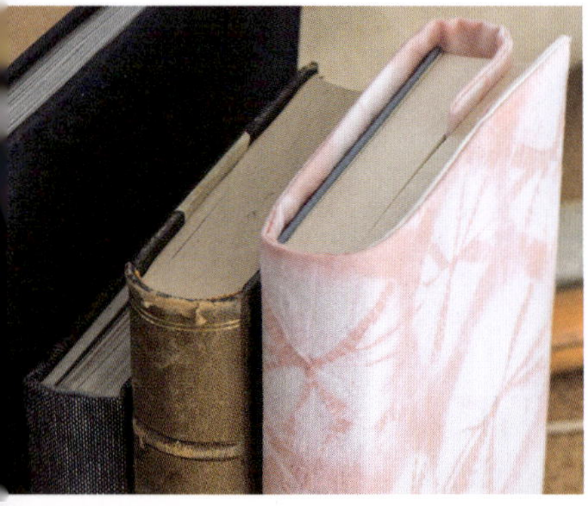
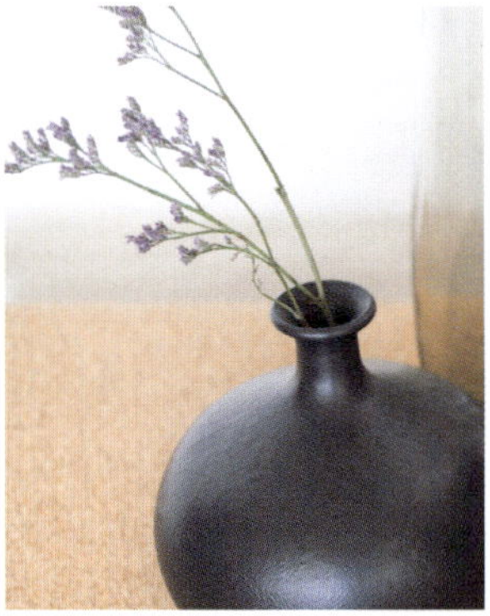
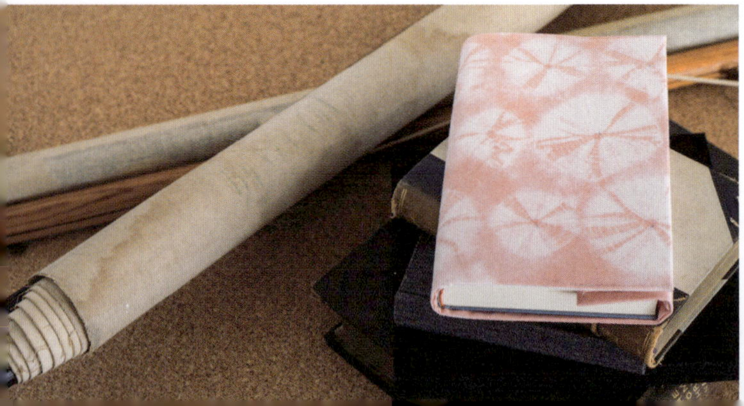
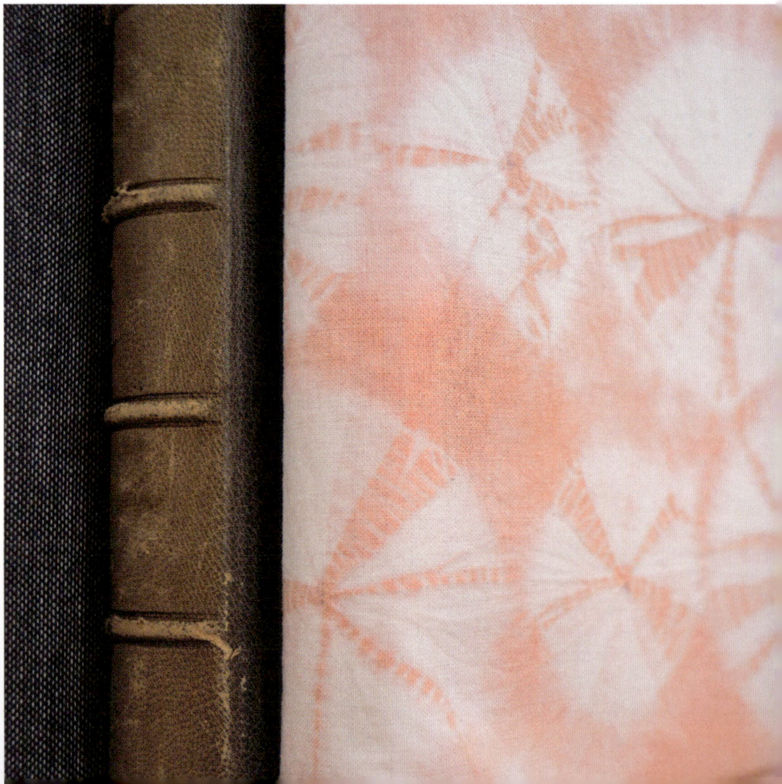

Projekt Buchhülle

Anleitung

- Den Stoff nach der Schnittvorlage zuschneiden.
- Das Bügelvlies auf die linke Seite des Shibori-Stoffes bügeln.
- Shibori- und Futterstoff rechts auf rechts zusammensteppen und auf einer der schmalen Seiten eine Wendeöffnung von ca. 10 cm belassen.
- Den Stoff auf rechts wenden und bügeln und die Wendeöffnung mit einem kleinen Stich, knapp am Rand, zunähen.
- Die Buchhülle mit der Innenseite nach oben legen. Auf der linken Seite den Stoff 5 cm einschlagen, bügeln. Den Einschub für den Buchdeckel knapp am Rand festnähen (siehe Abb. 2 auf S. 134).

Material
Leichte Baumwolle, Shibori | leichte Baumwolle, Größe wie Shibori-Stoff | Bügelvlies h250, Größe wie Shibori-Stoff

Größe
entsprechend Buchformat (siehe Abb. 1 auf S. 134)
Höhe + 2 cm,
2-mal Breite + Rückenbreite + 15 cm

Schnittvorlage auf Seite 134

hachinosu shibori

Bienenwaben

Material
Leichte Baumwolle | 1 m Seil, ø 5 mm

Anleitung

- Den Stoff glatt auf die Arbeitsfläche legen.
- Das Seil am unteren Rand des Stoffes platzieren und in den Stoff einrollen (Abb. 1 – 3).
- Die Stoffrolle zur Mitte zusammenschieben, sodass eine Raffung entsteht (Abb. 4).
- Die Seilenden verknoten (Abb. 5 – 8).

Tipp
Das Muster variiert je nach Festigkeit der Stoffrolle, Raffung, Schnürung und Dicke des Seiles.

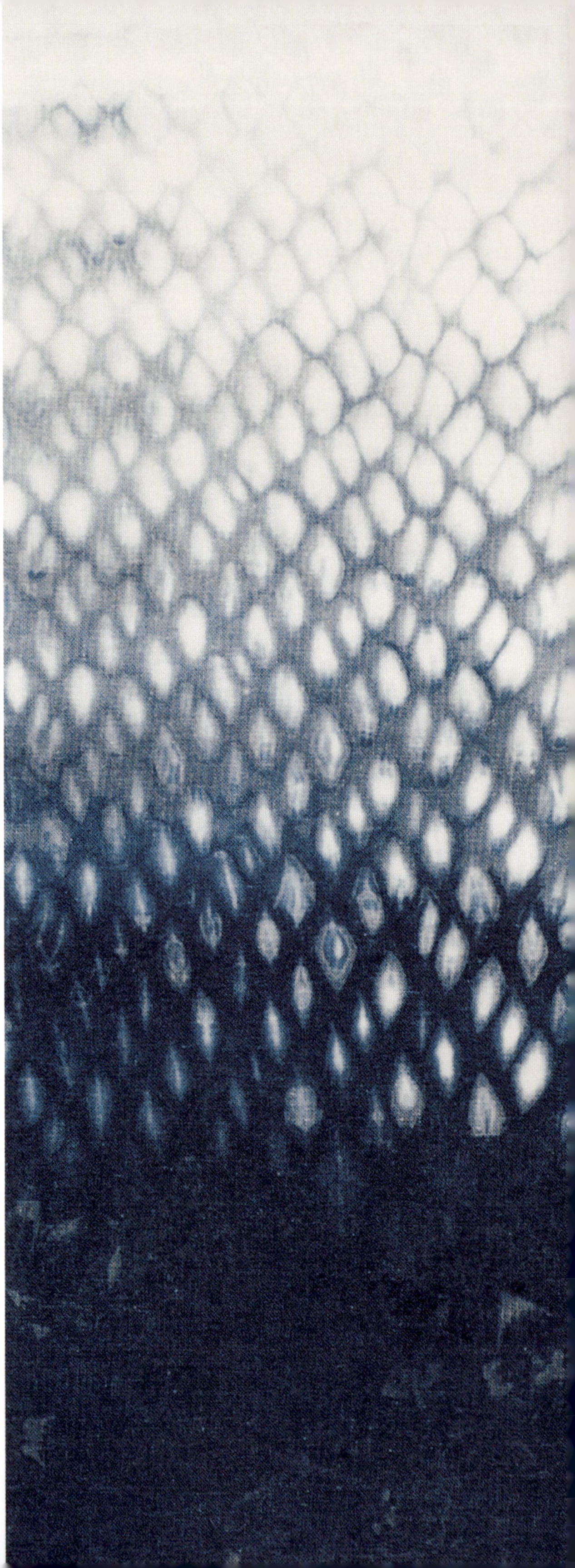

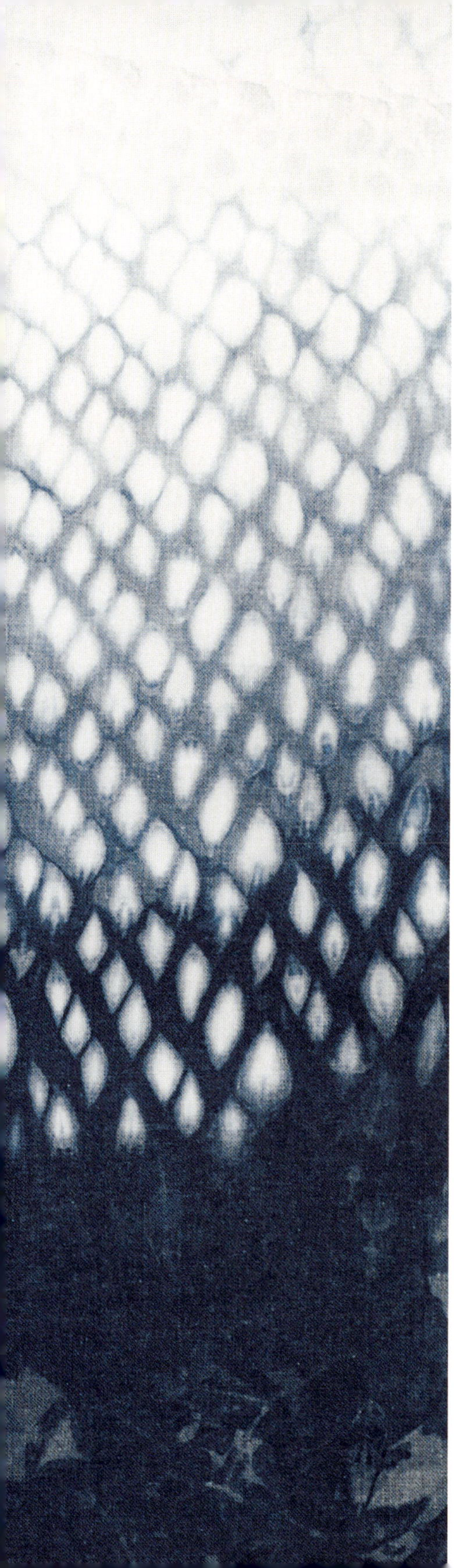

1

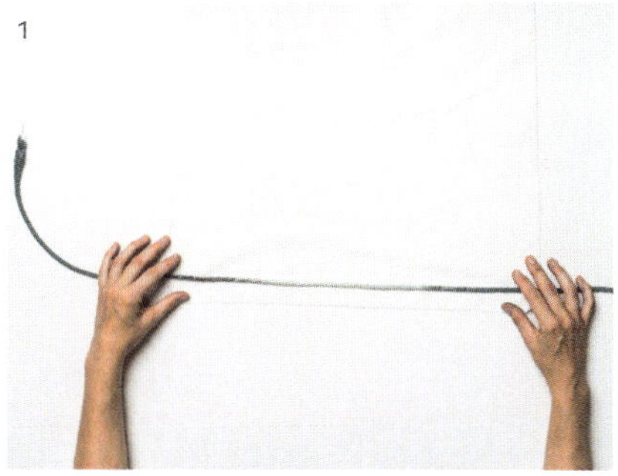

2

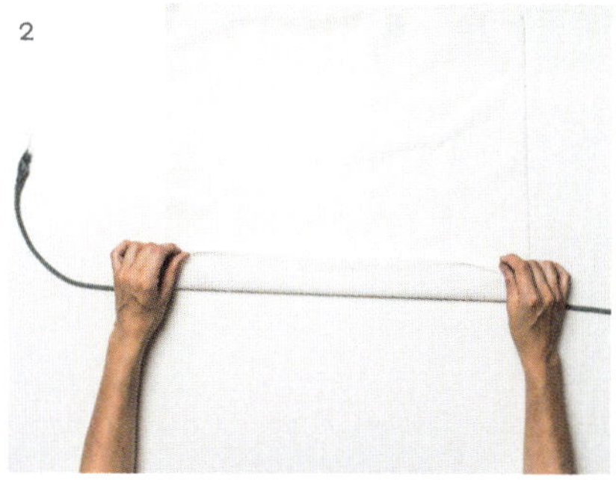

3

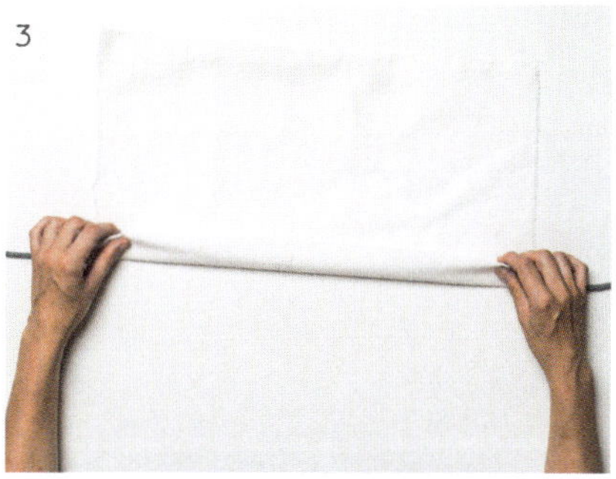

4

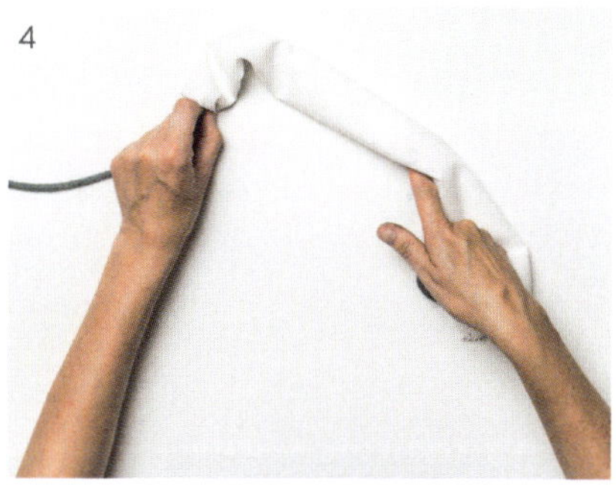

5

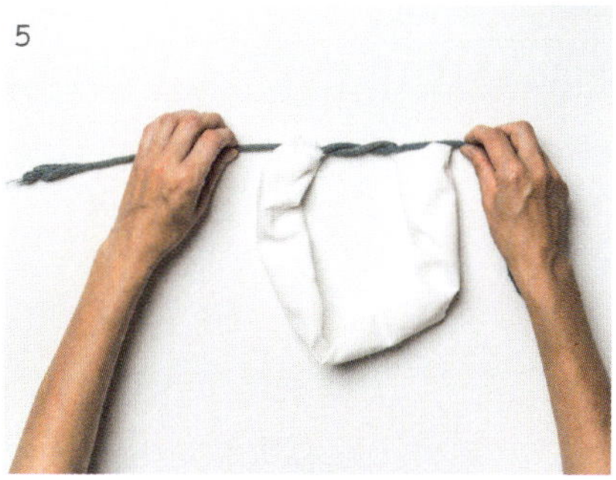

6

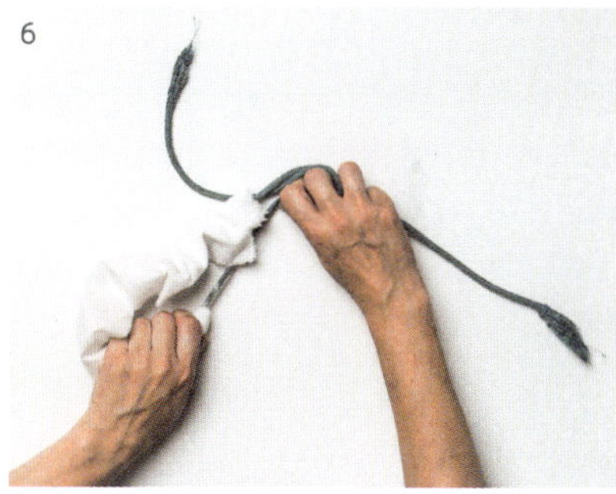

7

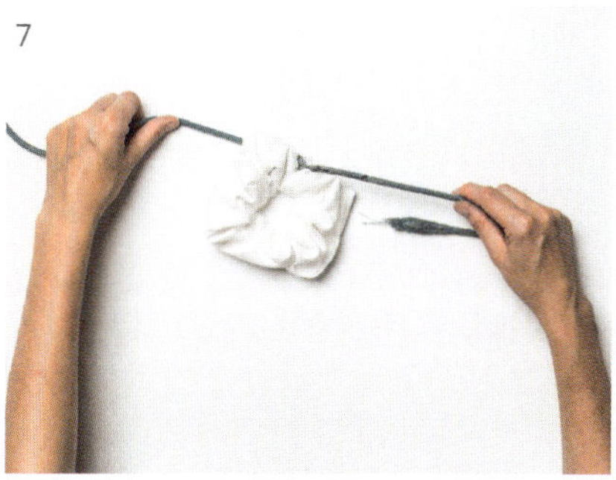

8

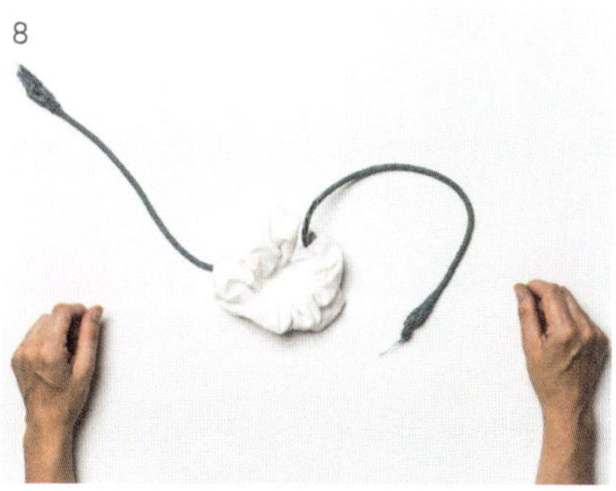

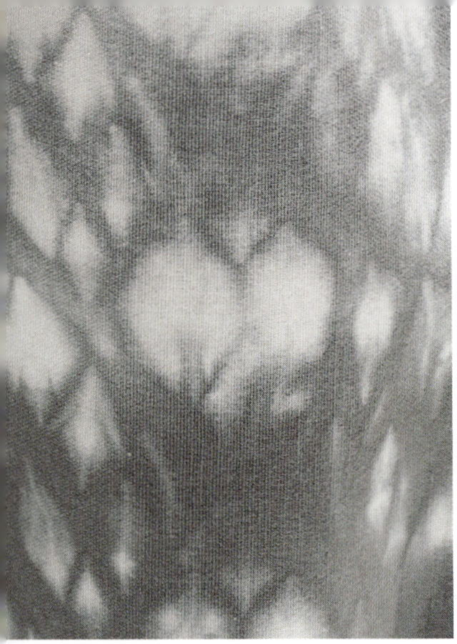
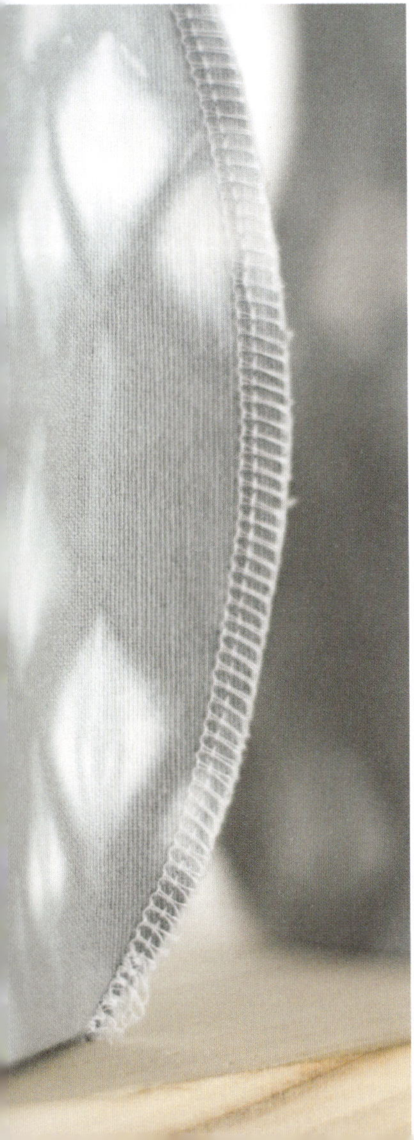
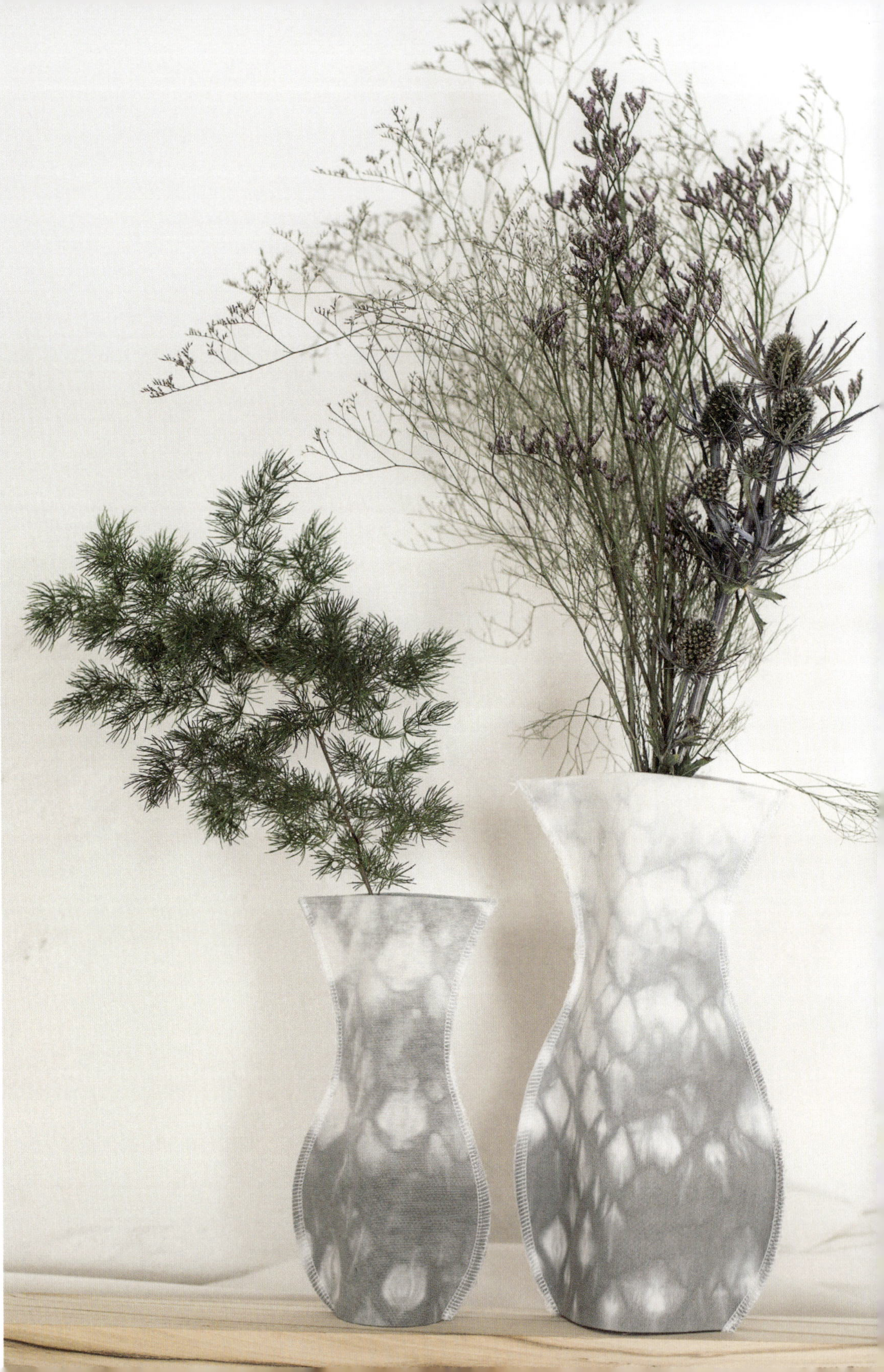

Projekt Vasenhülle

Tipp
Flaschengrößen können variieren. Bevor der Shibori-Stoff zerschnitten wird, eine Vasenhülle aus einfachem Stoff zur Probe nähen.

Anleitung

- Die Schnittmuster mit 200 % am Kopierer vergrößern.
- Den Stoff nach der Schnittvorlage zuschneiden.
- Das Bügelvlies auf links auf den Shibori-Stoff bügeln und den Stoff ohne Nahtzugabe zuschneiden.
- An den oberen und unteren Rändern der Zuschnitte einen Saum absteppen.
- Den Stoff links auf links legen und von rechts mit einer Overlock-Nähmaschine zusammennähen. Alternativ kann auch ein enger Zickzack-Stich der Nähmaschine verwendet werden.

Material für eine Weinflasche
Schwere Baumwolle, Shibori, 2-mal 33 x 20 cm | Bügelvlies h250, 2-mal 33 x 20 cm

Material für Piccoloflasche
Schwere Baumwolle, Shibori 2-mal 27 x 15 cm | Bügelvlies h250, 2-mal 27 x 15 cm

Schnittvorlage auf Seite 135

arashi shibori

Sturm

Material
Leichte Baumwolle, schmales Rechteck | Kunststoffrohr | Baumwollgarn, reißfest, ø 1 mm | Papierklebeband

Anleitung

› Den Stoffstreifen schräg auf das Rohr legen und am Rohrrand mit Papierklebeband fixieren (Abb. 2 + 3).
› Den Stoff diagonal um das Rohr legen und fest mit dem Baumwollgarn umwickeln (Abb. 4 + 5).
› Schrittweise, nach ca. 10 cm, den Stoff zum Rohrende hin eng zusammenschieben (Abb. 6 + 7).
› Weiterverfahren, bis der Stoffstreifen vollständig auf das Rohr gebunden ist (Abb. 8 + 9) und das Garn verknoten (Abb. 10).

Tipp
Variationen im Muster können durch gleichmäßiges oder auch unterschiedlich breites Umwickeln des Stoffes mit dem Baumwollgarn erzielt werden. Die Stärke des Baumwollgarns beeinflusst ebenso das Ergebnis.
Überlappt der Stoff beim Umwickeln, entstehen Farbabstufungen.

1

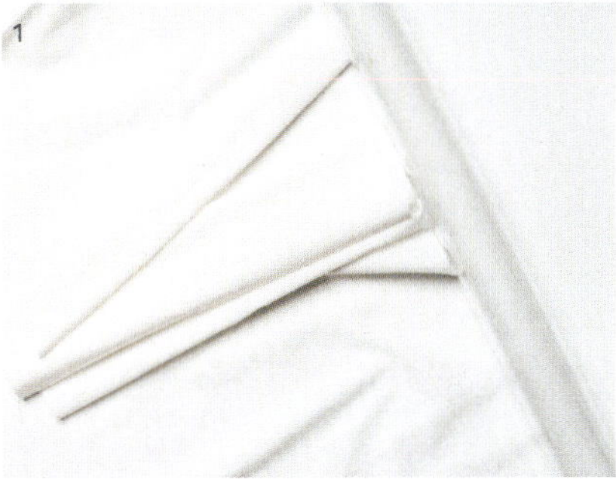

2

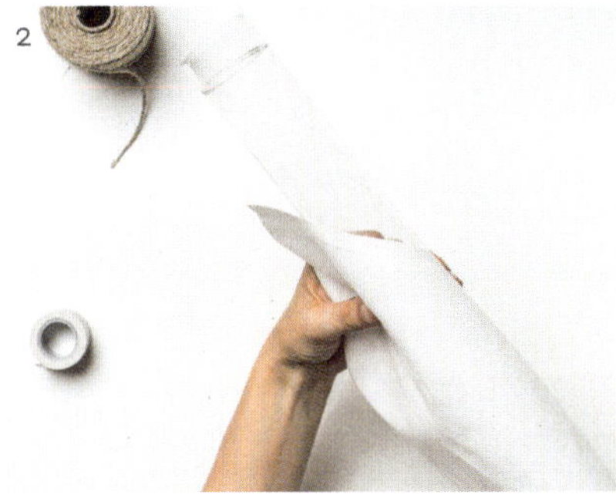

3

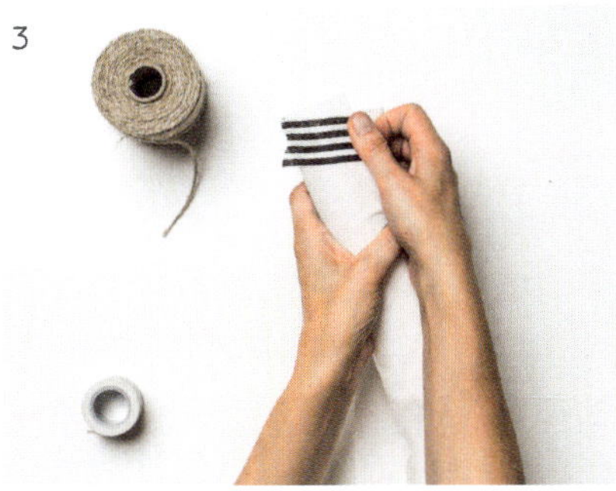

4

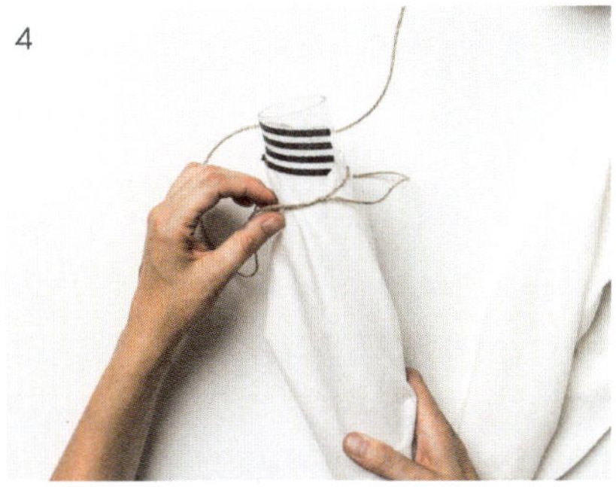

5

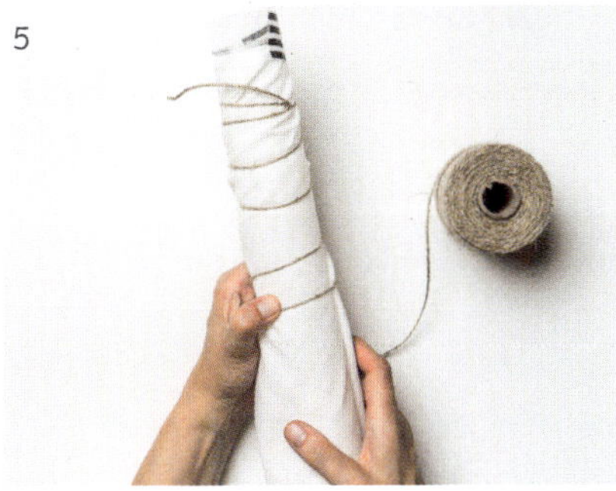

6

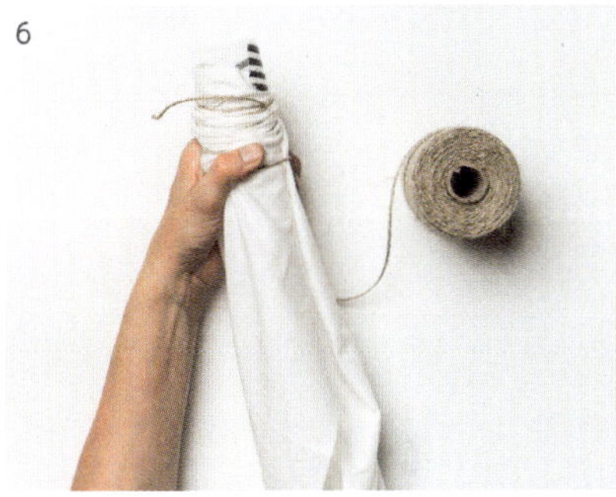

7

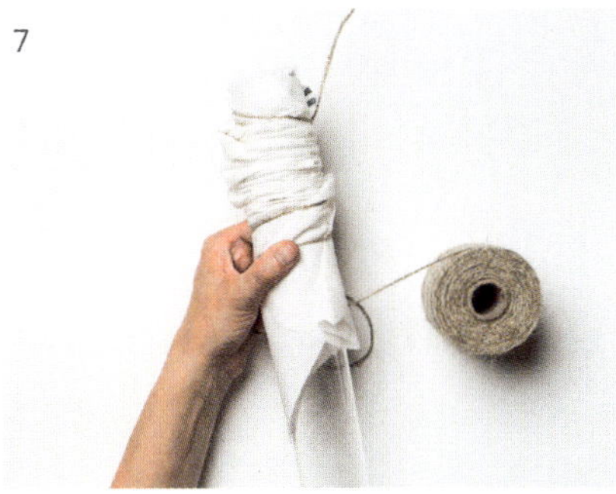

8

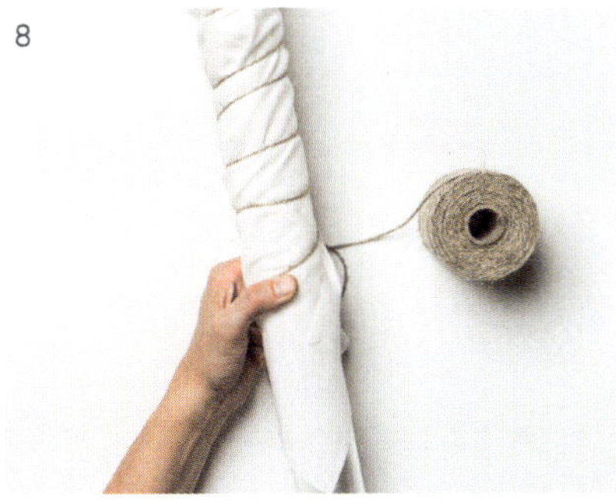

9

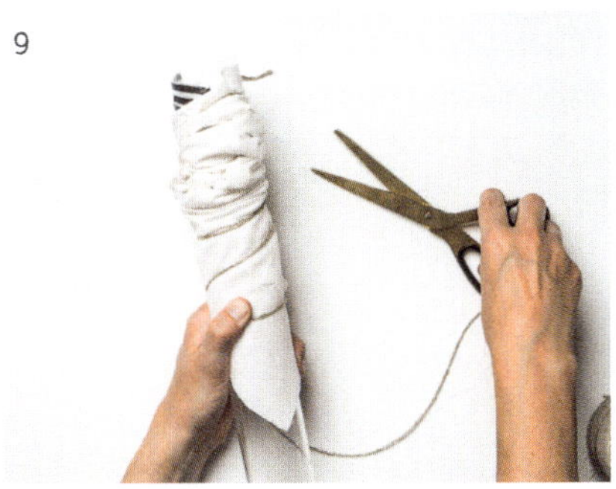

10

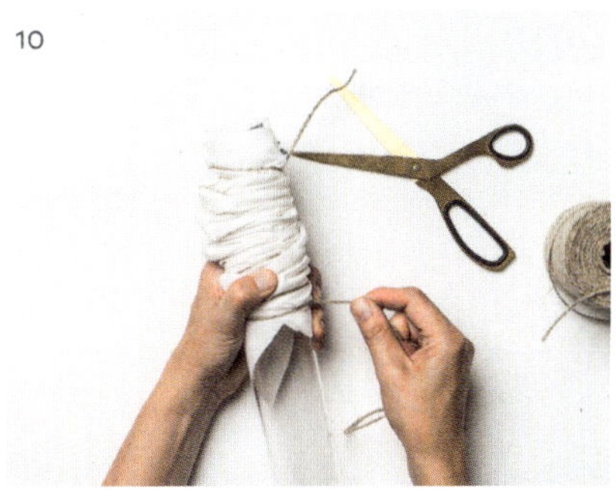

Projekt Utensilo

Größe
ca. 28 x 28 x 10 cm

Material
Schwere Baumwolle, Shibori,
2-mal 35 x 30 cm |
Volumenvlies zum Aufbügeln,
Stärke ca. 0,5 cm,
2-mal 35 x 30 cm |
leichte Baumwolle,
2-mal 35 x 30 cm

Schnittvorlage auf Seite 135

Anleitung

› Den Stoff nach der Schnittvorlage zuschneiden.
› Das Volumenvlies von links auf den Shibori-Stoff bügeln.
› Die Außenteile rechts auf rechts legen und an den kurzen und einer langen Seite zusammensteppen.
› Die Innenteile rechts auf rechts legen und ebenfalls an den beiden kurzen Seiten zusammensteppen und an einer langen Seite eine Wendeöffnung belassen.
› Nun die Utensilotiefe 5 cm abschneiden, auseinanderziehen, aufeinanderlegen und absteppen. Mit dem Futter ebenso verfahren (siehe Abb. 1 + 2 auf S. 135).
› Das Außenteil auf rechts drehen. Das Innenteil auf links.
› Die Außentasche rechts auf rechts in die Innentasche hineinstecken (siehe Abb. 3 auf S. 135).
› Den offenen Rand zusammenstecken und absteppen.
› Durch die Wendeöffnung das Utensilo auf rechts drehen und die Wendeöffnung absteppen.
› Bügeln und den Rand nach außen umkrempeln.

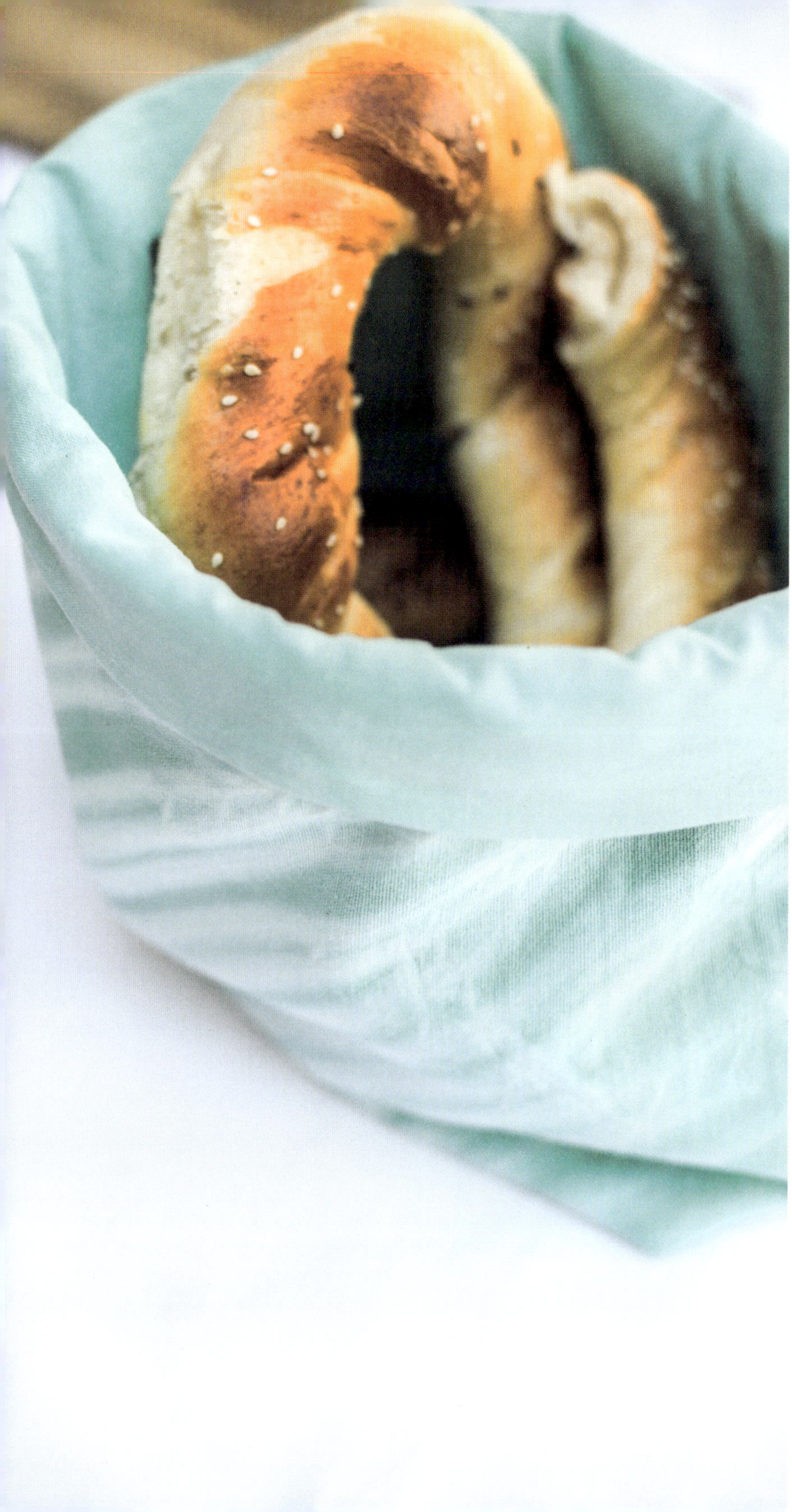
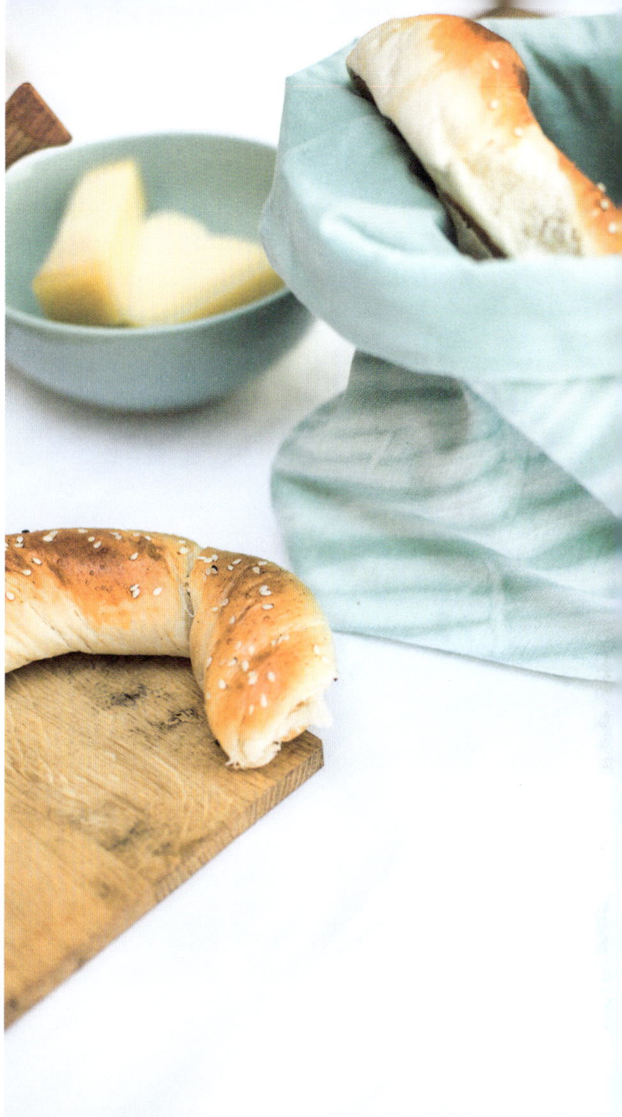
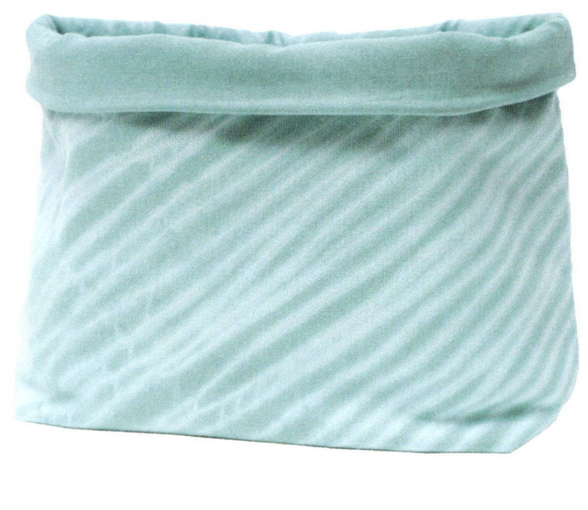

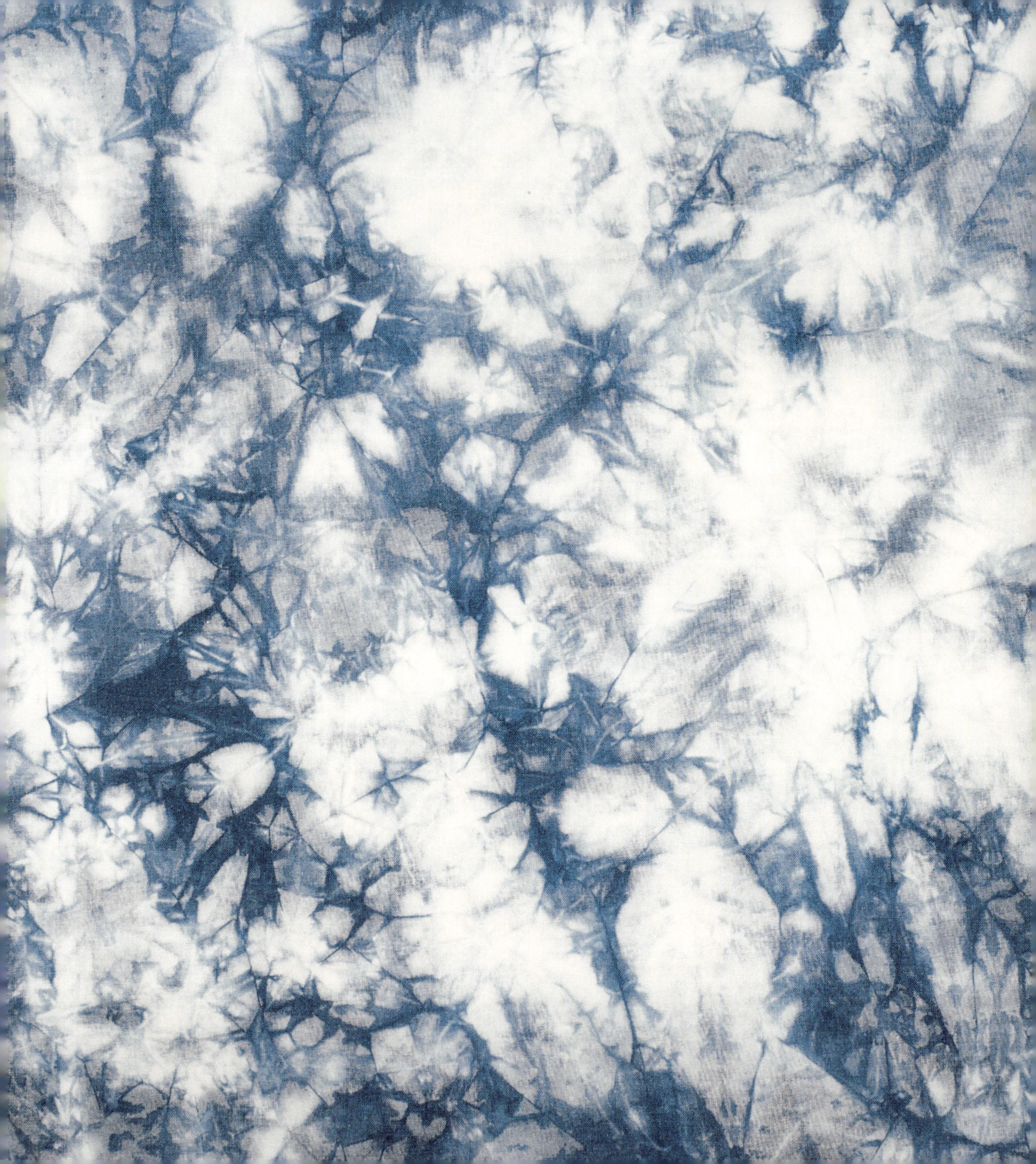

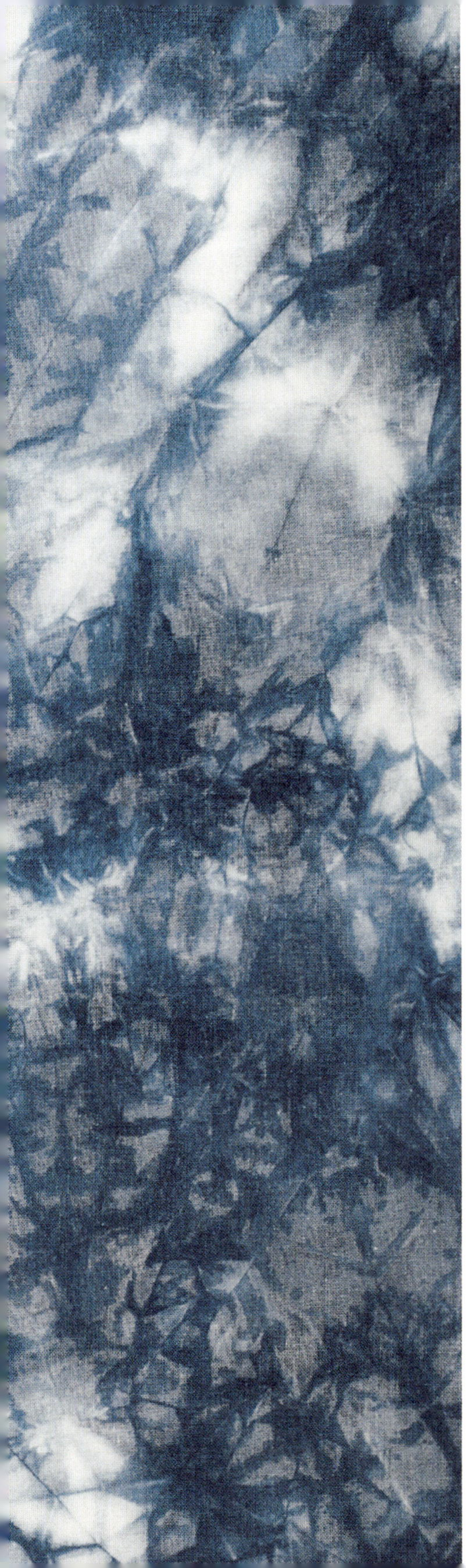

marumeru shibori

Zerknüllen

Material: Leichte Baumwolle | Baumwollgarn, ø 1 mm

Anleitung

› Den Stoff willkürlich zusammenknüllen und fest mit Baumwollgarn verschnüren.

1

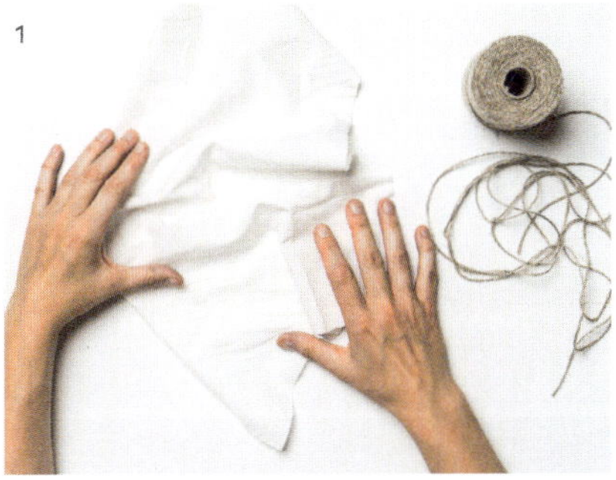

2

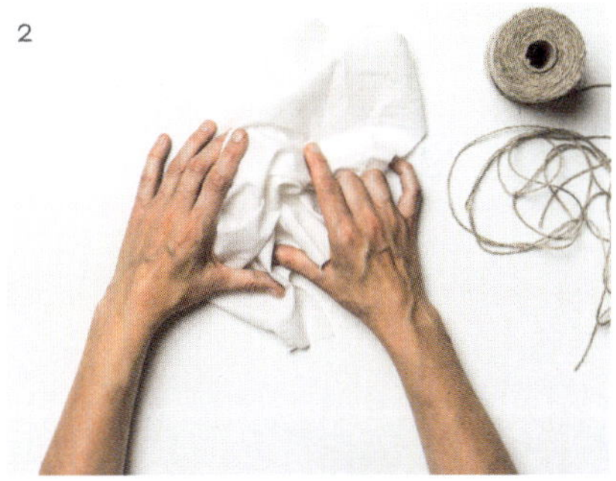

3

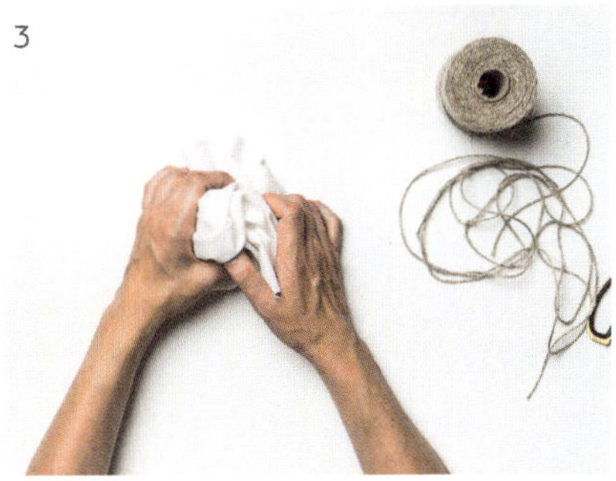

4

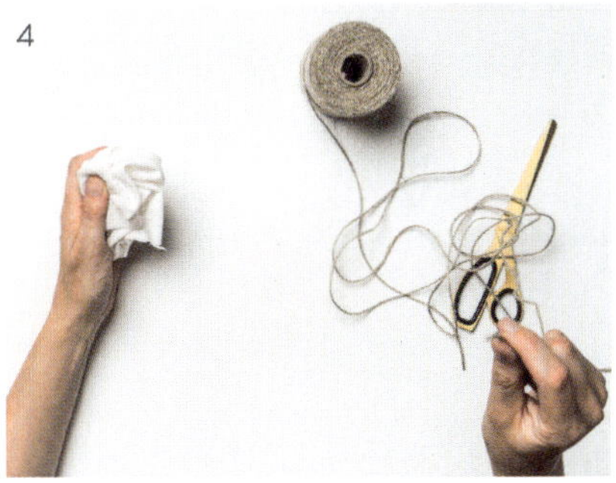

5

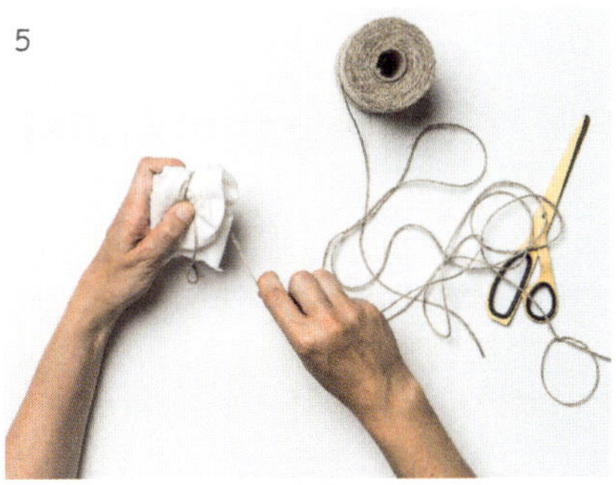

6

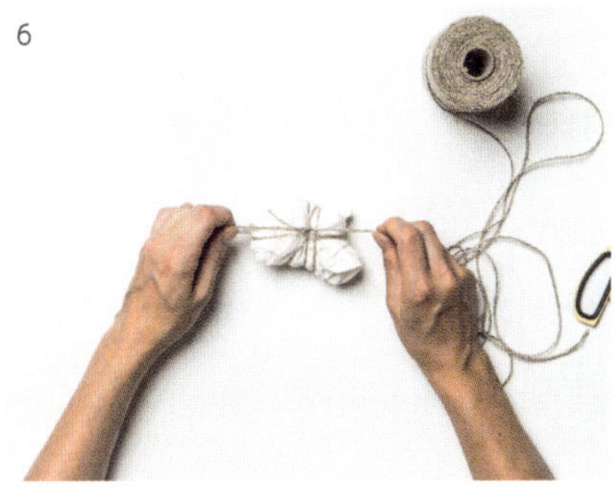

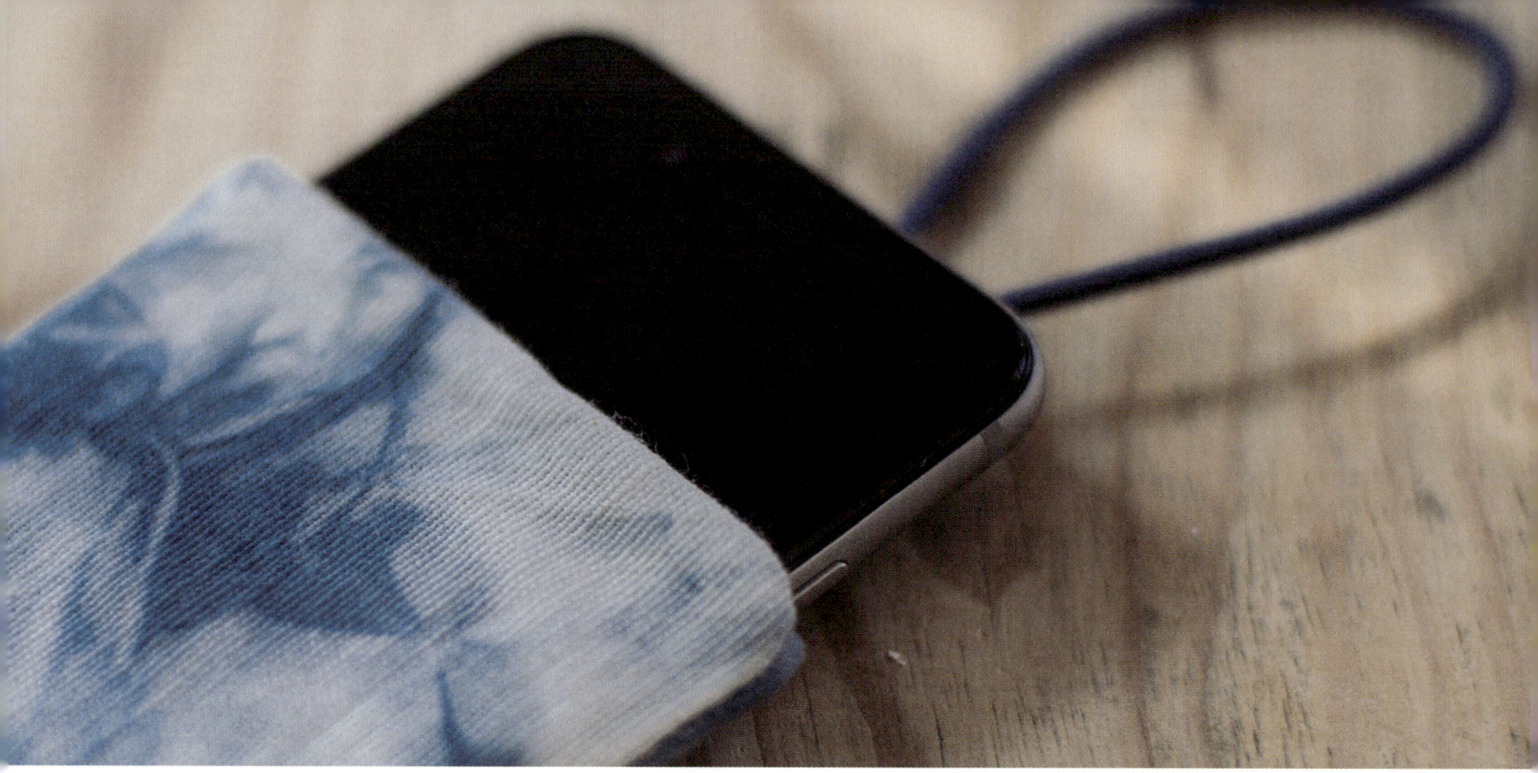

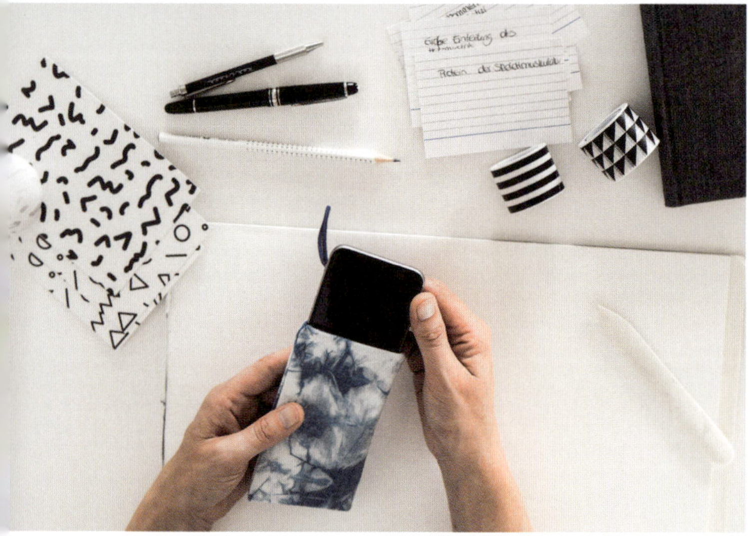

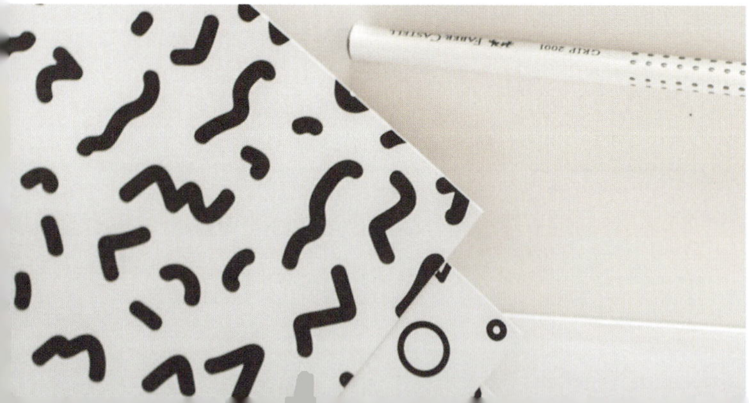

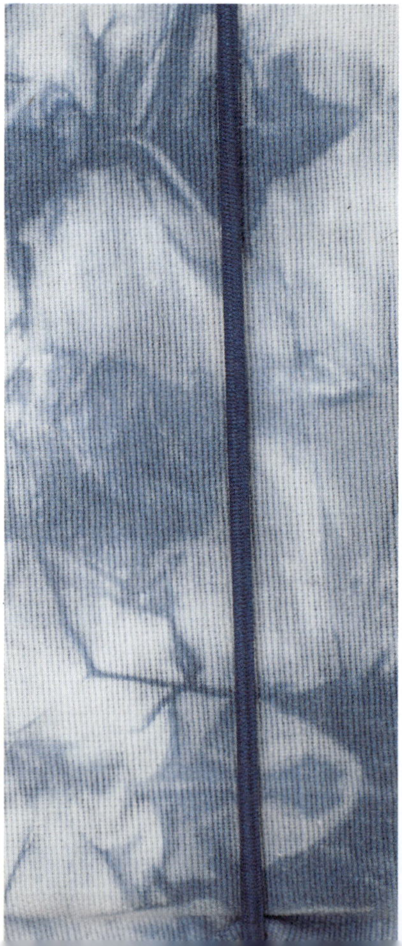

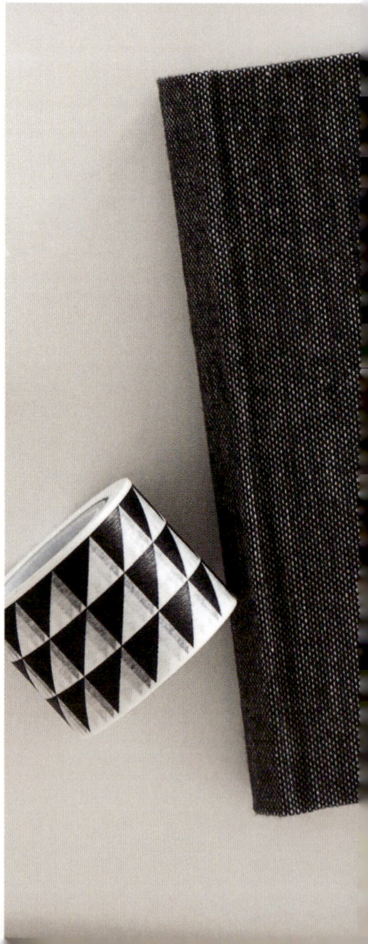

Projekt Handytasche

Anleitung

- Den Stoff nach der Schnittvorlage zuschneiden.
- Das Bügelvlies von links auf den Shibori-Stoff bügeln.
- Gummikordel verknoten und auf die rechte Seite des Shibori-Stoffes legen (siehe Abb. 2 auf S. 136)
- Das Innenteil rechts auf rechts darüberlegen, feststecken und die kurzen Seiten zusammensteppen. Zur besseren Festigkeit mehrmals über das Gummiband nähen (siehe Abb. 3 auf S. 136).
- Den Außen- und Innenteil auseinanderziehen (siehe Abb. 4 auf S. 136) und die beiden Nähte aufeinanderlegen. Feststecken und die langen Seiten steppen. An einer Längsseite der Innentasche eine Wendeöffnung, ca. 5 cm, belassen (siehe Abb. 5 auf S. 136).
- Die Handytasche auf rechts drehen, bügeln und die Wendeöffnung absteppen.
- Die Innentasche in die Außentasche schieben.

Material
Schwere Baumwolle, Shibori, Größe entsprechend Handyformat (Abb. 1 auf S. 136), 2-mal Höhe + Tiefe + 2 cm x Breite + Tiefe + 2 cm Nahtzugabe | Bügelvlies h250, Größe wie Shibori-Stoff | leichte Baumwolle, Größe wie Shibori-Stoff | Gummikordel, Länge 2-mal Höhe + 3 cm Nahtzugabe

Schnittvorlage auf Seite 136

Technik: Nähreservierung

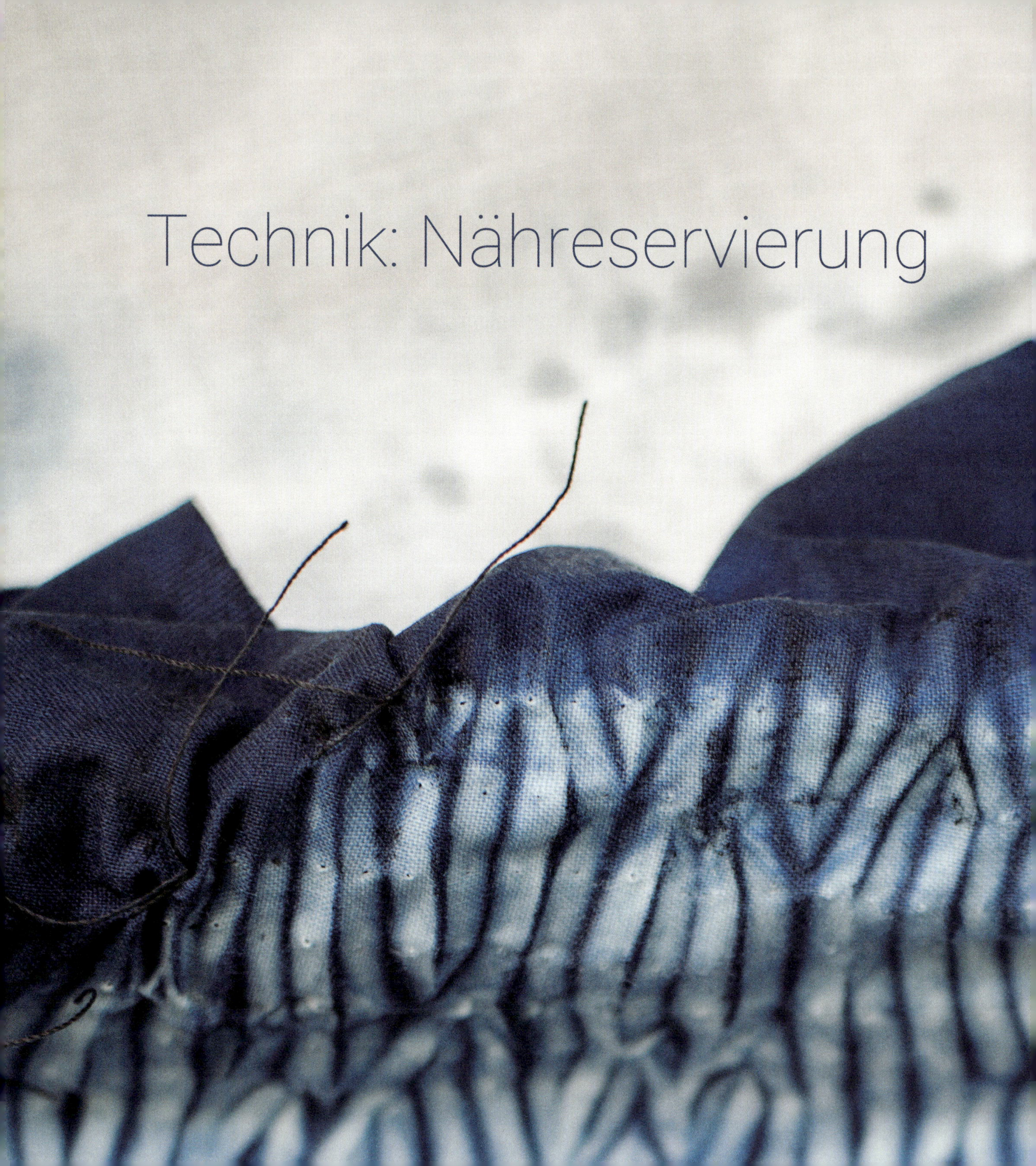

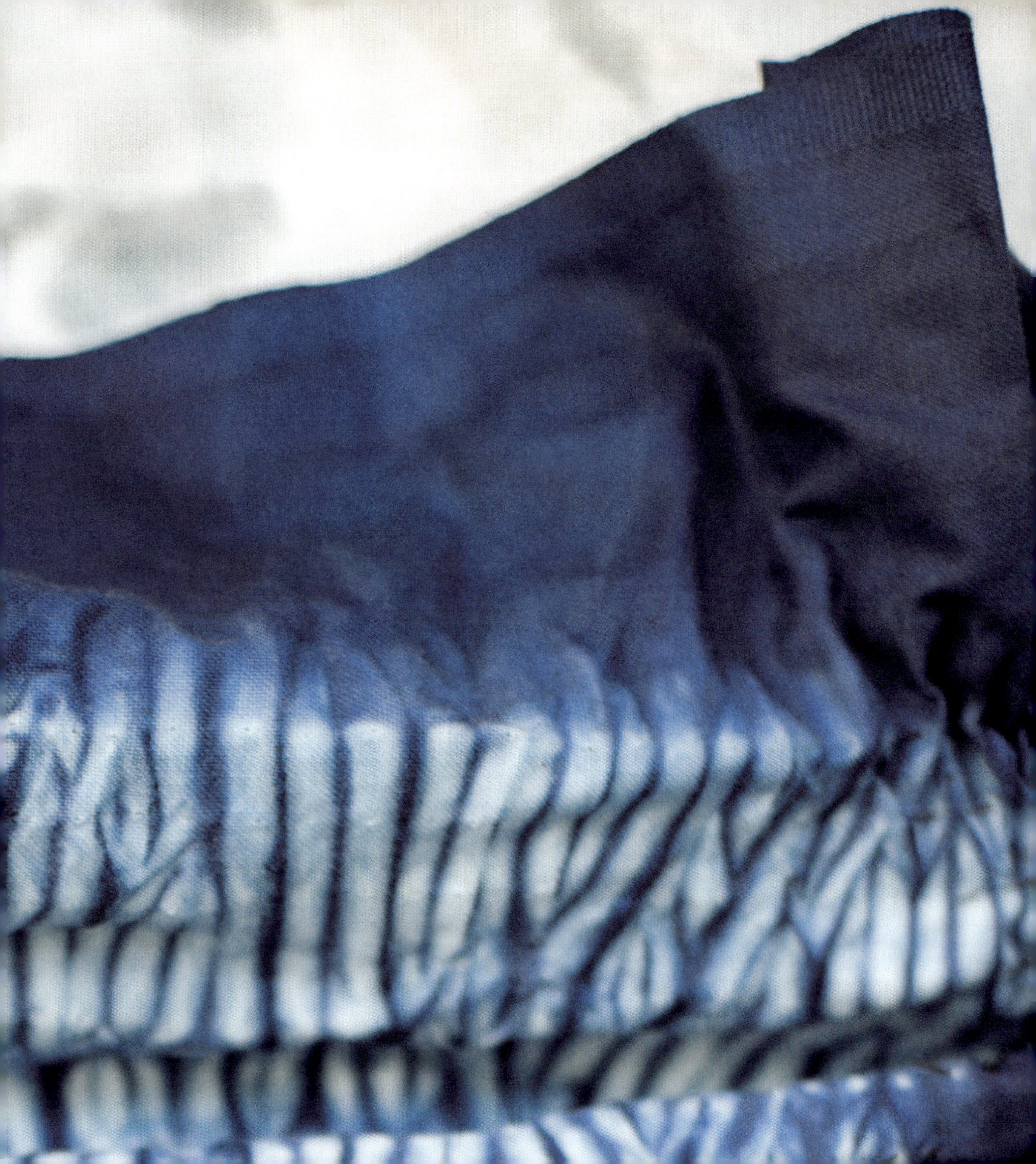

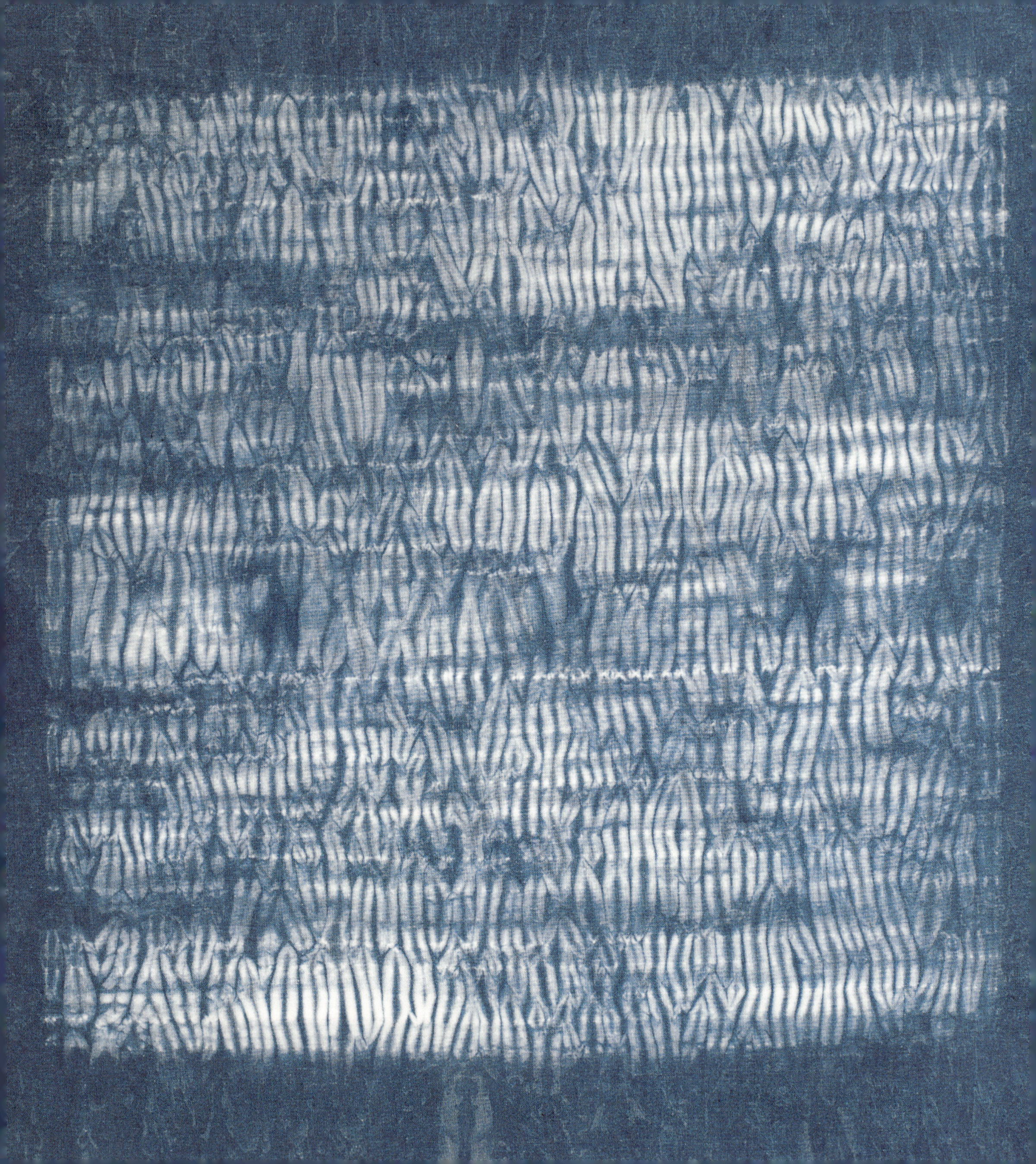

mokume shibori

Holzmaserung

Material
Leichte Baumwolle | wasserlöslicher Stoffmarkierstift | Lineal | Nähnadel | Knopflochgarn

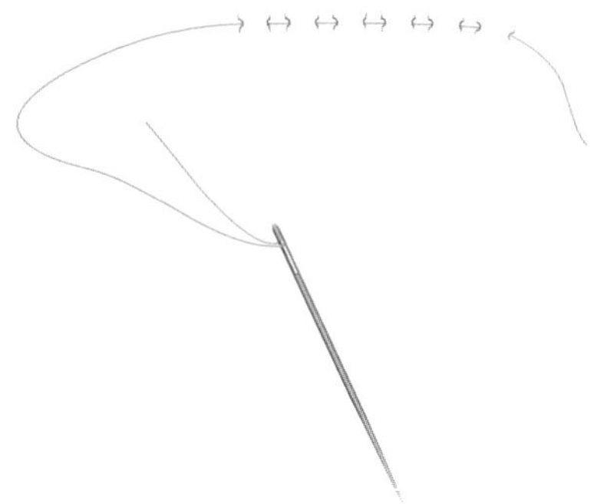

1

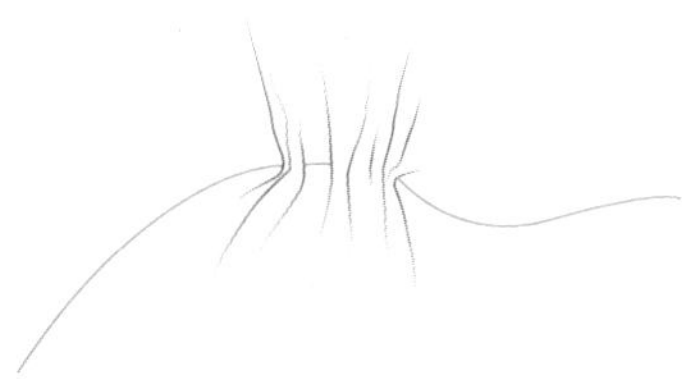

2

Anleitung

- Mithilfe eines Lineals und des Stoffmarkierstiftes parallele Linien auf den Stoff zeichnen (Abb. 1 + 2 auf S. 50).
- Den Faden, etwas länger als die gezeichnete Linie, einfädeln (siehe Abb. 5 auf S. 50). Am Ende gut verknoten und hier den Faden stehen lassen. Es soll ein dickerer Knoten sein, der nicht durch das Gewebe hindurchrutschen kann.
- Mit dem Vorstich Linie für Linie per Hand nähen (Abb. 1 rechts + Abb. 4, 5, S. 50). Die Stichlänge ruhig ein wenig variieren lassen. Am Ende den Faden zunächst hängen lassen (Abb. 7 auf S. 50).
- Sind alle Linien genäht, wird der Stoff mittels der Fäden gerafft (Abb. 8 – 10 auf S. 50). Ist die Raffung eng und fest, ist das Stoffstück nun sehr geschrumpft.
- Die Fadenenden miteinander verknoten und den überschüssigen Faden abschneiden (Abb. 11 + 12 auf S. 50).

Vorstich

Den Stich von rechts nach links nähen. Die Nadel in einer geraden Linie immer von hinten nach vorn durch den Stoff stechen. Für ein schnelles Nähen die Nadel mehrmals einstechen und anschließend den Faden durchziehen (siehe auch nebenstehende Zeichnungen 1 + 2).

Tipp
Beim Garn auf die Reißfestigkeit achten. Soll der Faden dünn sein, hat sich Knopflochgarn in der Verarbeitung sehr bewährt.

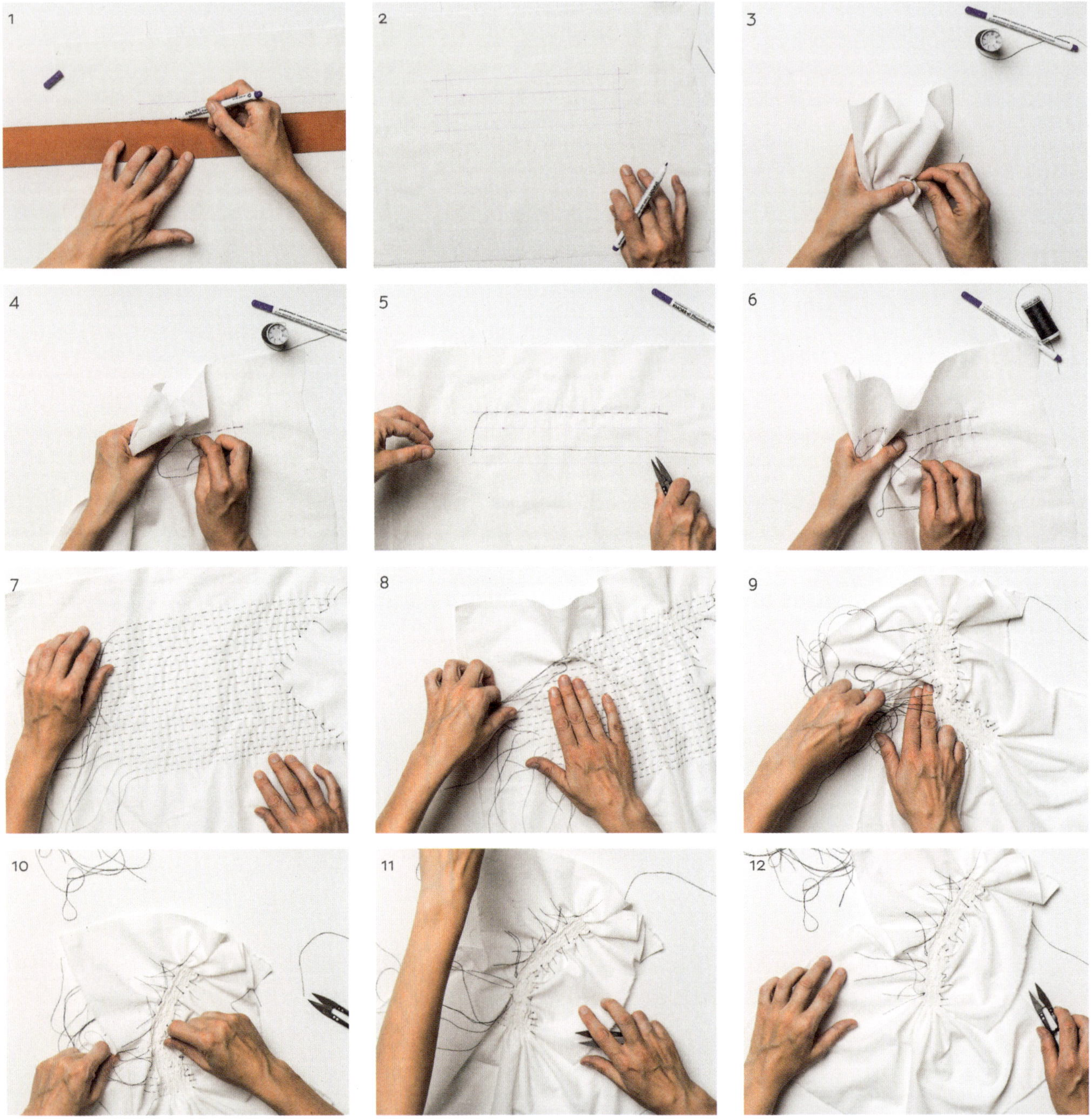
1
2
3
4
5
6
7
8
9
10
11
12

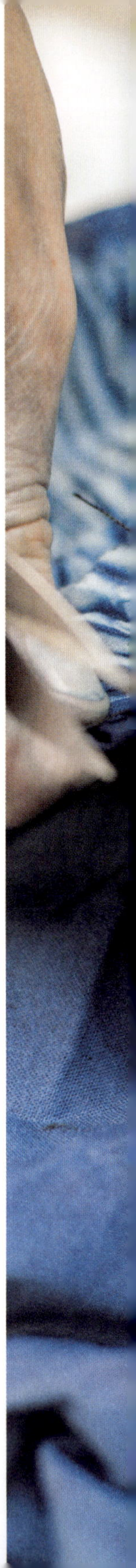

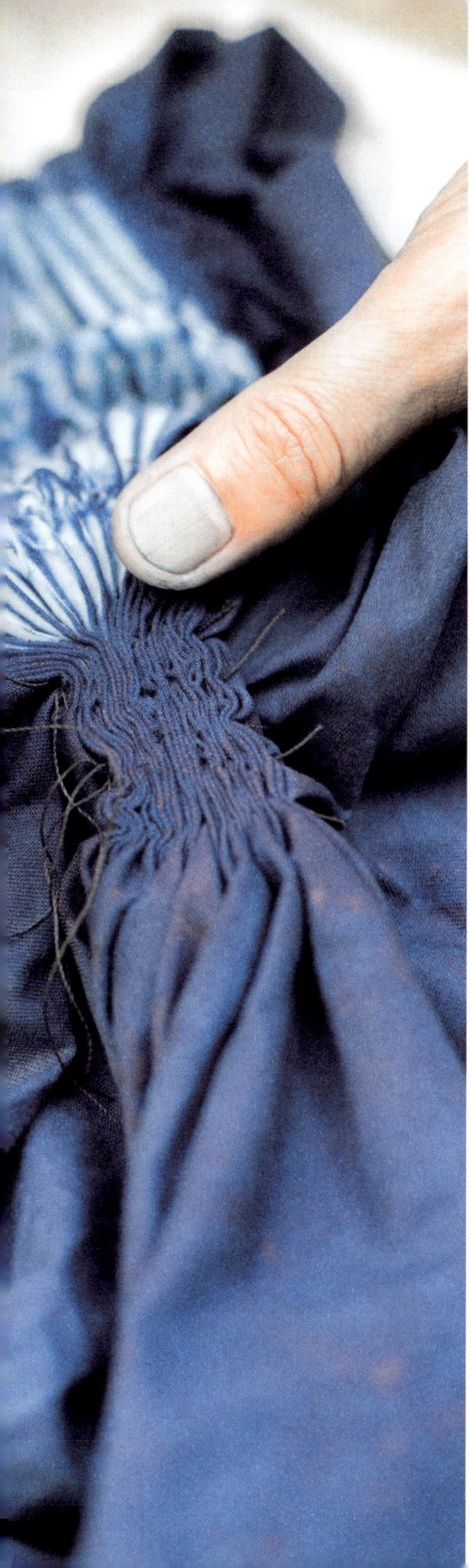
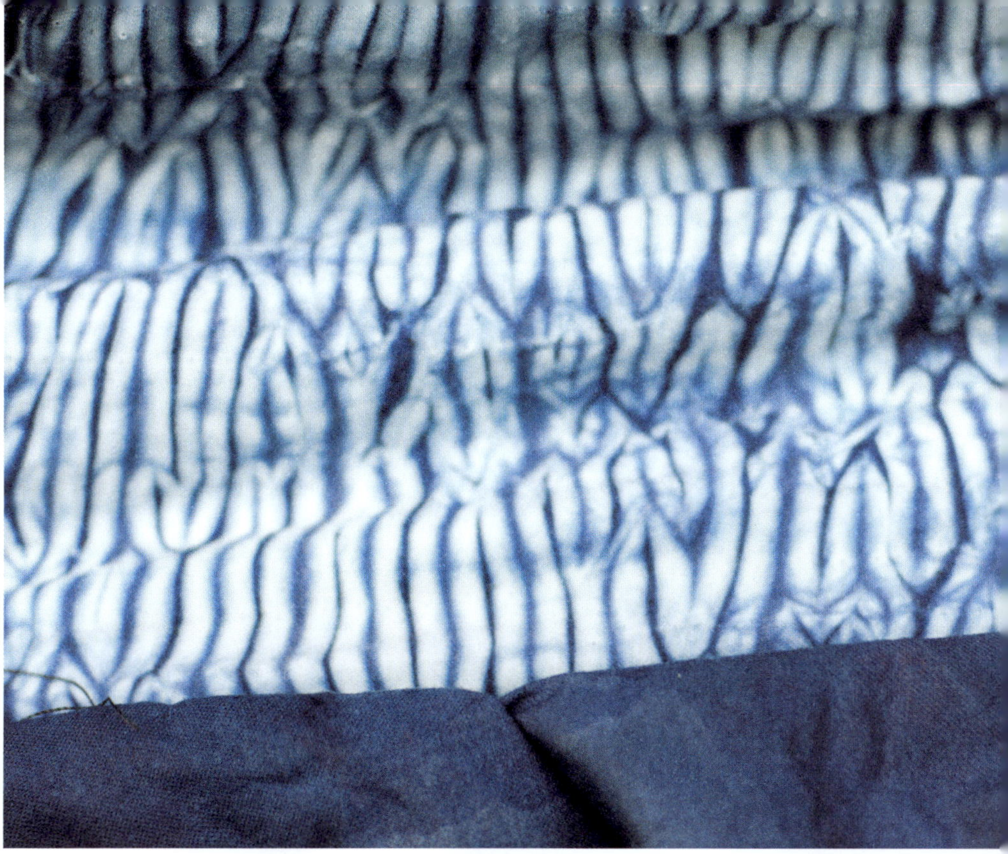
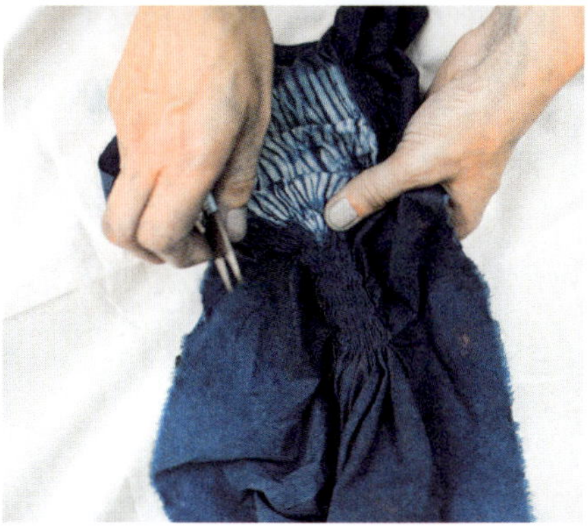
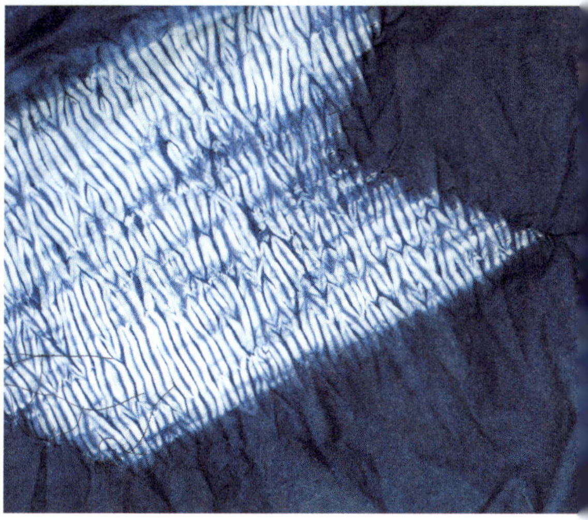
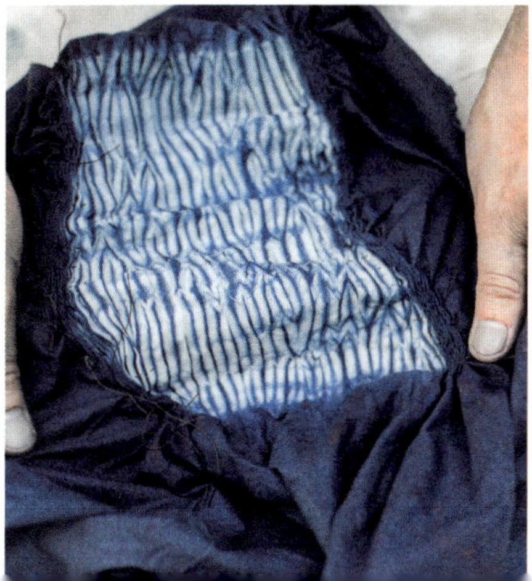
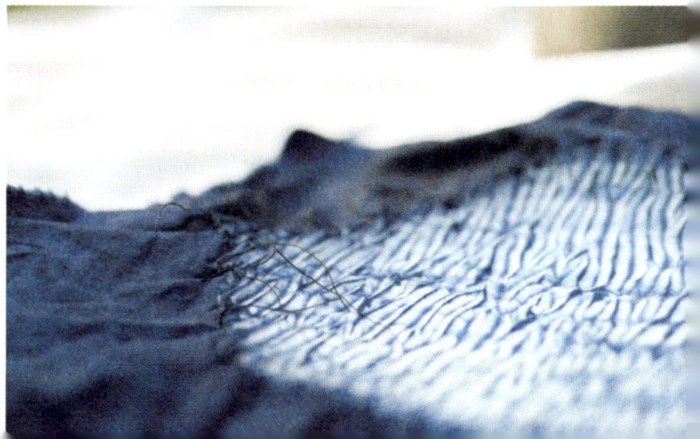

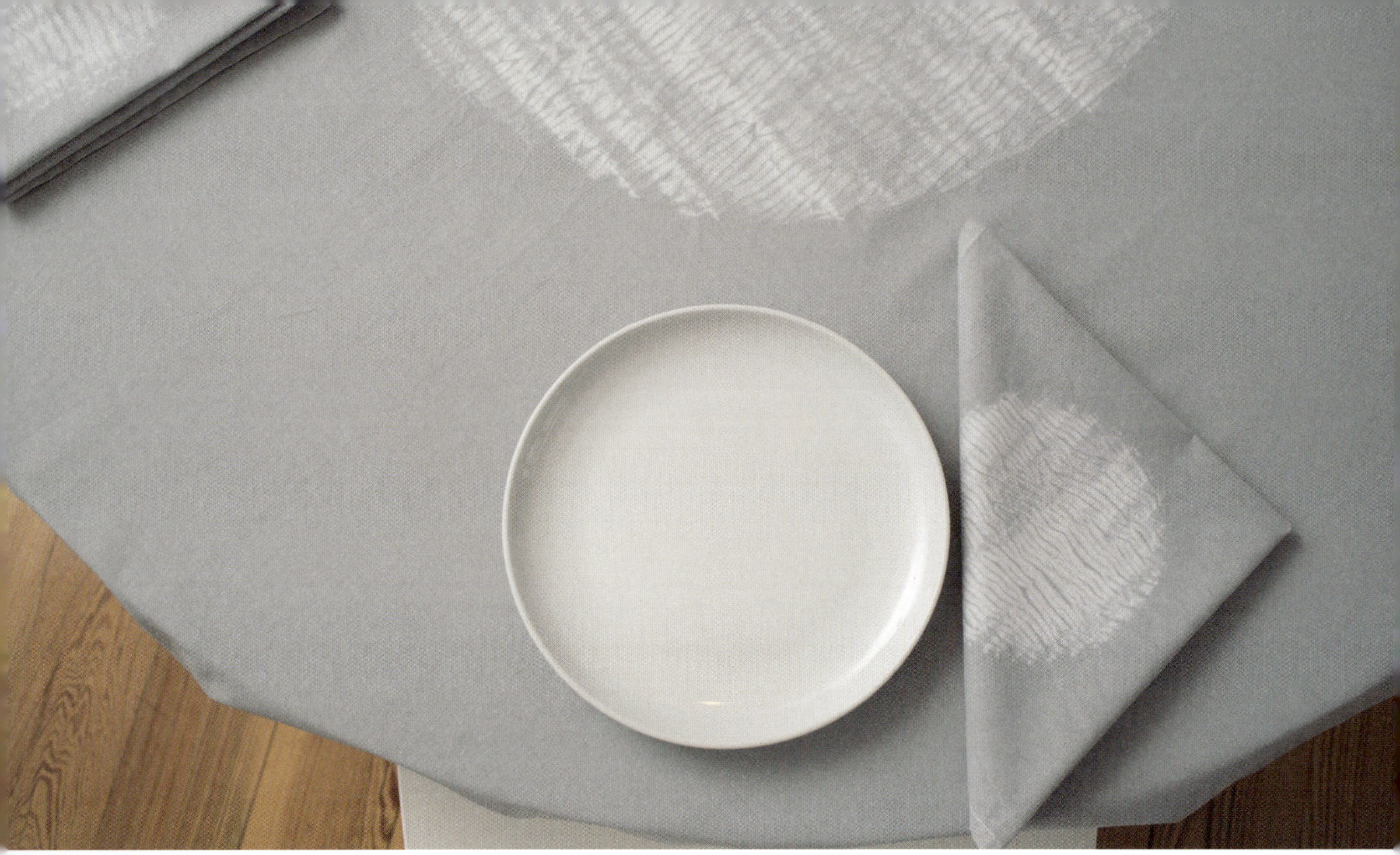

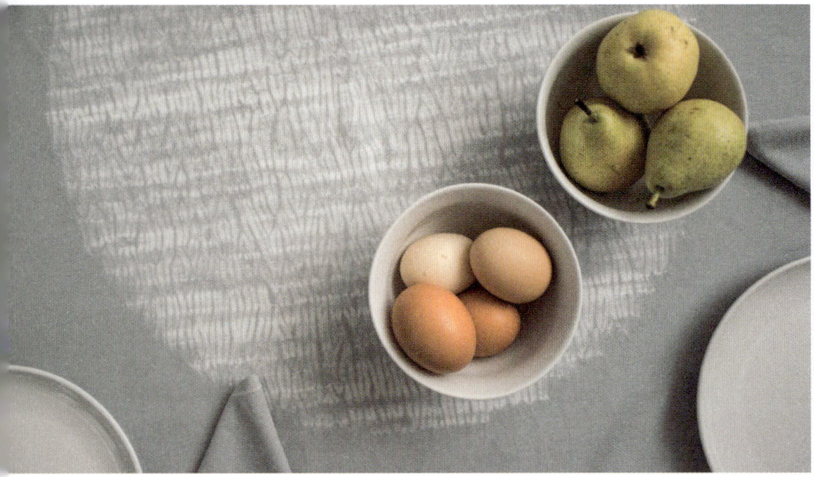

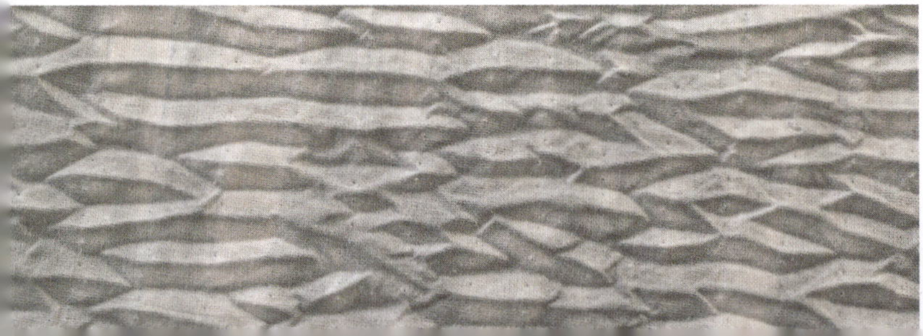

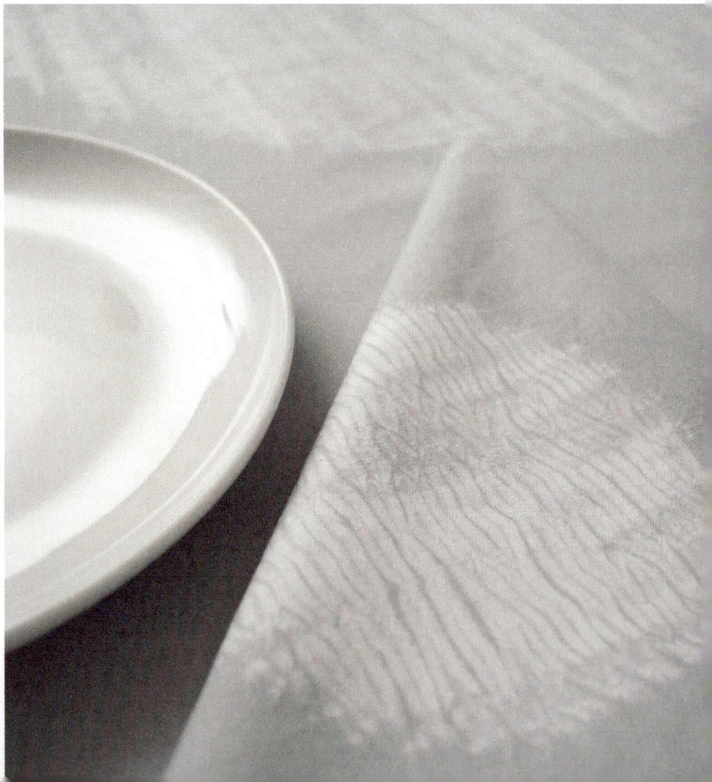

Projekt Runde Tischdecke mit Servietten

Material Tischdecke
Leichte Baumwolle, Überbreite | Schrägband, Länge = Tischdeckenumfang | wasserlöslicher Stoffmarkierstift | Sicherheitsnadel | Baumwollgarn

Material Servietten
Leichte Baumwolle,
4-mal 50 x 50 cm

Größe ca. 45 x 45 cm

Schnittvorlage wie Platzsets auf Seite 138

Anleitung Tischdecke

› Runde Tischdecke = Durchmesser + 2-mal 30 cm Kantenabfall. Für rechteckige Decken beträgt der Kantenabfall 25 cm.
› Den Stoff vierteln und am Mittelpunkt das Baumwollgarn mit einer Sicherheitsnadel befestigen.
› Am anderen Ende den Stoffmarkierstift festknoten. Die Länge der Schnur ist der Radius, bzw. halbe Durchmesser, der Tischdecke.
› Einen Viertelkreis zeichnen und die vier Lagen Stoff auf einmal schneiden.
› Das Schrägband bügeln und an den Deckenrand steppen.
› Mithilfe des Schnurzirkels einen Kreis in die Mitte der Decke zeichnen und anschließend mit dem Lineal parallele Linien in den Kreis.
› Die Linien mit dem Vorstich (siehe hierzu auch S. 49) nähen, den Stoff raffen und die Fäden verknoten.

Anleitung Servietten

› Beim Zuschneiden auf den Fadenlauf achten. Dieser muss gerade sein.
› Den Stoff auf rechts legen und die Kanten um 1 cm nach innen bügeln.
› Die Kanten ein weiteres Mal um 1,5 cm nach innen bügeln und feststecken (siehe Abb. 1 auf S. 138). Die Ecken auffalten und die Spitze 1 cm breit abschneiden (siehe Abb. 2 + 3 auf S. 138).
› Den Saum wieder zufalten, feststecken und absteppen.
› Mir runden Gefäßen Kreise auf die Servietten und anschließend mit dem Lineal parallele Linien in den Kreis zeichnen. Die Linien mit dem Vorstich (siehe hierzu S. 49) nähen, den Stoff raffen und die Fäden verknoten.

karamatsu shibori

Japanische Lärche

Material
Leichte Baumwolle | wasserlöslicher Stoffmarkierstift | runde Gefäße als Schablonen | Nähnadel | Knopflochgarn

Anleitung

- Den Stoff einmal falten (Abb. 1).
- Mit verschieden großen, runden Gefäßen Halbkreise auf den Stoff zeichnen (Abb. 2 + 3).
- Den Faden, etwas länger als die gezeichnete Linie, einfädeln. Am Ende gut verknoten und hier den Faden stehen lassen. Es soll ein dickerer Knoten sein, der nicht durch das Gewebe hindurchrutschen kann (Abb. 4).
- Mit dem Vorstich (siehe hierzu auch S. 49) durch beide Stoffschichten die Halbkreise per Hand nachnähen und am Ende den Faden zunächst hängen lassen (Abb. 5 – 7).
- Sind alle Halbkreise genäht, wird der Stoff mittels der Fäden gerafft, die Fäden werden fest verknotet und gekürzt (Abb. 8 – 10).

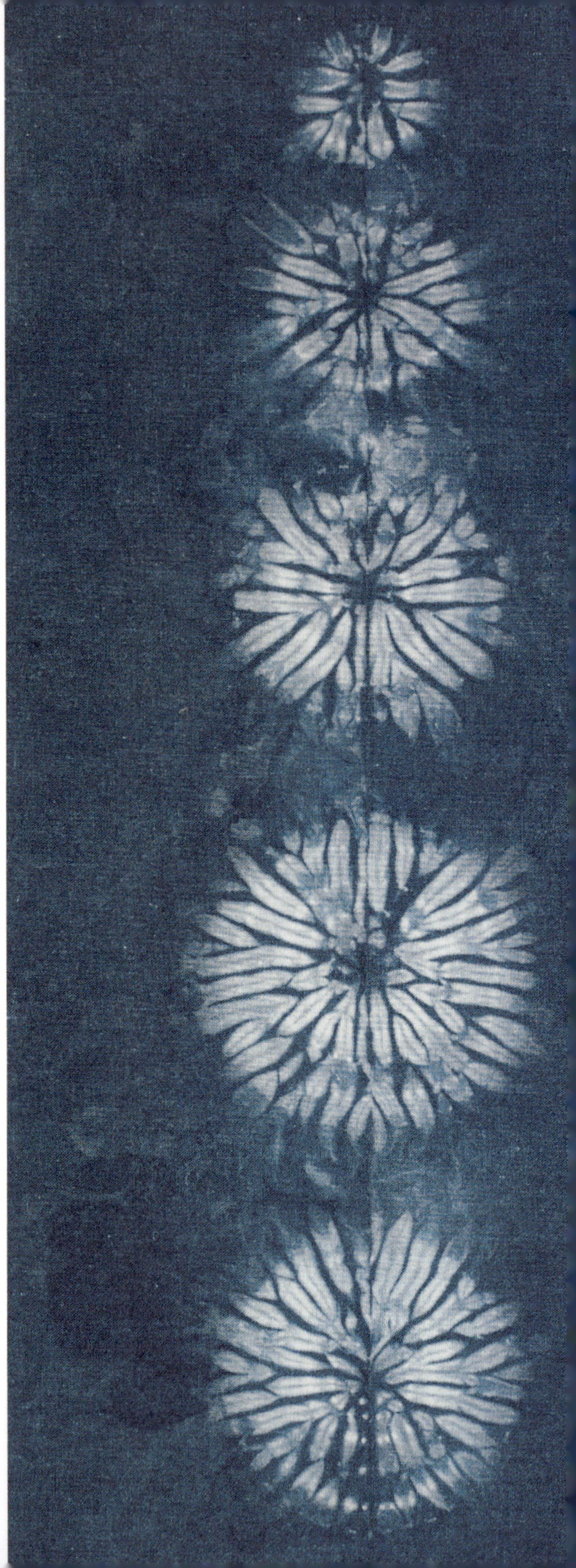

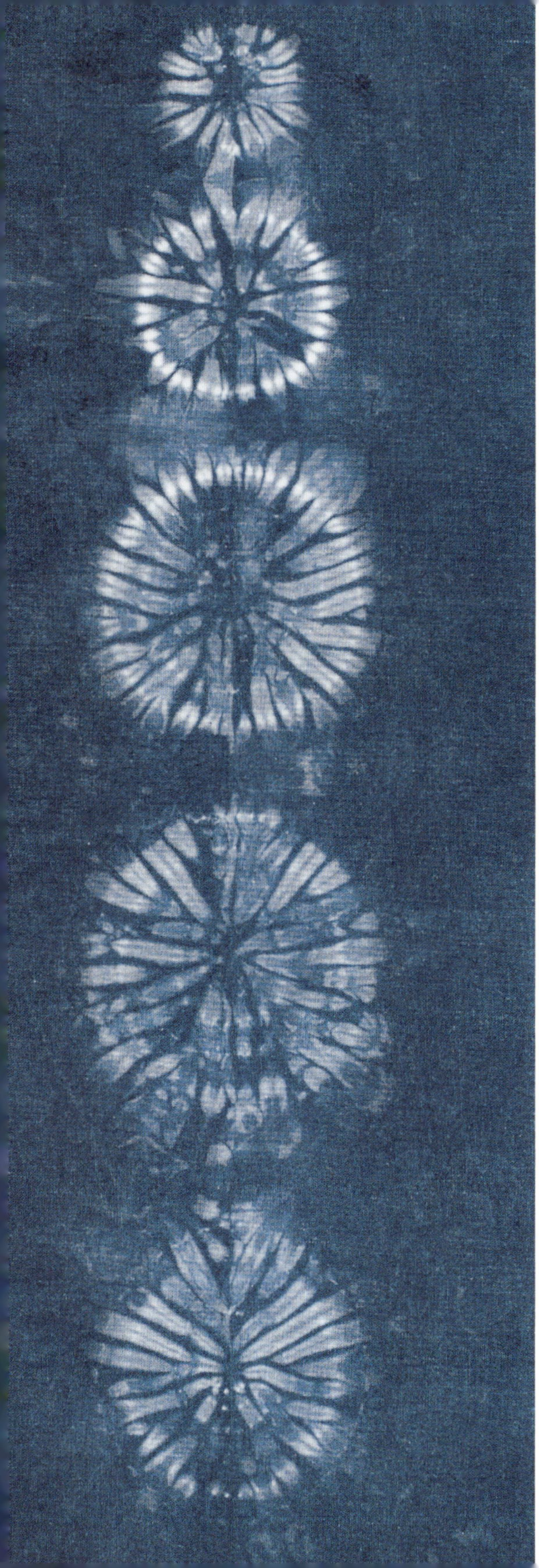

1

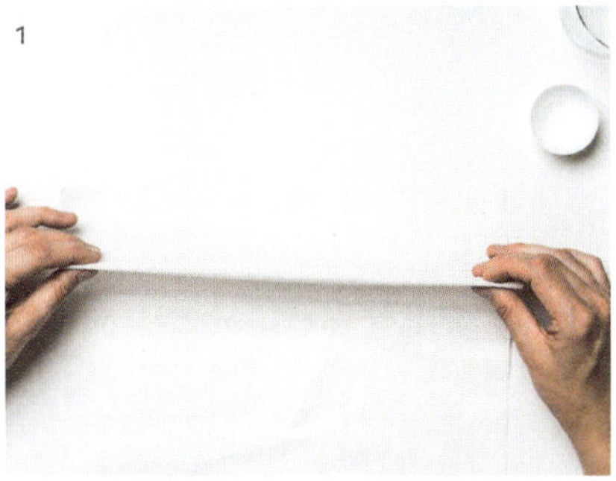

2

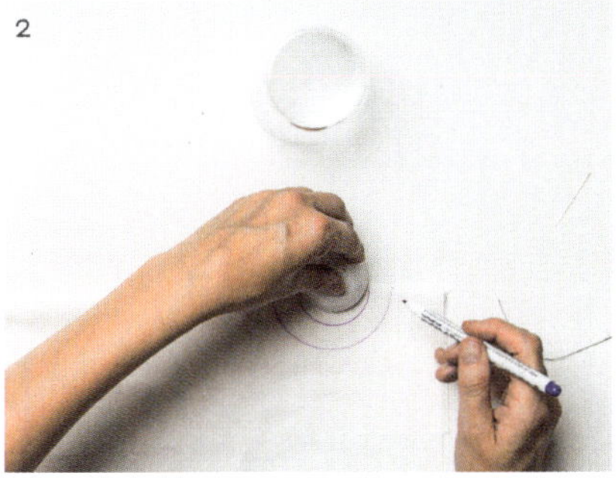

3

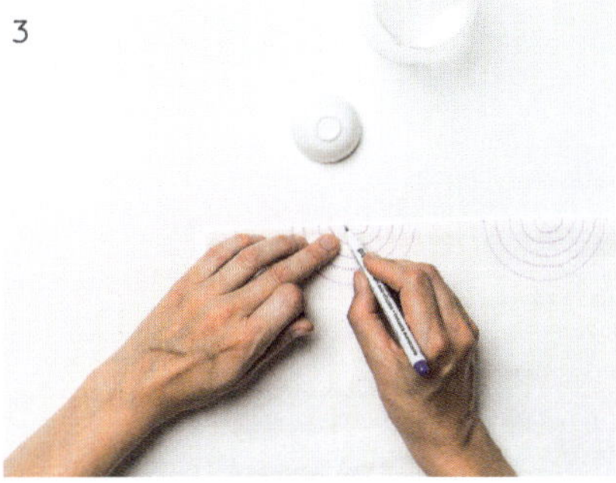

4

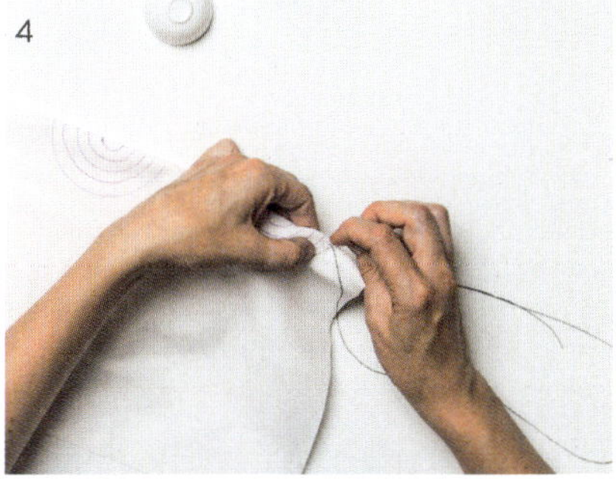

5

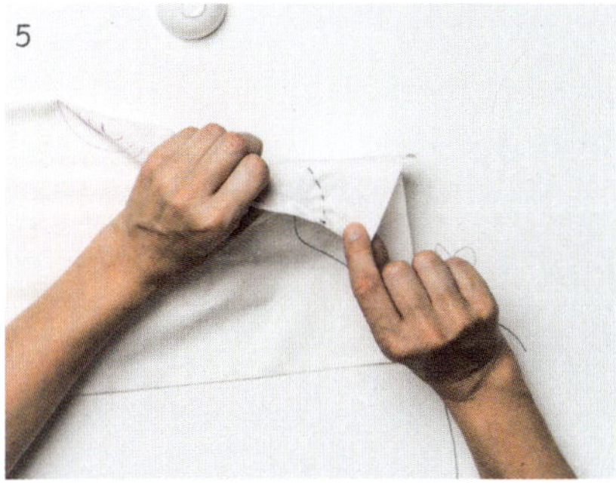

6

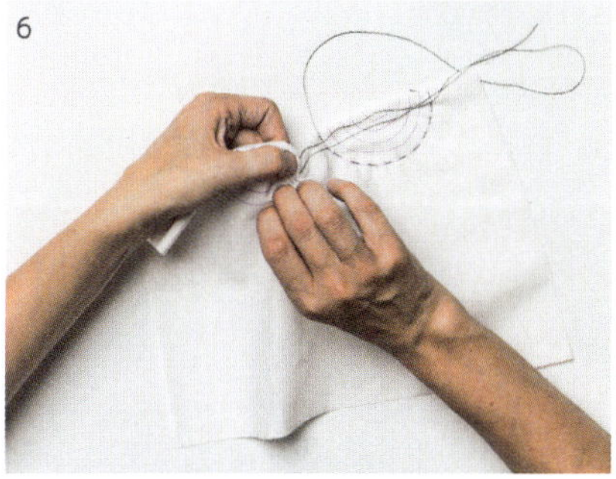

7

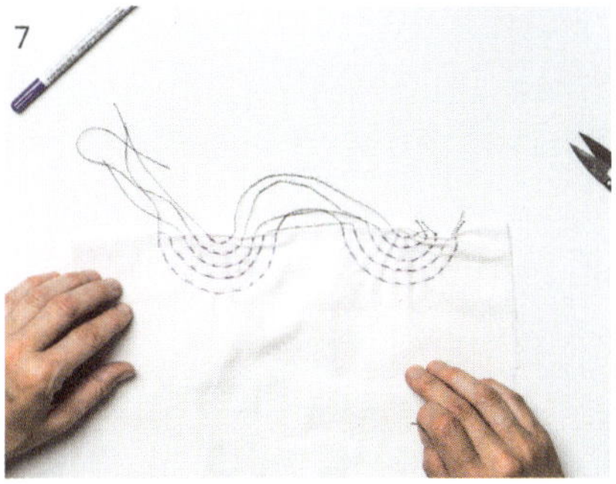

8

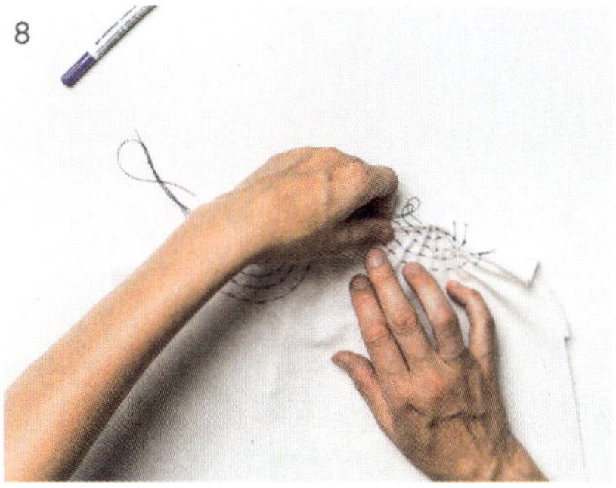

9

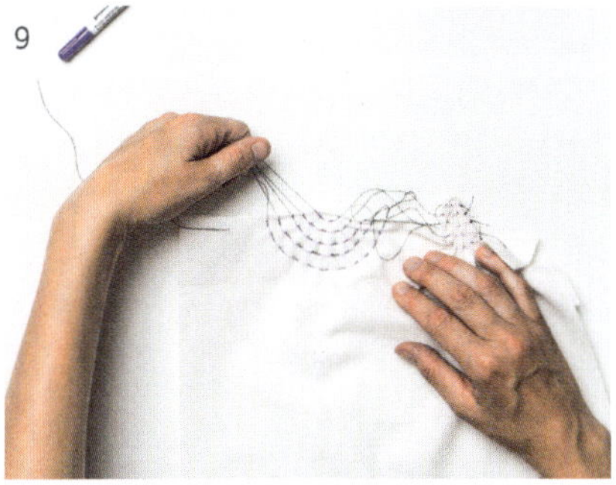

10

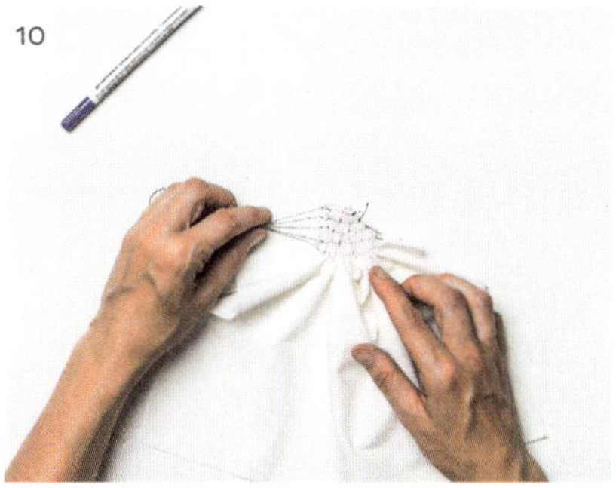

Projekt Kosmetiktäschchen

Größe
ca. 18 x 15 cm

Material
Leichte Baumwolle, Shibori, 2-mal 20 x 17 cm | Bügelvlies h250, 2-mal 20 x 17 cm | Reißverschluss, Länge 18 cm

Schnittvorlage auf Seite 134

Anleitung

› Den Stoff nach der Schnittvorlage zuschneiden.
› Das Bügelvlies von links auf den Shibori-Stoff bügeln.
› Den Reißverschluss rechts auf rechts auf den Shibori-Stoff legen, darüber das Innenteil platzieren und feststecken (siehe auch Abb. 1 + 2 auf S. 134).
› Den Reißverschluss festnähen.
› Zunächst die Seitenteile und anschließend den Boden rechts auf rechts zusammensteppen. Im Boden des Innenteils eine Wendeöffnung belassen.
› Die Tasche auf rechts wenden und bügeln.
› Die Wendeöffnung im Innenteil von rechts absteppen.
› Auf Wunsch an den Reißverschluss noch ein farblich passendes Band anbringen.

Tipp
Jede Form, die sich symmetrisch halbieren lässt, kann in der Technik des *karamtsu shibori* (siehe S. 55) umgesetzt werden. Für den Stoff der Kosmetiktasche sind Tropfen reserviert worden.

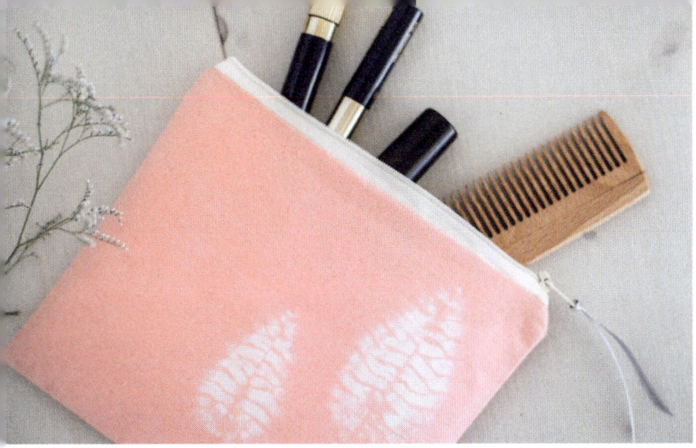

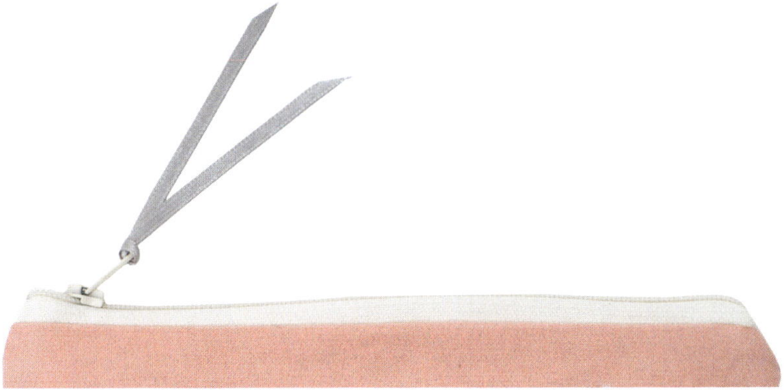

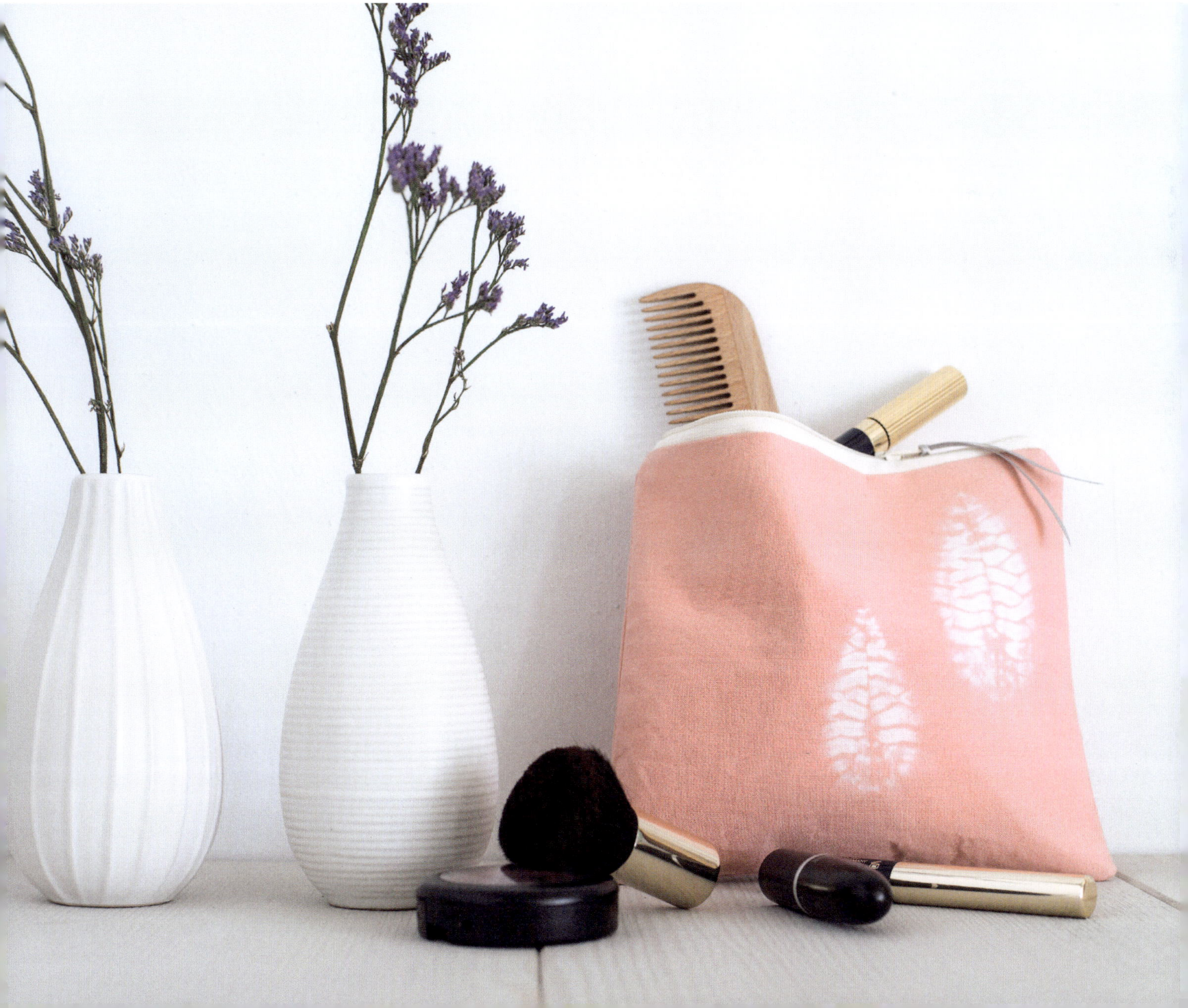

ori-nui shibori

Genähte Doppellinie

Material
Leichte Baumwolle | Nähnadel | Knopflochgarn

Anleitung

- Den Stoff einmal falten (Abb. 1).
- Den Faden, etwas länger als die gefaltete Linie, einfädeln. Am Ende gut verknoten und hier den Faden stehen lassen. Es soll ein dickerer Knoten sein, der nicht durch das Gewebe hindurchrutschen kann.
- Mit dem Vorstich (siehe hierzu auch S. 49) durch beide Stoffschichten die Linie nachnähen (Abb. 2 – 4) und am Ende den Faden zunächst hängen lassen.
- Eventuell weitere Linien falten und nachnähen (Abb. 5).
- Abschließend an den Fäden ziehen, den Stoff fest raffen und die Fadenenden verknoten (Abb. 6 – 10).

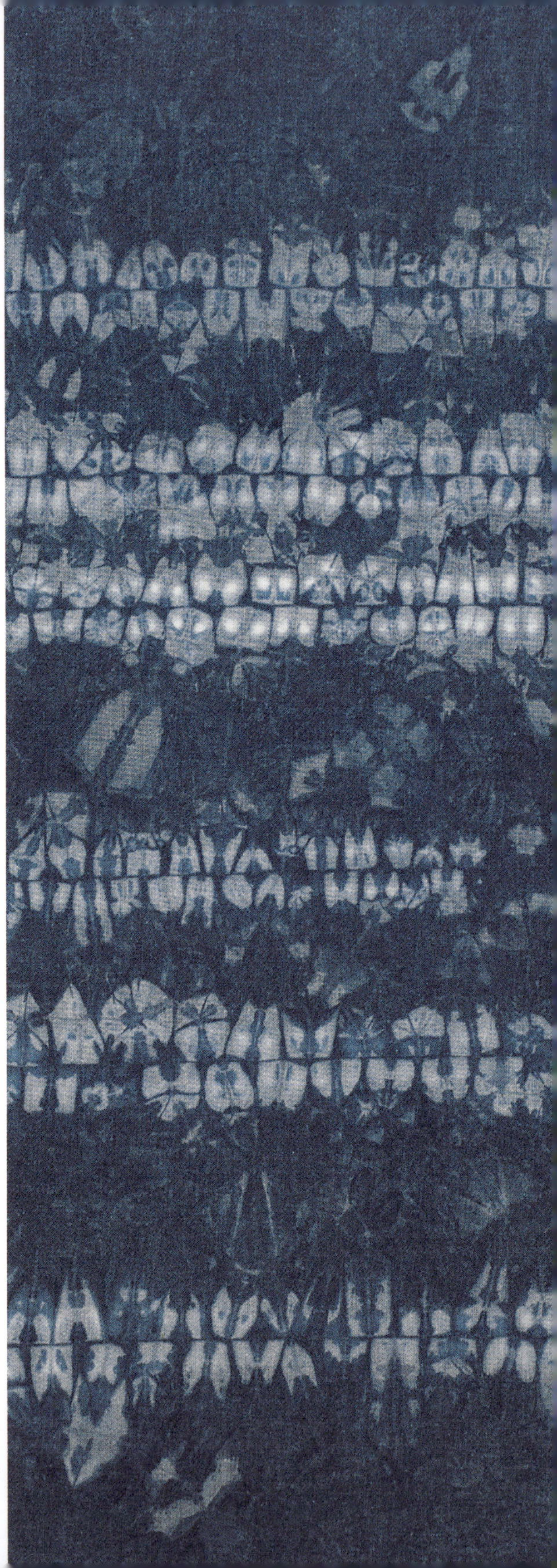

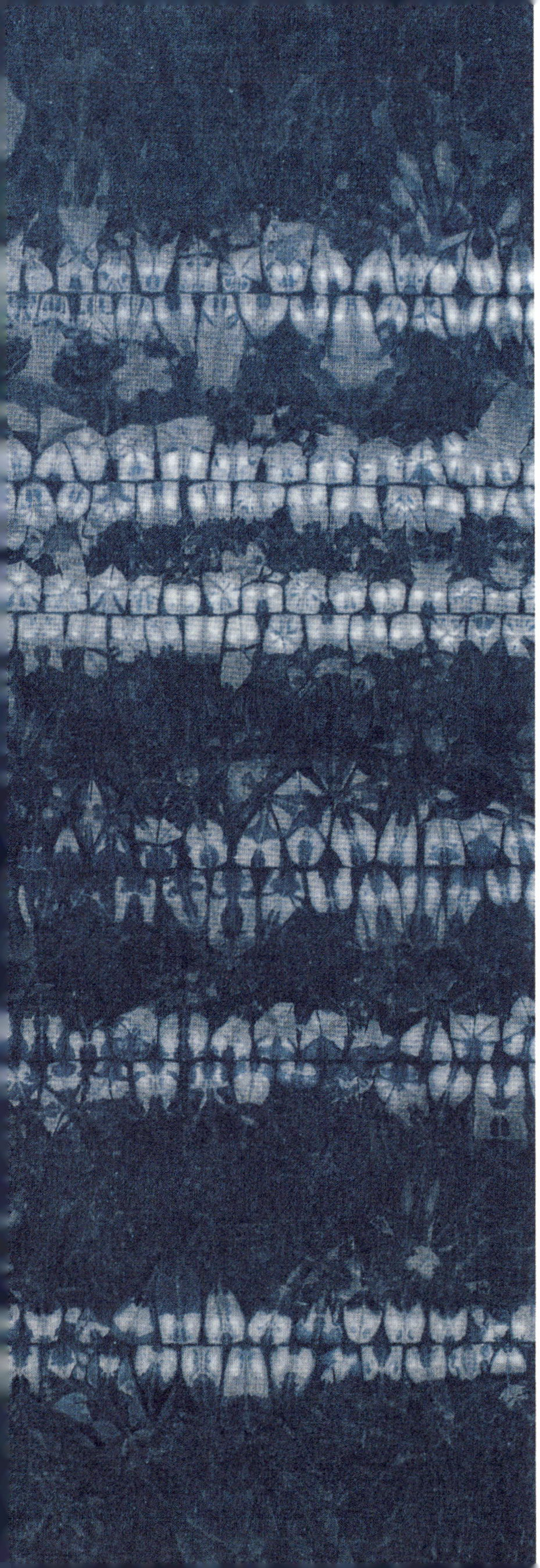

1

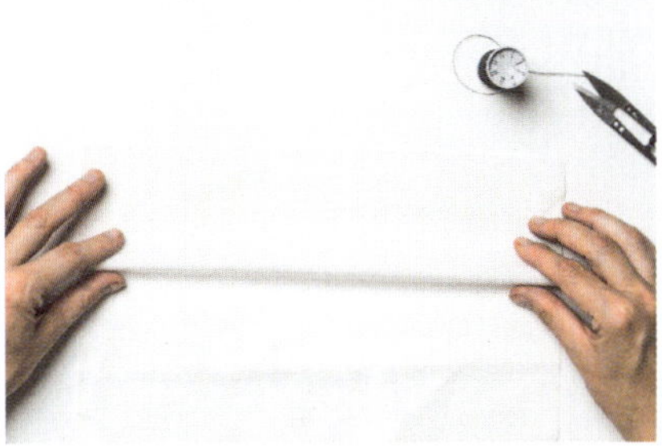

2

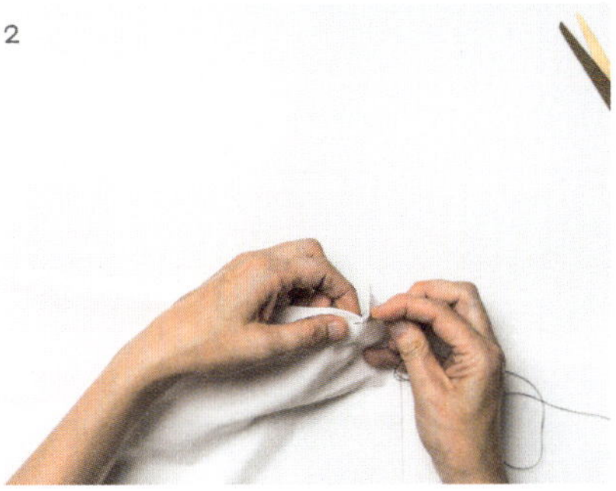

3

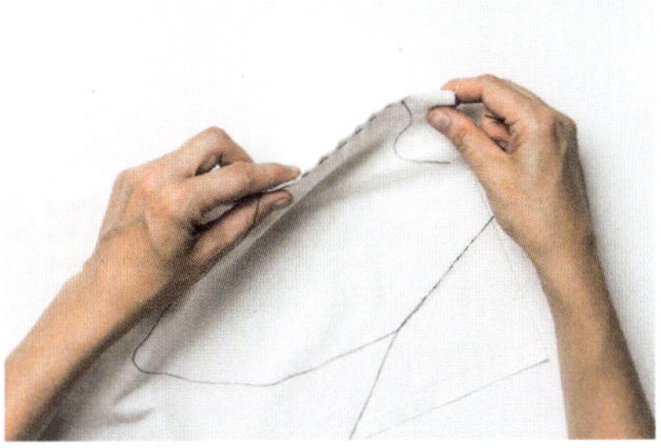

4

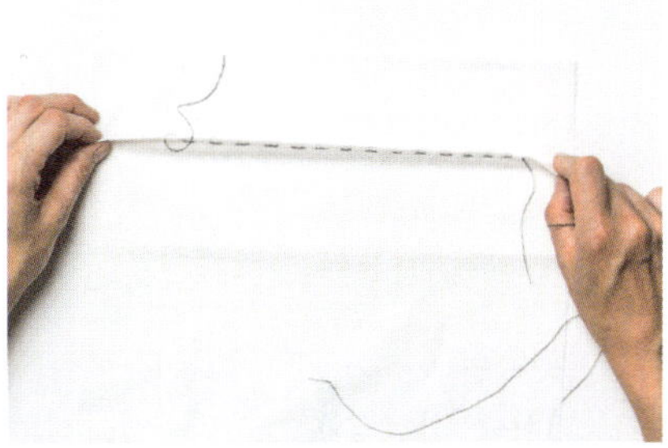

5

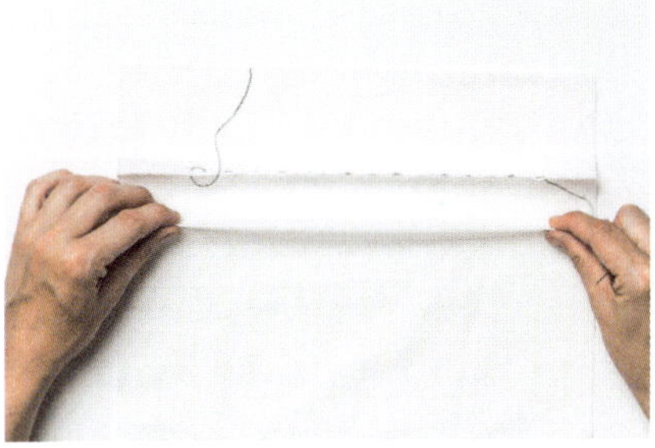

6

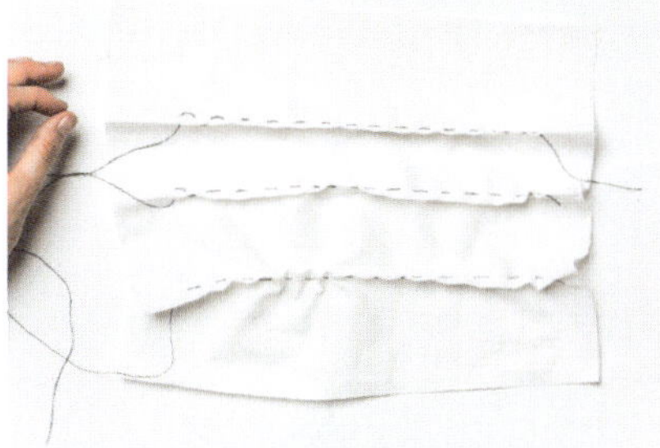

7

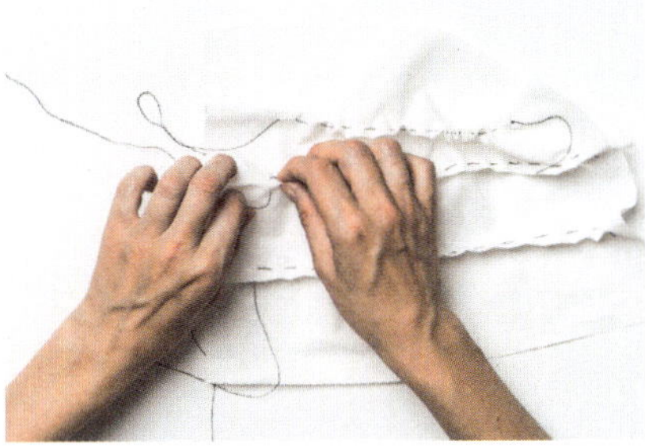

8

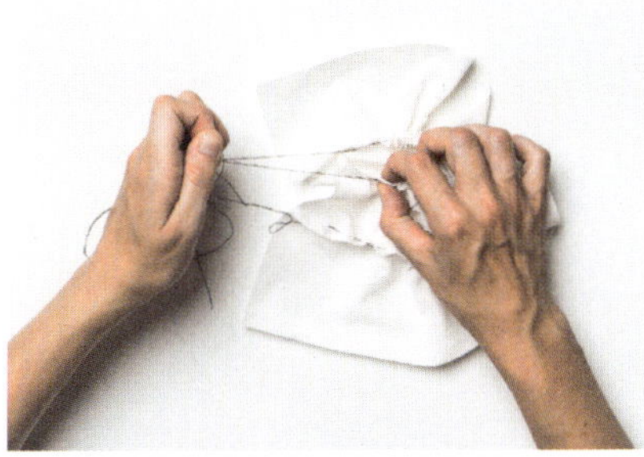

9

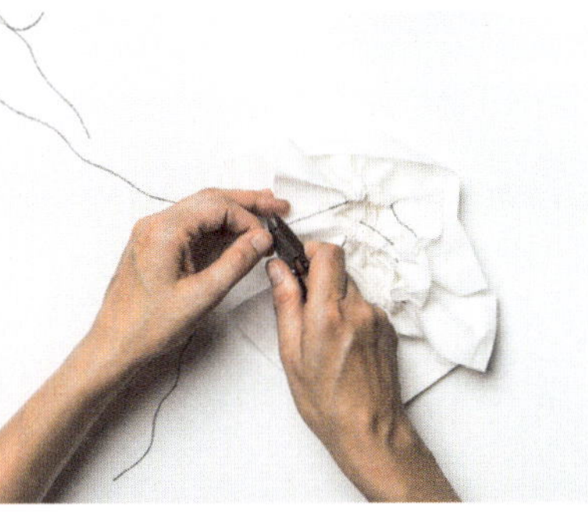

10

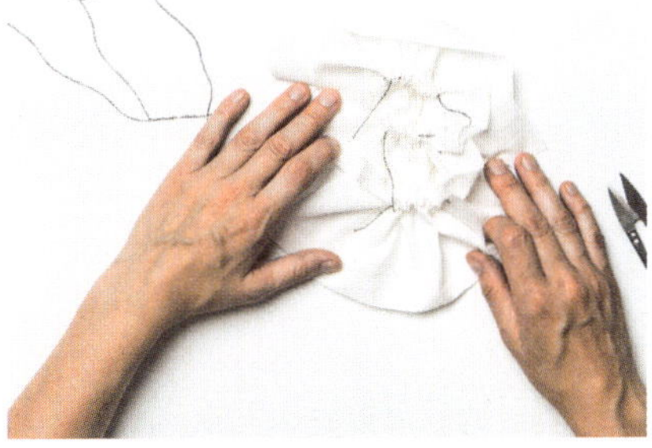

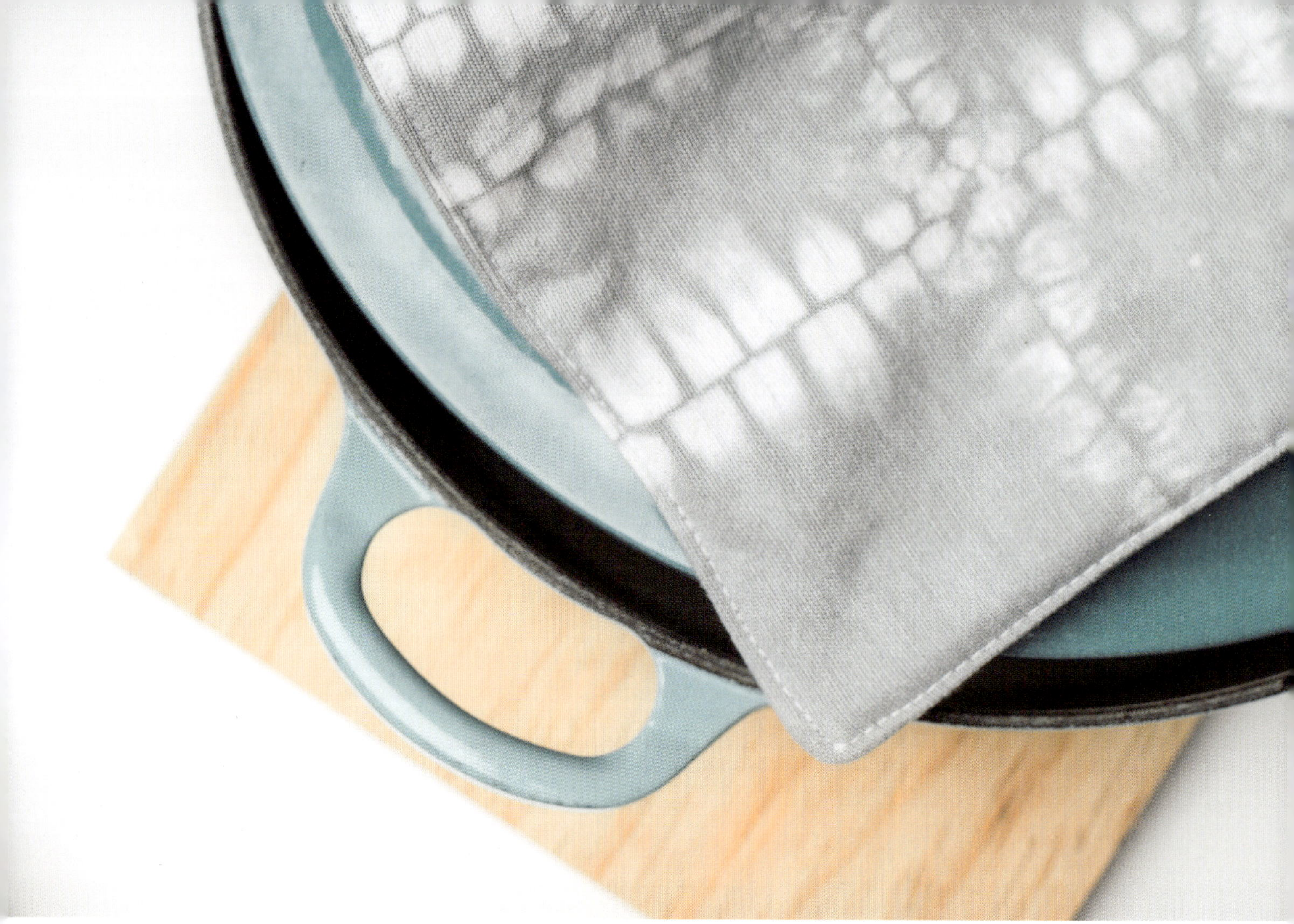

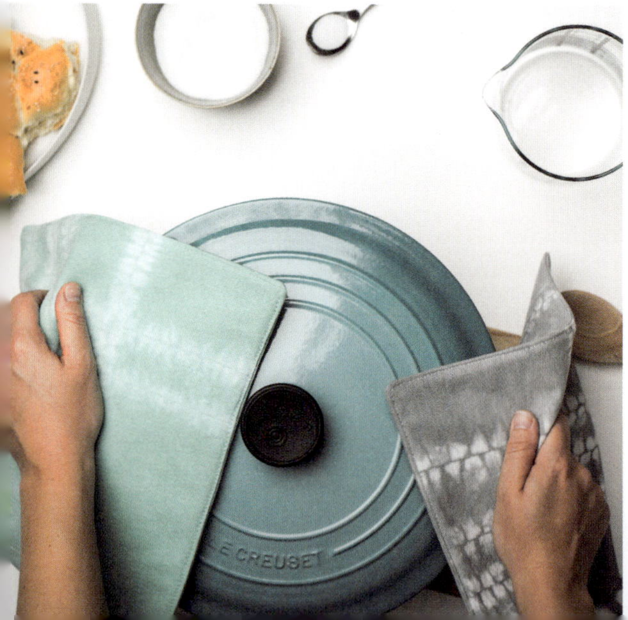
LE CREUSET

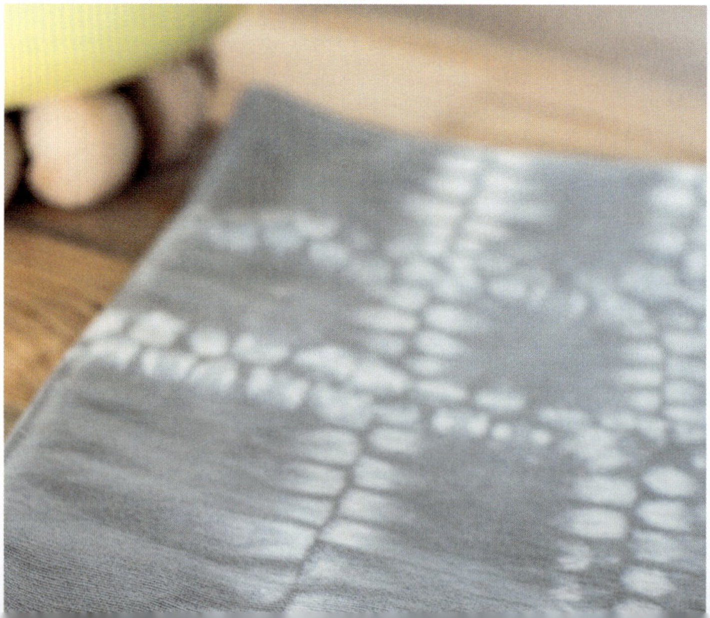

Projekt Topflappen

Größe
ca. 27 x 27 cm

Material
Schwere Baumwolle, Shibori, 2-mal 29 x 29 cm, 1-mal 14 x 4 cm | Hitzebeständiges Vlies, z.B. Vlieseline 272 Thermolam, 29 x 29 cm

Anleitung

› Den Shibori-Stoff rechts auf rechts legen und darüber das Thermolam feststecken.
› Das schmale Stoff-Rechteck wird der Aufhänger. Beide Längsseiten nach innen bügeln, anschließend mittig falten und die offene Seite absteppen.
› Das entstandene Band zu einer Schlaufe legen, in eine Ecke des Topflappens platzieren und feststecken.
› Die vier Seiten absteppen und eine Wendeöffnung von ca. 10 cm belassen.
› Den Topflappen auf rechts drehen und bügeln.
› Abschließend ringsherum knappkantig absteppen und hierbei auch die Wendeöffnung verschließen.

uma no ha shibori

Pferdezahn

1

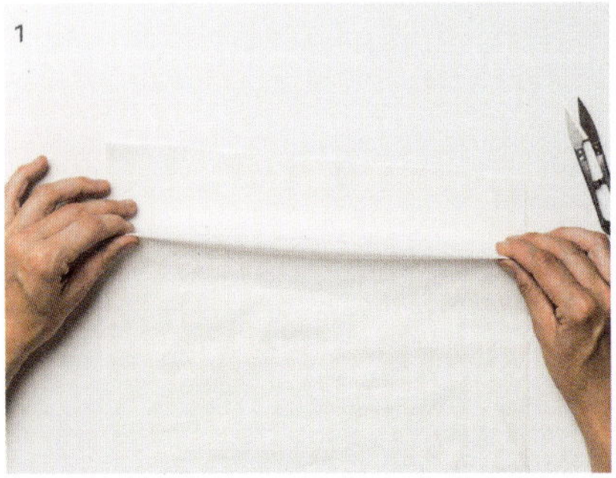

2

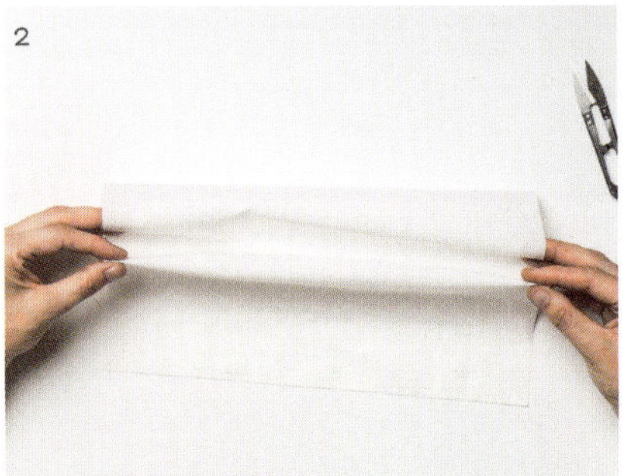

3

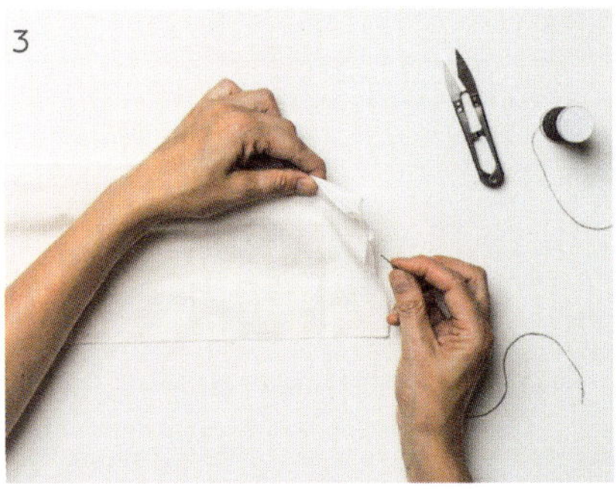

4

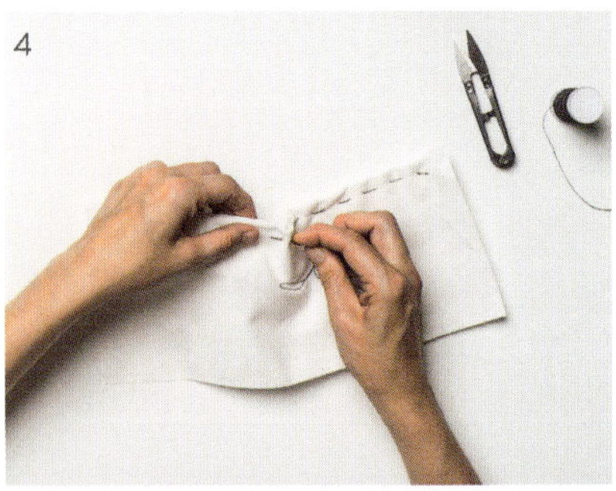

Material
Leichte Baumwolle | Nähnadel | Knopflochgarn

Anleitung

- Den Stoff mit zwei Bergfalten und einer dazwischenliegenden Talfalte falten (Abb. 1 + 2).
- Den Faden, etwas länger als die gefaltete Linie, einfädeln (Abb. 3). Am Ende gut verknoten und hier den Faden stehen lassen. Es soll ein dickerer Knoten sein, der nicht durch das Gewebe hindurchrutschen kann.
- Mit dem Vorstich (siehe hierzu auch S. 49) durch alle vier Stoffschichten nähen (Abb. 4 + 5) und am Ende den Faden zunächst hängen lassen. Eventuell weitere Linien falten und nachnähen.
- Abschließend an den Fäden ziehen, den Stoff fest raffen und die Fadenenden verknoten (Abb. 6 – 8).

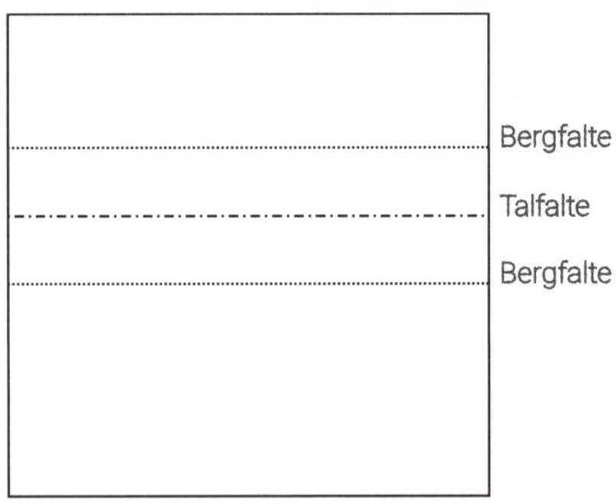

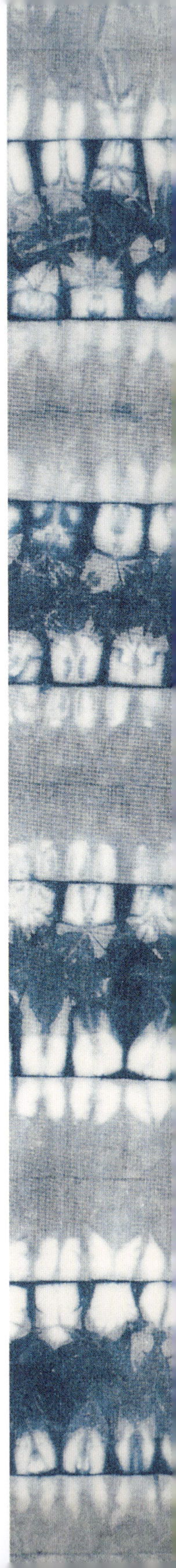

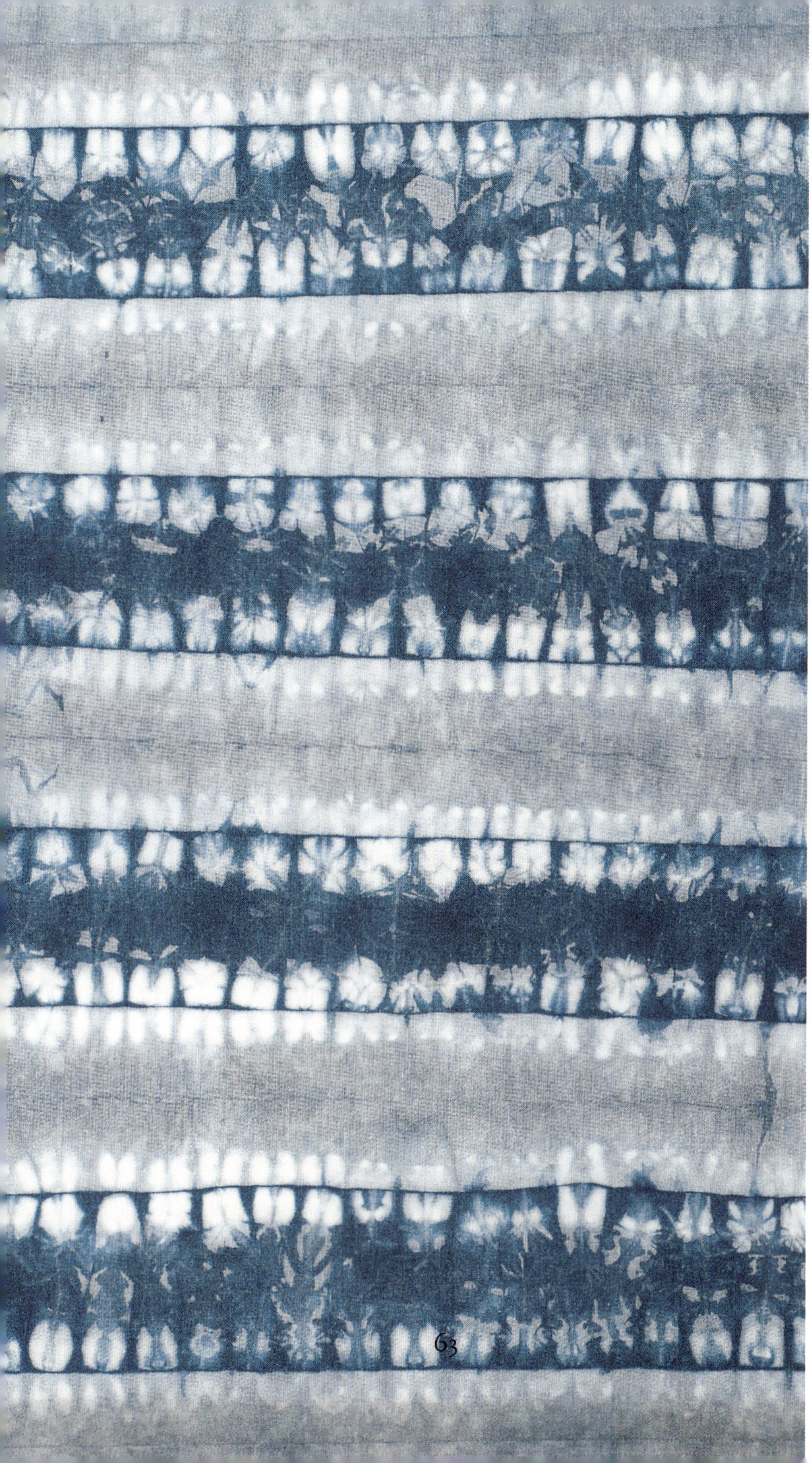

5

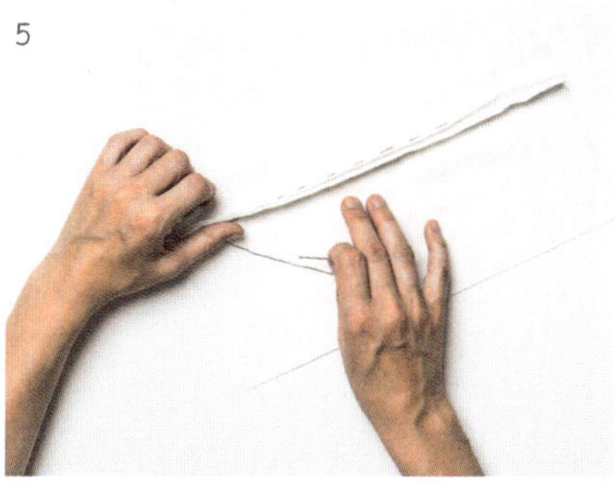

6

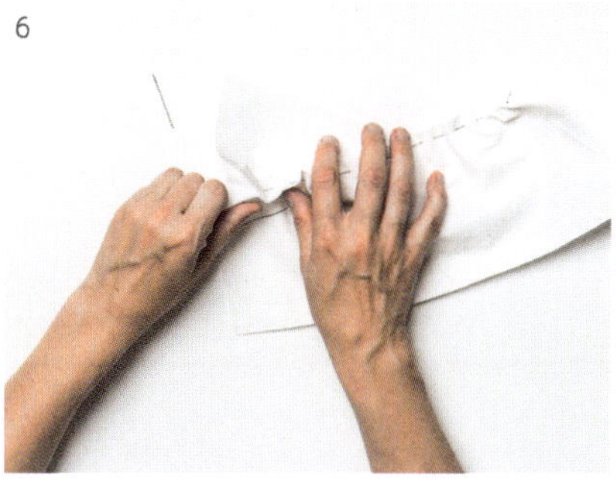

7

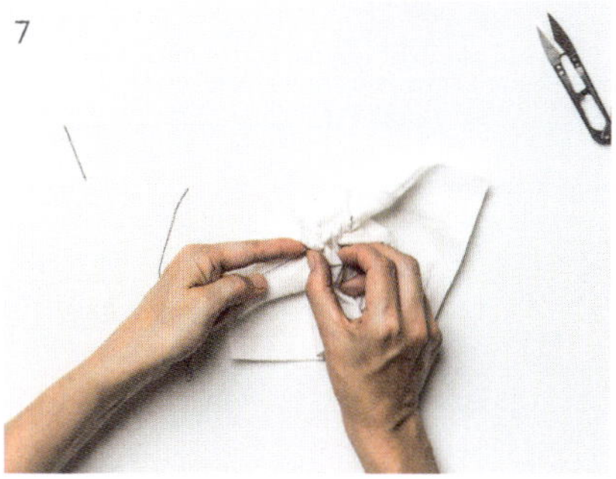

8

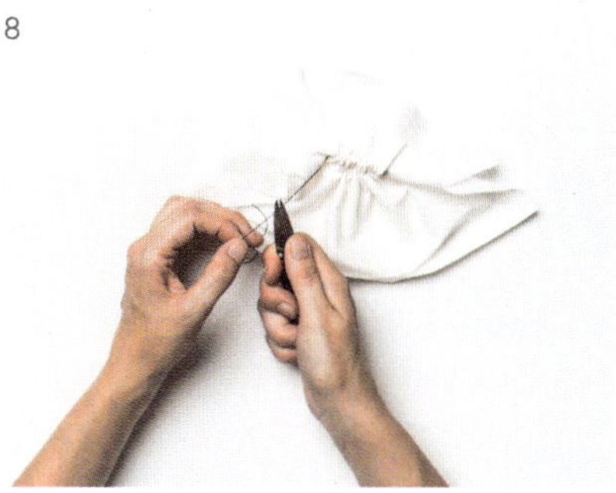

1

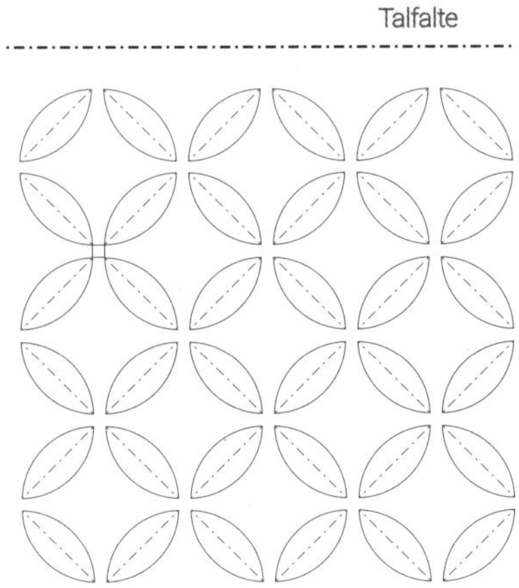

2

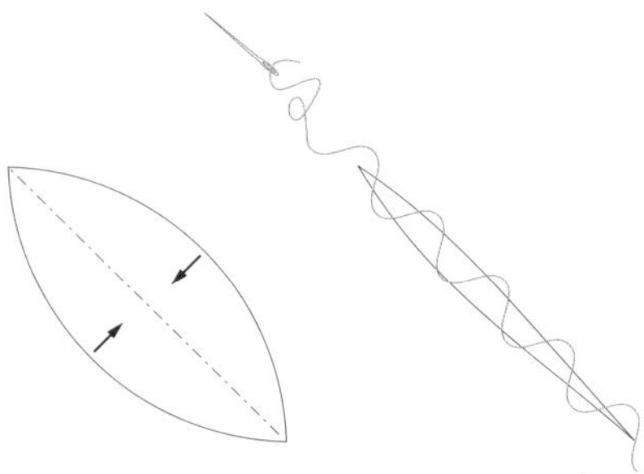

3

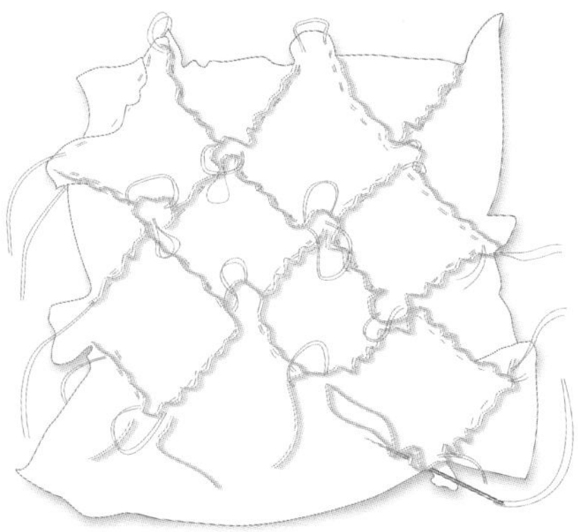

shippo shibori

Verbundene Kreise

Material
Leichte Baumwolle | wasserlöslicher Stoffmarkierstift | runde Gefäße als Schablonen | Nähnadel | Knopflochgarn

Anleitung

- Das Muster (siehe Zeichnung 1) mit dem Stoffmarkierstift auf den Stoff zeichnen (Abb. 1 – 3).
- Einen langen Faden einfädeln und am Ende gut verknoten.
- Die gezeichnete Ellipse mit einer Talfalte längs falten, sodass die Ränder aufeinanderliegen (Zeichnung 2 / Abb. 4).
- Mit dem Vorstich (siehe hierzu auch S. 49) durch alle vier Stofflagen entlang der Faltung nähen (Abb. 5 + 6).
- Die Ellipsen werden durchgehend mit einem Faden genäht.
- Nach der letzten Ellipse den Faden zunächst hängen lassen und die nächste diagonale Reihe nähen (Zeichnung 3 / Abb. 7).
- Abschließend an den Fäden ziehen, den Stoff fest raffen und die Fadenenden verknoten (Abb. 8 – 10).

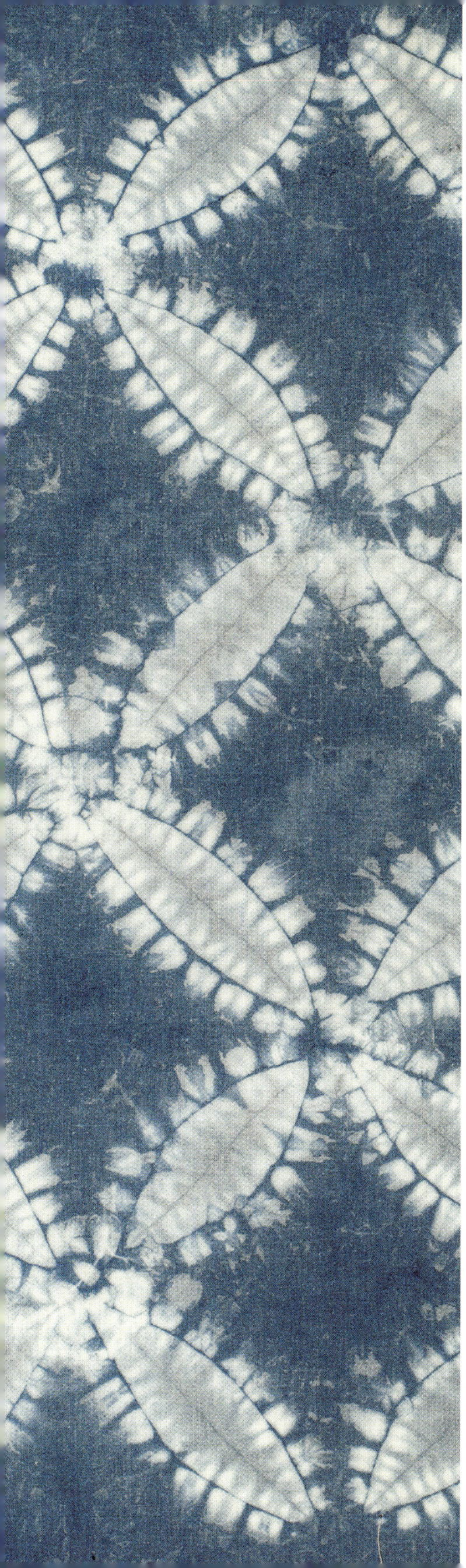

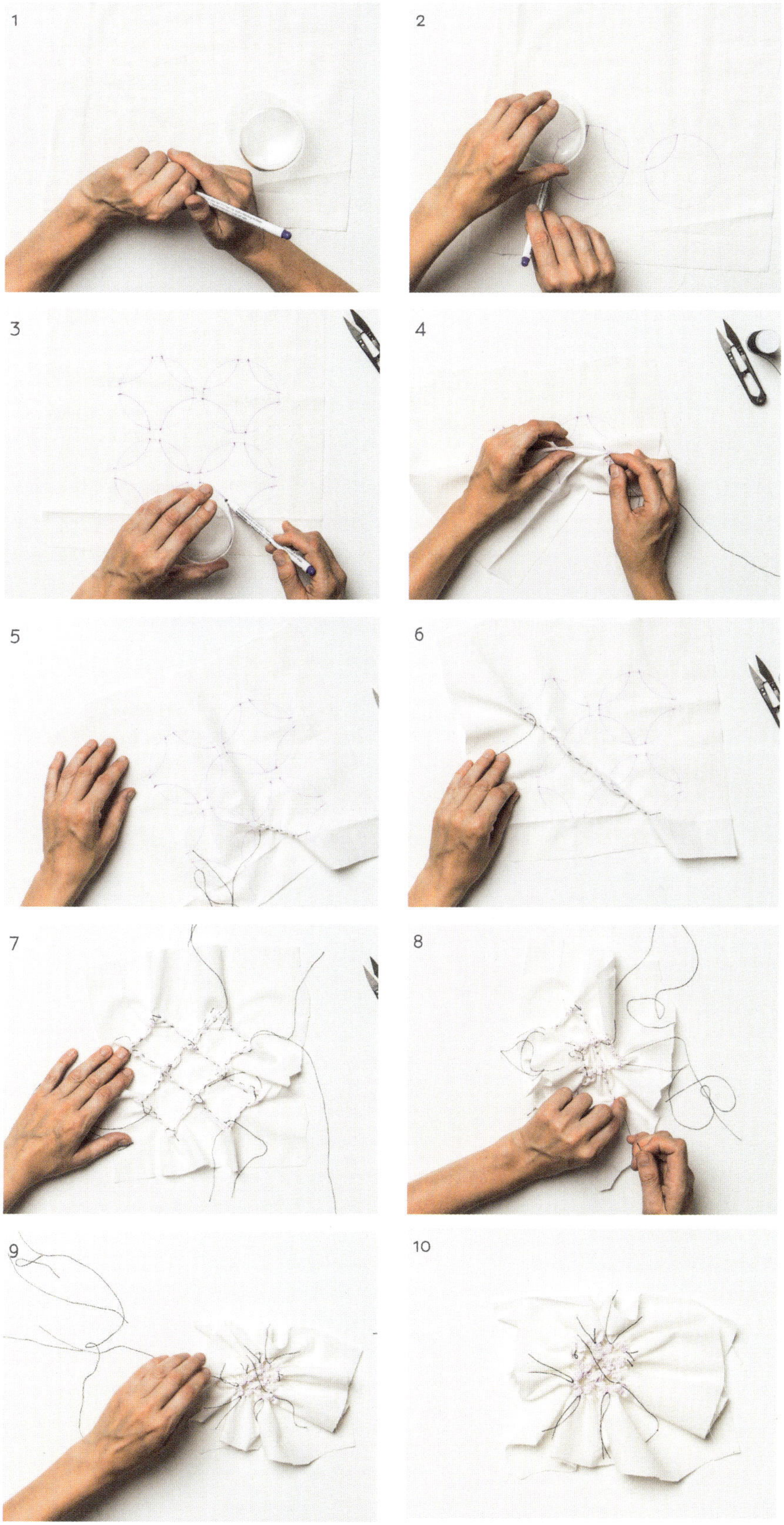
1
2
3
4
5
6
7
8
9
10

Projekt Turnbeutel

Größe
ca. 38 x 59 cm

Material
Schwere Baumwolle, Shibori, 2-mal 40 x 50 cm, 1-mal 11 x 10 cm | schwere Baumwolle, Natur als Akzent-Stoff, 40 x 30 cm, Baumwollkordel ø 10 mm, 2 x 2 m | große Sicherheitsnadel | wasserlöslicher Stoffmarkierstift | Maßband | Lineal

Schnittvorlage auf Seite 137

Tipp
Alternativ zur Overlock-Nähmaschine die Nähte mit der normalen Nähmaschine steppen und anschließend mit einem Zickzackstich versäubern.

Für den Turnbeutel wurde das traditionelle *shippo shibori* neu interpretiert und Sechsecke als Form gewählt. Diese sind jedoch nicht zusammenhängend, sondern einzeln genäht. Jede Form, die sich symmetrisch halbieren lässt, kann in der Technik umgesetzt werden.

Anleitung

› Den Stoff nach der Schnittvorlage zuschneiden.
› Ein Teil Shibori-Stoff und Akzent-Stoff rechts auf rechts legen und mit Overlock-Nähmaschine vernähen (siehe Abb. 1 auf S. 137).
› Mit dem zweiten Shibori-Stoff ebenso verfahren. Der zusammengenähte Stoff ist nun ein langes Rechteck.
› Alle Stoffkanten mit der Overlock-Nähmaschine versäubern.
› *Kordel-Schlaufen:* Den kleinen Shibori-Stoff mittig längs rechts auf rechts falten und zu einem Schlauch zusammensteppen. Auf rechts wenden, bügeln und in zwei Teile zerschneiden.
› Den großen Stoff rechts auf rechts mittig falten und feststecken. Die Nähte zwischen den beiden Stoffen sollen exakt übereinanderliegen.
› Vom oberen Rand 8 cm abmessen und seitlich markieren. Eine zweite Markierung auf 9 cm zeichnen (siehe Abb. 2 auf S. 137).
› Den Stoffschlauch für die Kordel zur Schlaufe falten und im Abstand von 3 cm zum unteren Rand zwischen die Stofflagen schieben und feststecken (siehe Abb. 2 auf S. 137).
› Beide Seiten von der Markierung 8 cm bis zum unteren Rand mit der Nähmaschine zusammennähen.
› Die Seitennähte und die nicht zusammengenähten 8 cm Stoff auseinanderbügeln.
› Für den Tunnelzug den oberen Rand auf die Markierung 9 cm umbügeln und feststeppen (siehe Abb. 3 + 4 auf S. 137).
› Den Turnbeutel auf rechts drehen und bügeln.
› Die Kordeln mit der Sicherheitsnadel durch den Tunnelzug fädeln und an den Schlaufen verknoten.

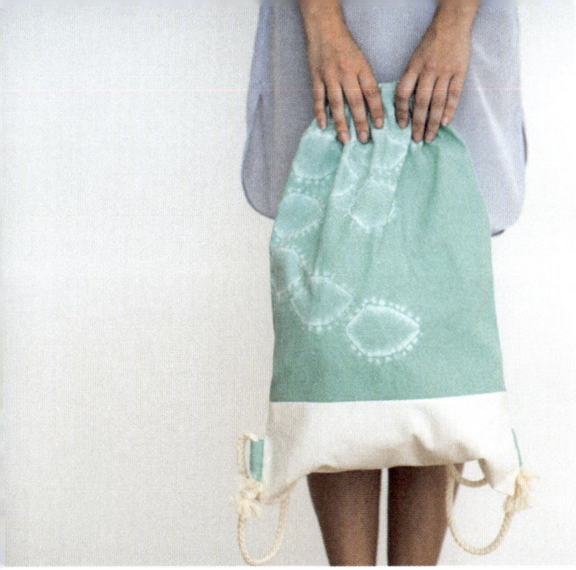

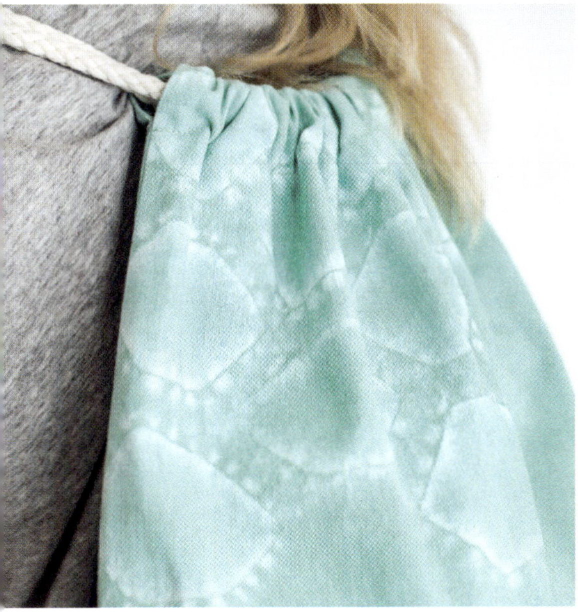

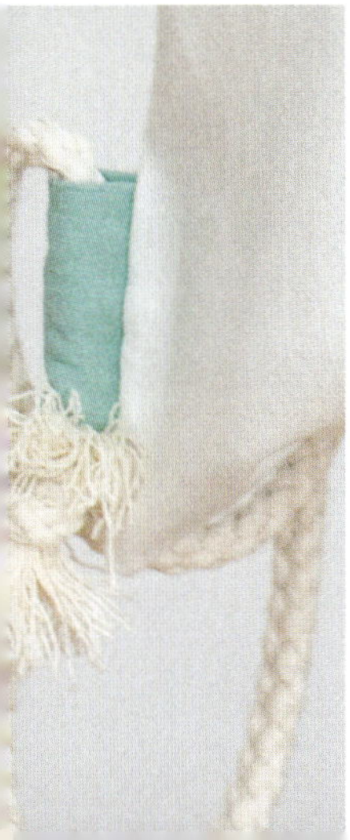

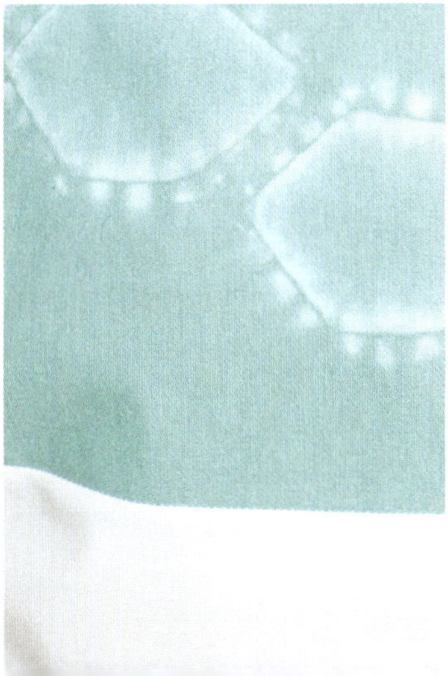

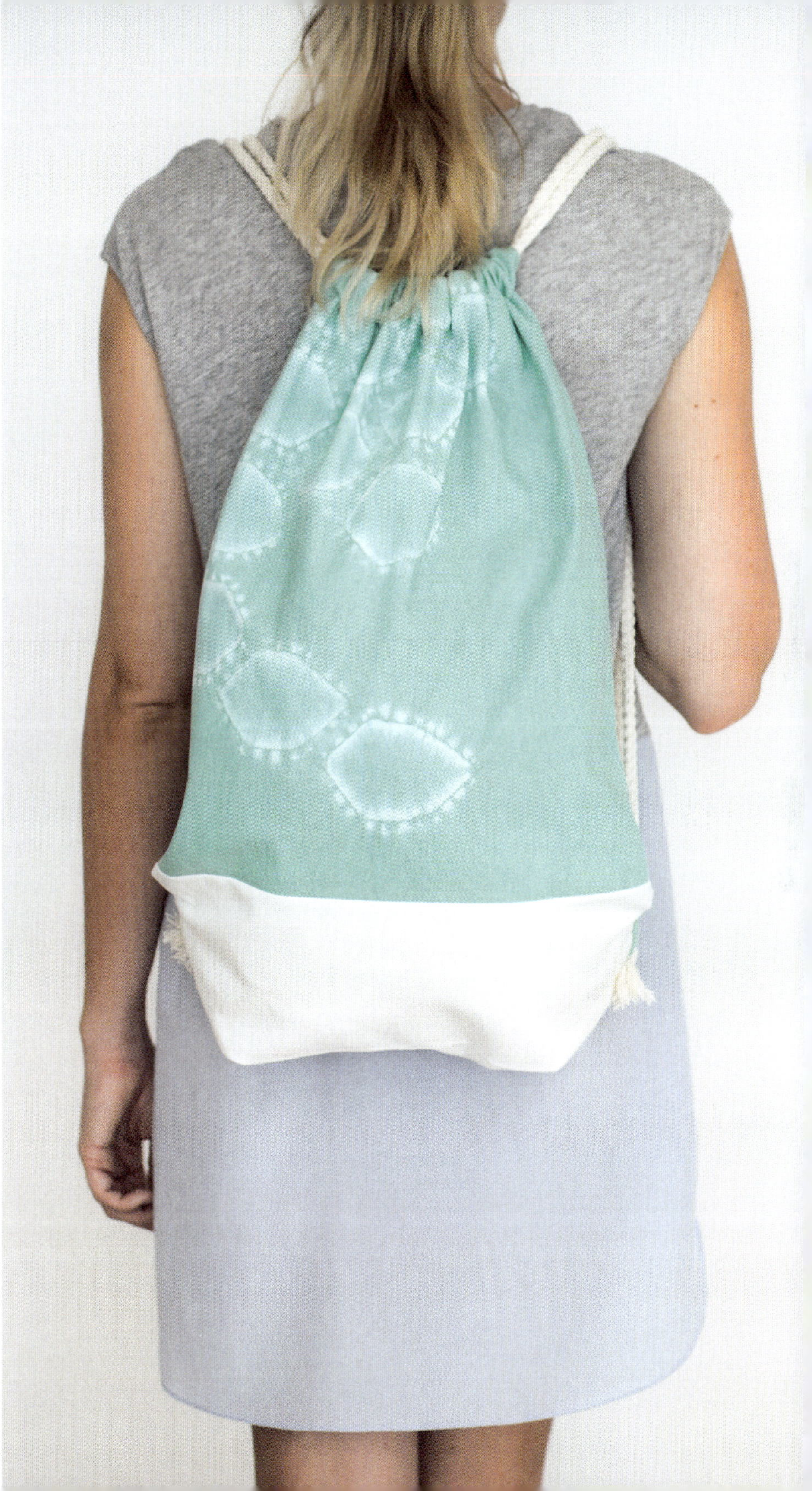

1

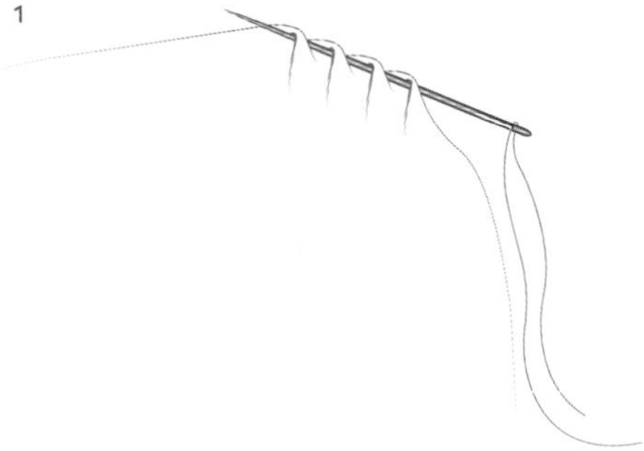

2

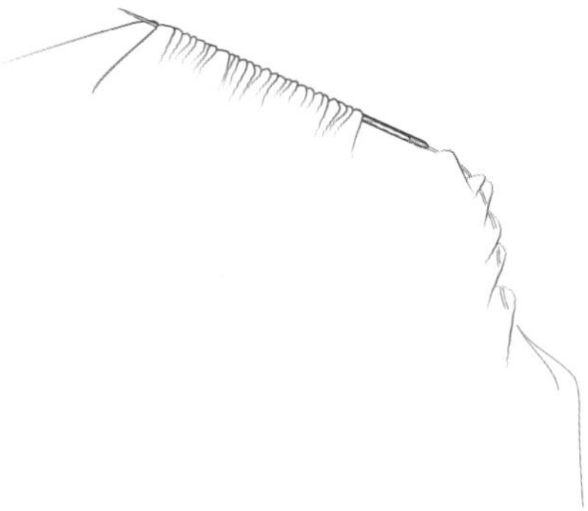

3

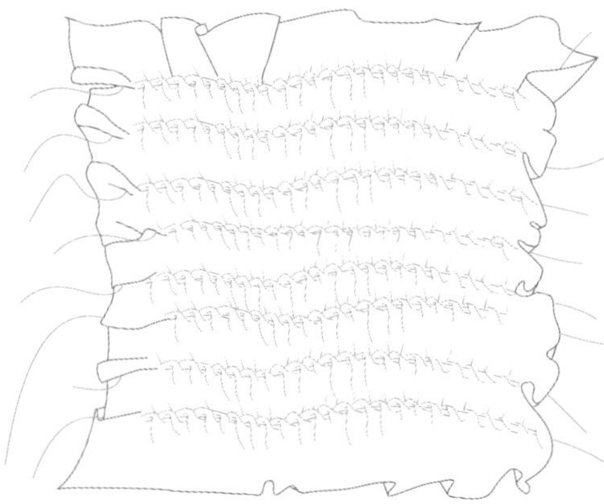

maki-nui shibori

V-Linie

Material
Leichte Baumwolle | Nähnadel | Knopflochgarn

Anleitung

› Den Stoff einmal falten (siehe Abb. 1).
› Den Faden, etwas länger als die gefaltete Linie, einfädeln. Am Ende mit einem dicken Knoten sichern.
› Mit dem Überwendlingsstich (siehe Abb. 2) durch beide Stoffschichten entlang der Stofffalte nähen und am Ende den Faden zunächst hängen lassen. Eventuell weitere Linien falten und nachnähen (siehe Zeichnung 3).
› Abschließend an den Fäden ziehen, den Stoff fest raffen und die Fadenenden verknoten (siehe Abb. 3 – 5).

Überwendlingsstich

Den Stich von rechts nach links nähen. Die Nadel immer von hinten nach vorn durch den Stoff stechen. Der Faden verläuft somit schräg über die Stoffkante (siehe Zeichnung 1 + 2).

Tipp
Für ein schnelles Nähen die Nadel mehrmals einstechen und anschließend den Faden durchziehen.

1

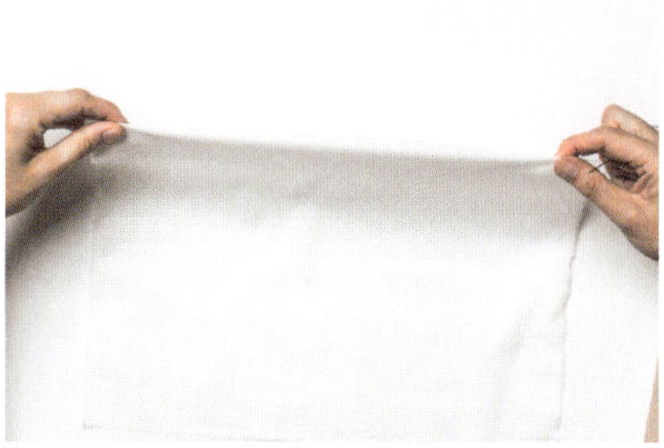

2

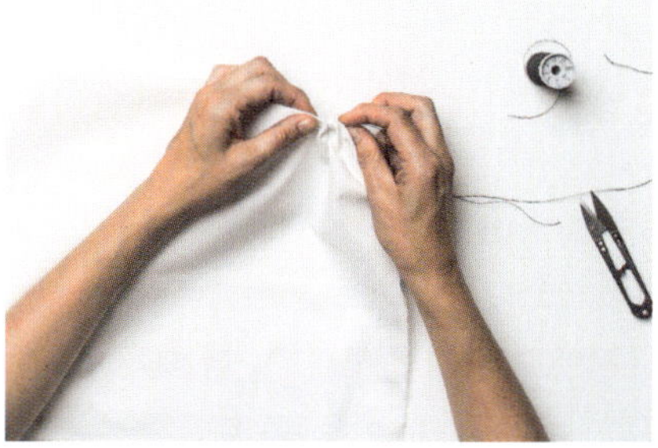

3

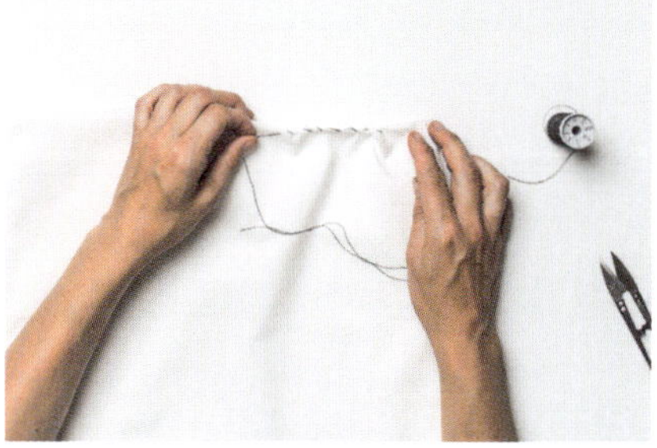

4

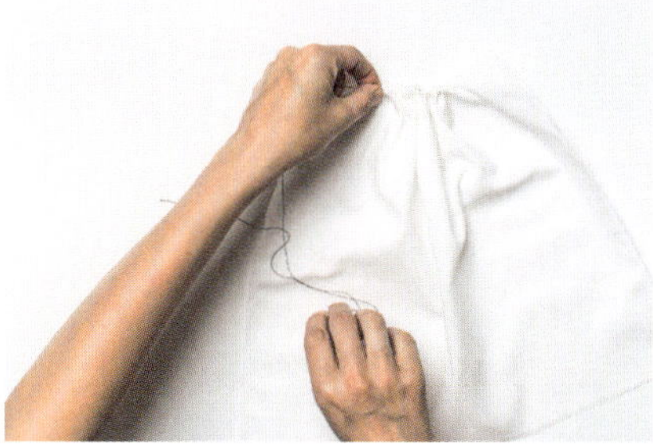

5

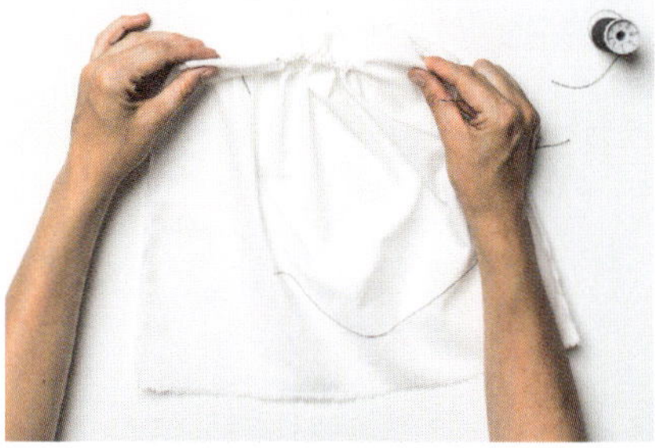

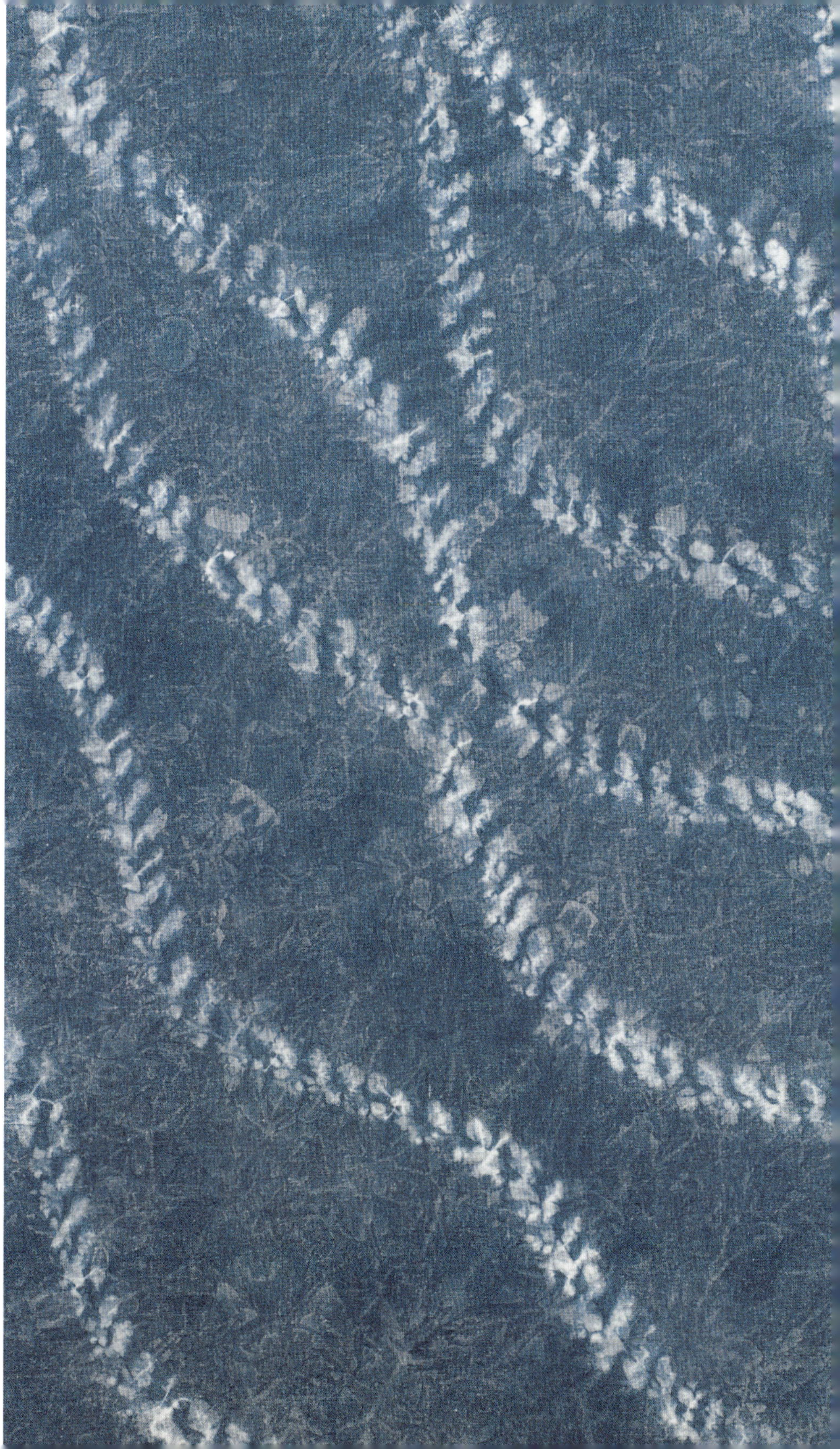

Projekt Stifterolle

Größe
ca. 23 x 20 cm

Material
Leichte Baumwolle, Shibori, 25 x 21 cm | leichte Baumwolle, 25 x 21 cm

Stiftefach: leichte Baumwolle, 22 x 16 cm
Klappe: leichte Baumwolle, 11 x 16 cm
Band: leichte Baumwolle, 25 x 3 cm

Bügelvlies h250, 25 x 23 cm | 11 x 16 cm fürs Stiftfach | 5,5 x 16 cm für die Klappe

Schnittvorlage auf Seite 138

Anleitung

› Den Stoff nach der Schnittvorlage zuschneiden.
› Das Bügelvlies von links auf den Shibori-Stoff bügeln.
› Den Shibori-Stoff und den Innenteil rechts auf rechts aufeinanderlegen und absteppen. Mittig auf der Schmalseite eine Wendeöffnung belassen (siehe Abb. 1 auf S. 138). Den Stoff durch die Wendeöffnung auf rechts drehen und bügeln.
› *Stiftefach:* Das Bügelvlies von links auf eine Hälfte des Stoffes bügeln.
› Stoff rechts auf rechts mittig längs falten und absteppen. In der Mitte auf der unteren Längsseite eine Wendeöffnung belassen (sieheAbb. 3 auf S. 138). Den Stoff durch die Wendeöffnung auf rechts drehen und bügeln.
› *Klappe:* Das Bügelvlies von links auf eine Hälfte des Stoffes bügeln.
› Stoff rechts auf rechts mittig längs falten und absteppen. In der Mitte auf der oberen Längsseite eine Wendeöffnung belassen (sieheAbb. 3 auf S. 138). Den Stoff durch die Wendeöffnung auf rechts drehen und bügeln.
› Für das *Band* den langen Stoffstreifen an beiden Längsseiten nach innen bügeln, anschließend mittig falten und die offene Seite absteppen.
› Stiftfach links auf links auf die Innenseite der Stifterolle legen und feststecken. Das Band in die Wendeöffnung schieben und feststecken. Die Stifterolle am Rand absteppen und hierbei die Wendeöffnungen verschließen. Abnäher für die Stifte steppen (siehe Abb. 4 auf S. 138).
› Die Klappe nur an der oberen Kante festnähen (siehe Abb. 5 auf S. 138).

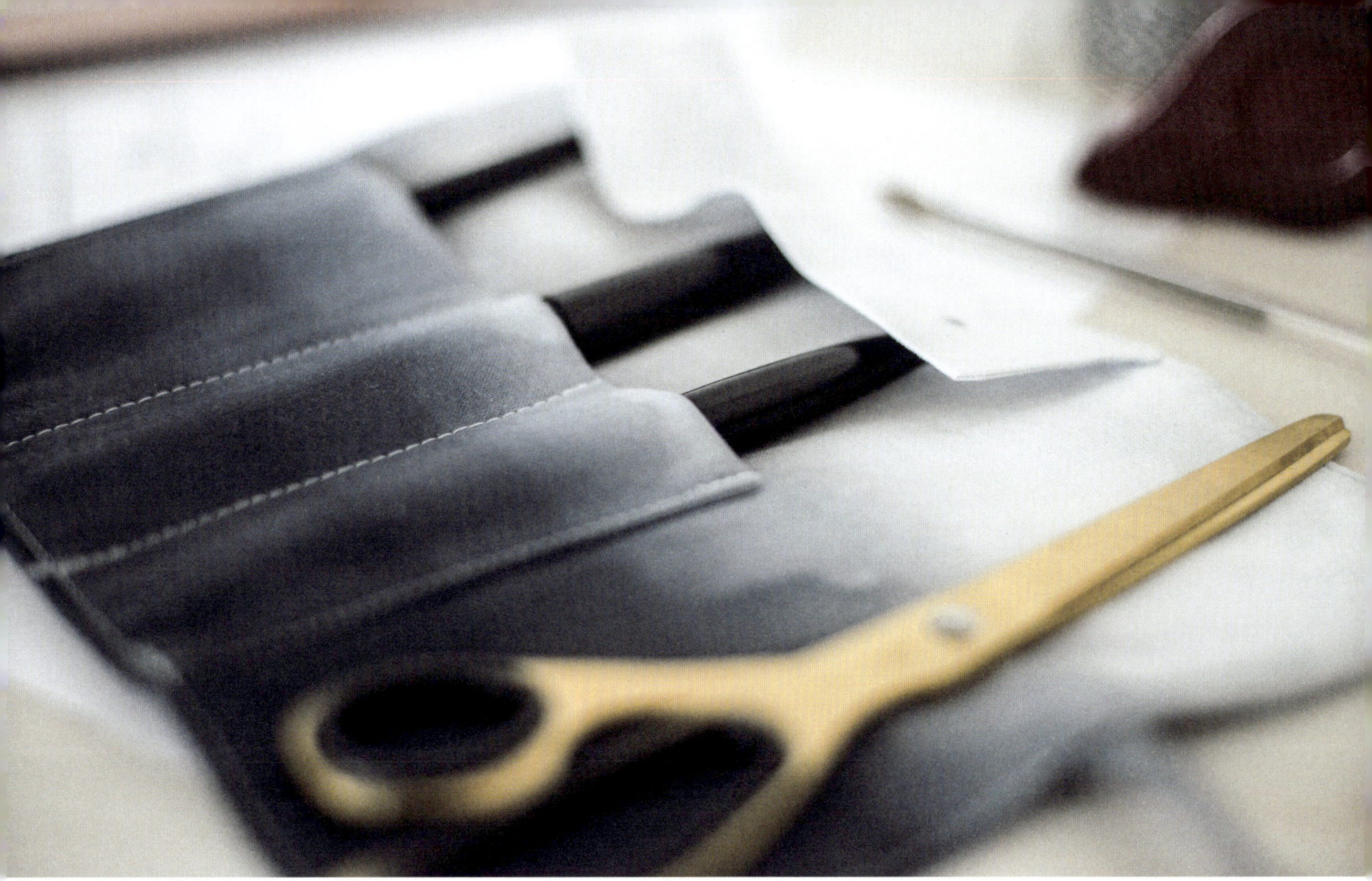
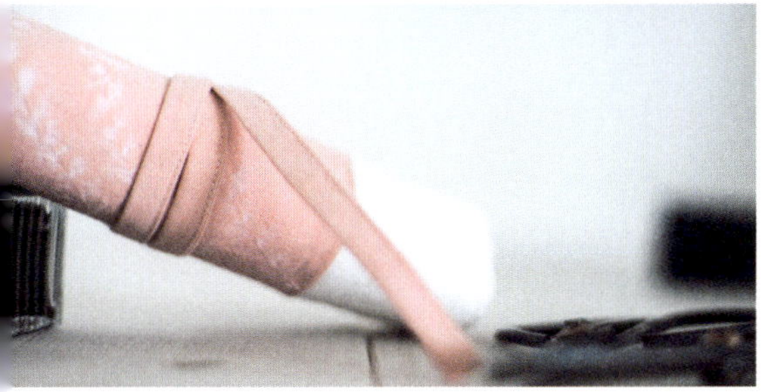
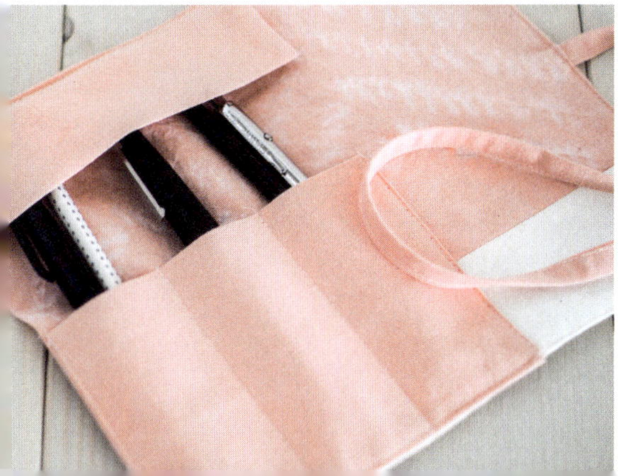
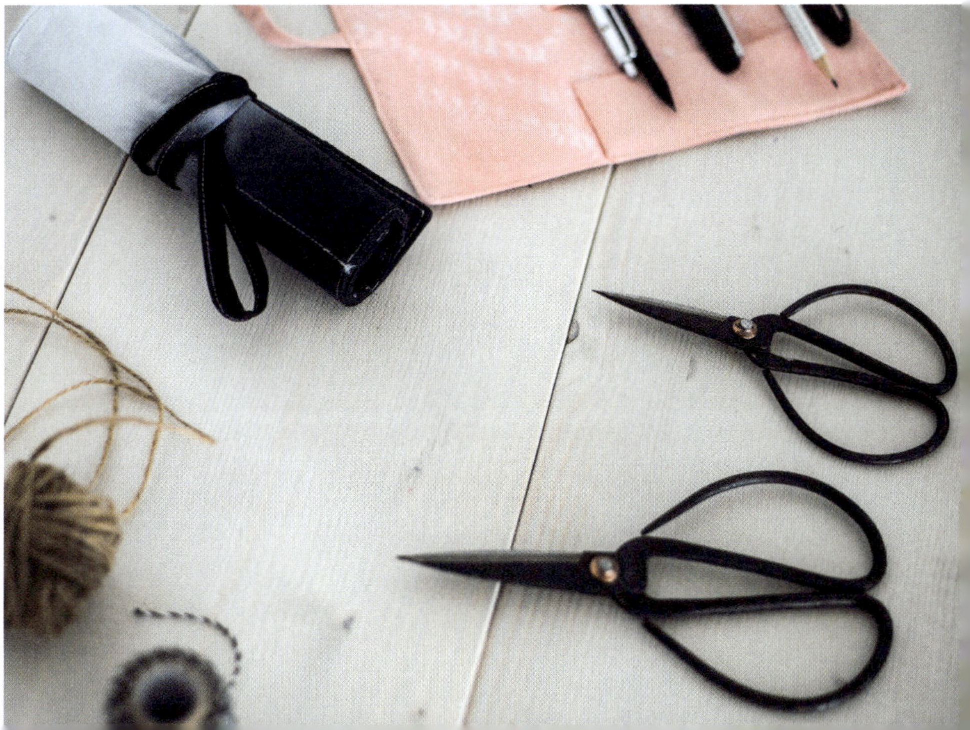

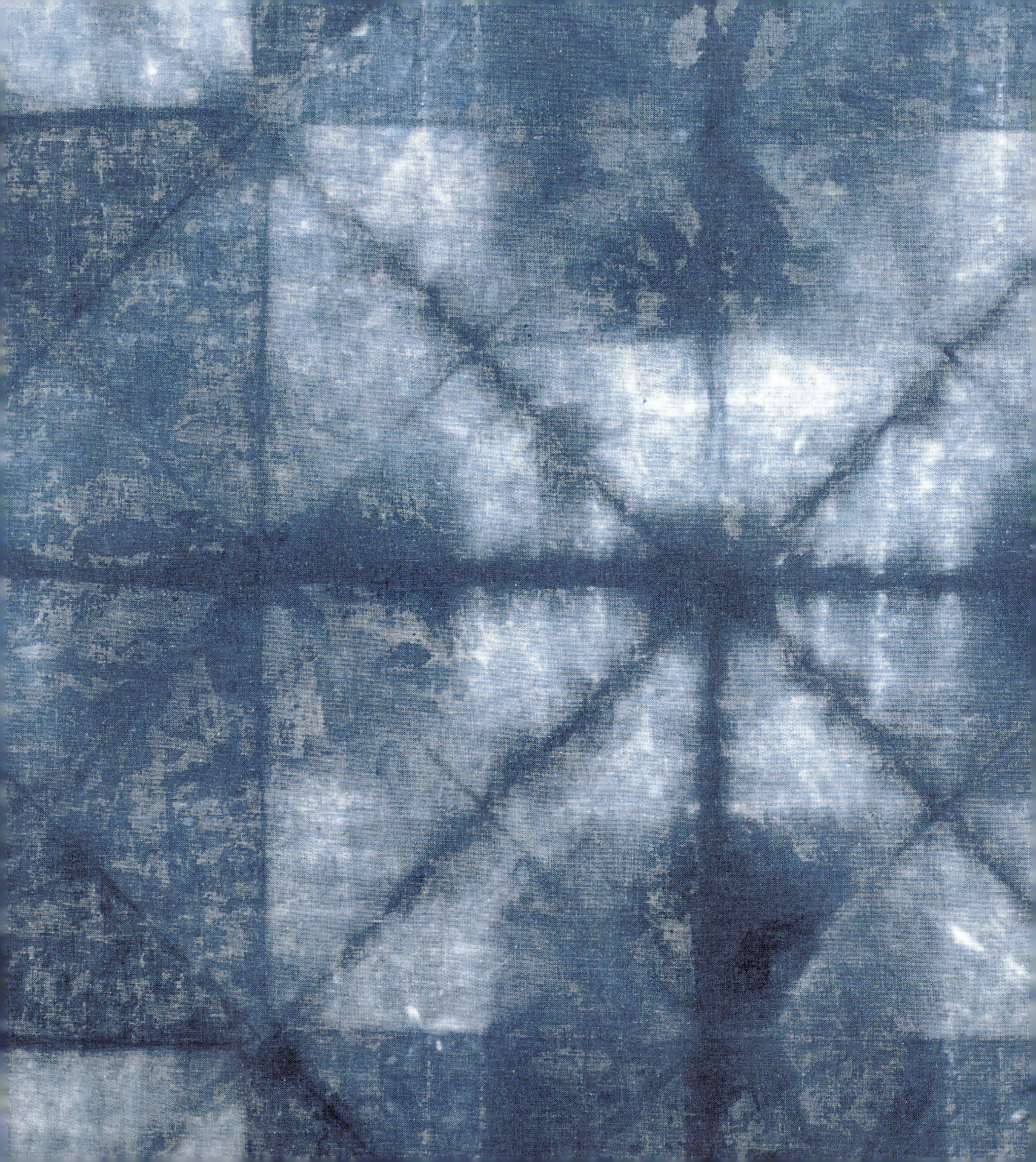

origami shibori

Faltungen

Material
Leichte Baumwolle, quadratisch | wasserlöslicher Stoffmarkierstift | Lineal | Nähnadel | Knopflochgarn

Anleitung

› Die vier Ecken diagonal in die Mitte falten und dieses zweimal oder öfters wiederholen (Zeichnung 1 – 3).
› Mit dem Stoffmarkierstift kleinere Quadrate auf den Stoff zeichnen.
› Den Faden, etwas länger als den Umfang des Quadrates, einfädeln. Am Ende mit einem dicken Knoten sichern (Zeichnung 4).
› Mit dem Vorstich (siehe S. 49) durch alle Stoffschichten entlang der Markierungslinien nähen. Die Fadenenden verknoten. Der Stoff wird nicht gerafft. Der Vorstich heftet die Stoffschichten fest aufeinander und reduziert so das Eindringen der Farbpigmente in das Textil.

1

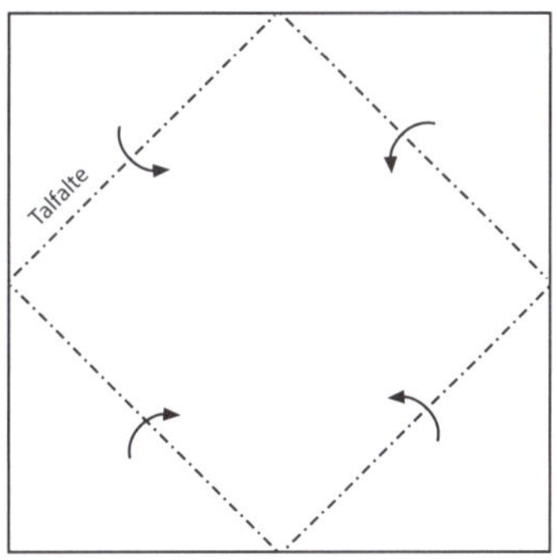

2

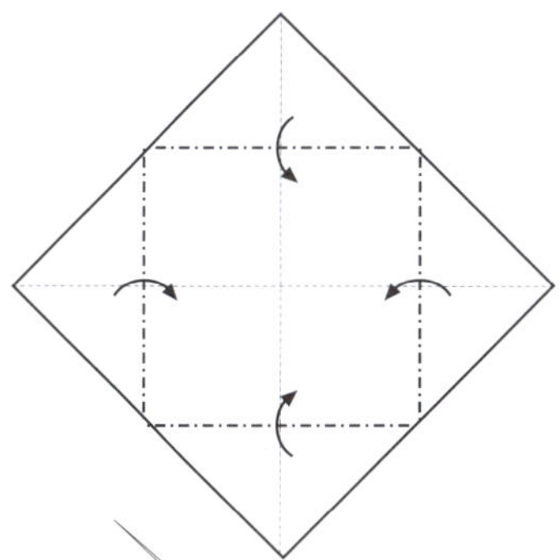

3

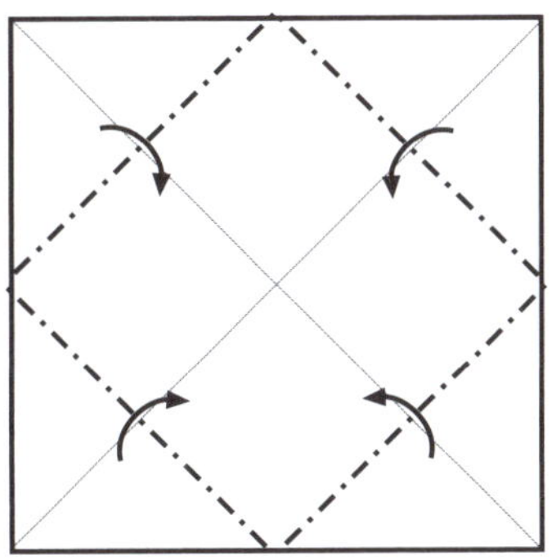

4

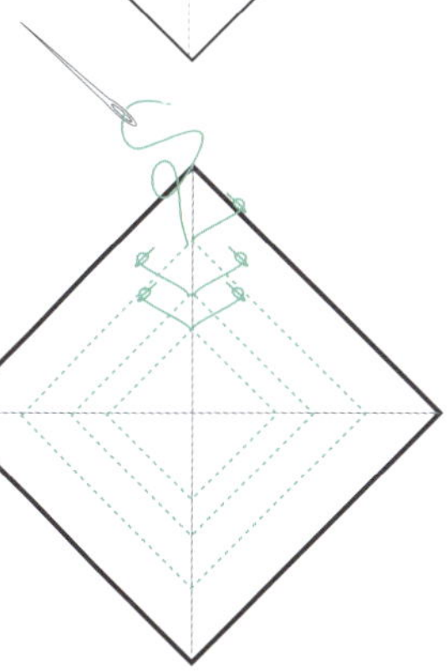

1
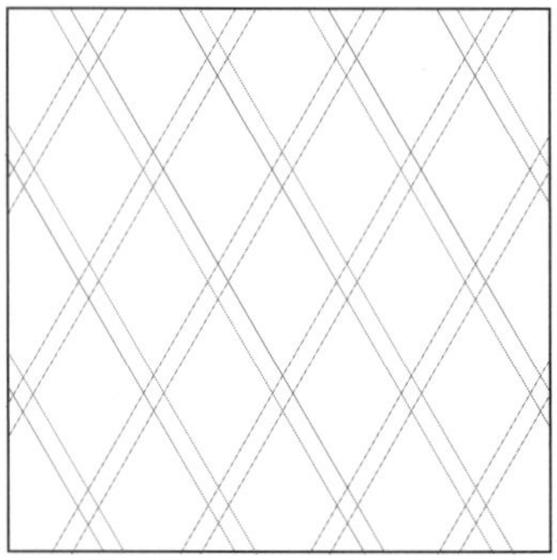

2
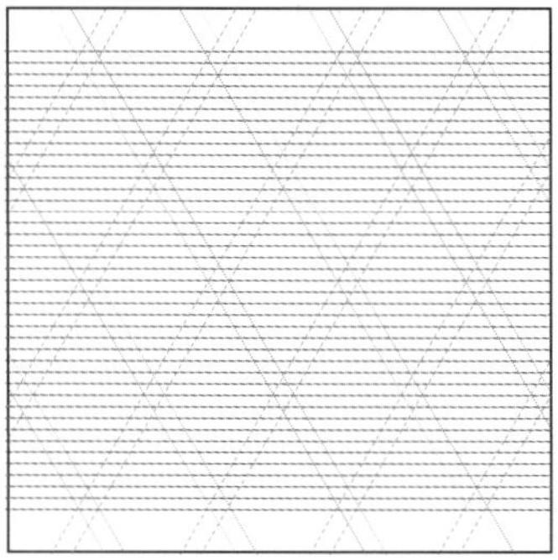

3
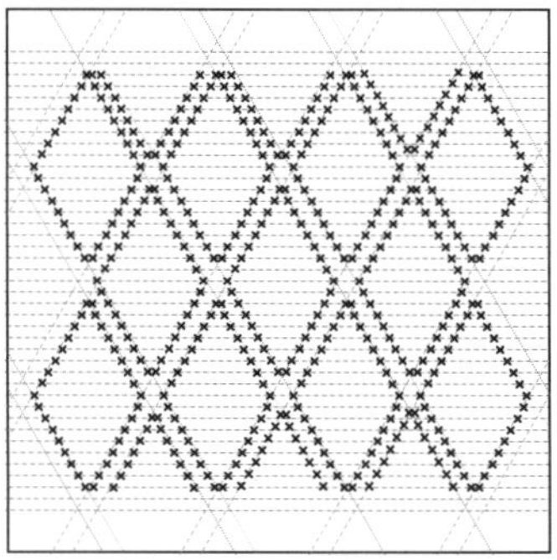

4
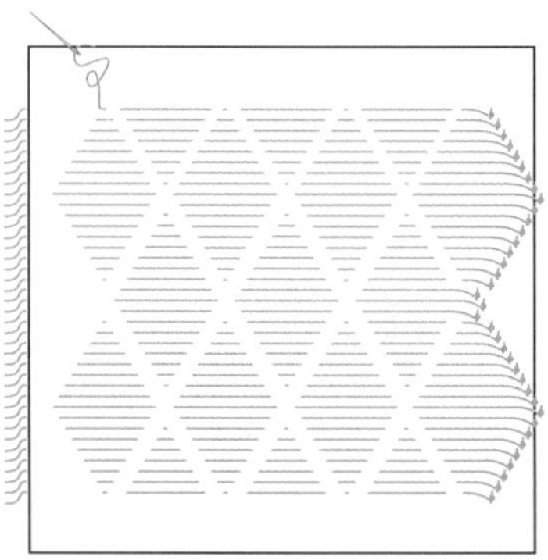

hishigata shibori

Rauten

Material
Leichte Baumwolle | wasserlöslicher Stoffmarkierstift | Lineal und Winkelmesser | Nähnadel | Knopflochgarn

Anleitung

› Eine Linie im Winkel von 60° auf den Stoff zeichnen und mit dem langen Lineal Parallellinien markieren (Zeichnung 1).
› Waagerechte Linien über das Rautenmuster zeichnen (Zeichnung 2).
› Einen langen Faden einfädeln, am Ende dick verknoten und durch die Schnittpunkte diagonale und waagerechte Linie stechen (Zeichnung 3 + 4).
› Abschließend an den Fäden ziehen, den Stoff fest raffen und die Fadenenden verknoten.

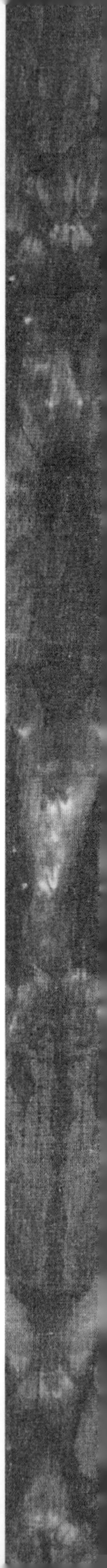

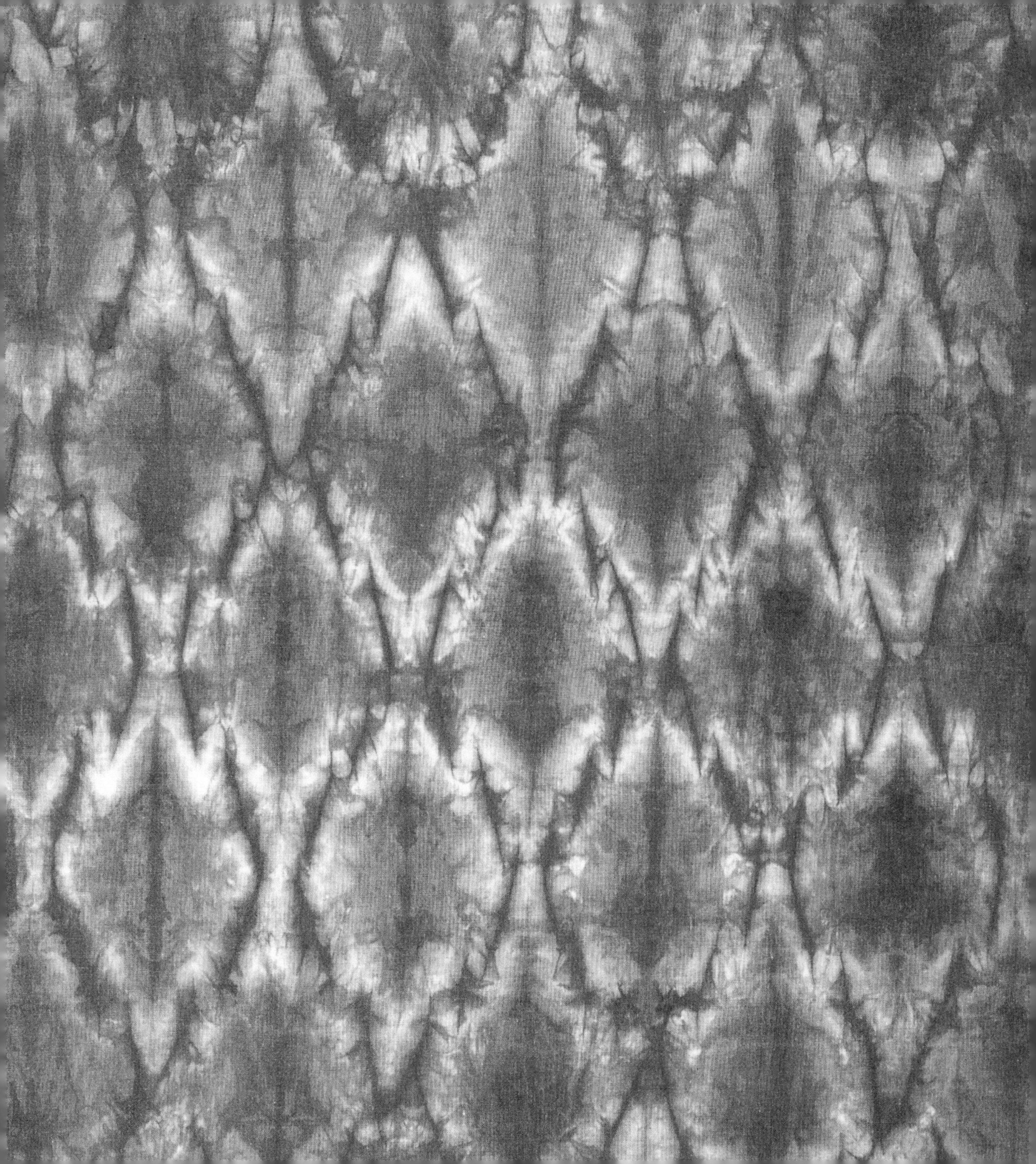

maki-age shibori

Umwicklung

Material
Leichte Baumwolle | wasserlöslicher Stoffmarkierstift | Lineal | Nähnadel | Knopflochgarn

Anleitung

- Mithilfe des Lineals und des Stoffmarkierstiftes parallele Linien auf den Stoff zeichnen (Abb. 1 + 2).
- Einen Faden, etwas länger als die gezeichnete Linie, einfädeln und einen Knoten machen, der nicht durchrutscht. Hinter dem Knoten etwas Faden stehen lassen.
- Am Ende gut verknoten und hier Faden stehen lassen.
- Mit dem Vorstich (siehe hierzu auch S. 49) Linie für Linie per Hand nähen. Die Stichlänge ruhig ein wenig variieren lassen. Am Ende den Faden zunächst hängen lassen (Abb. 3 – 5).
- Sind alle Linien genäht, wird der Stoff in Falten gerafft (Abb. 6 + 7).
- Das lange Fadenende um die geraffte Naht wickeln und abschließend mit dem kurzen Fadenanfang verknoten (Abb. 8 – 12).

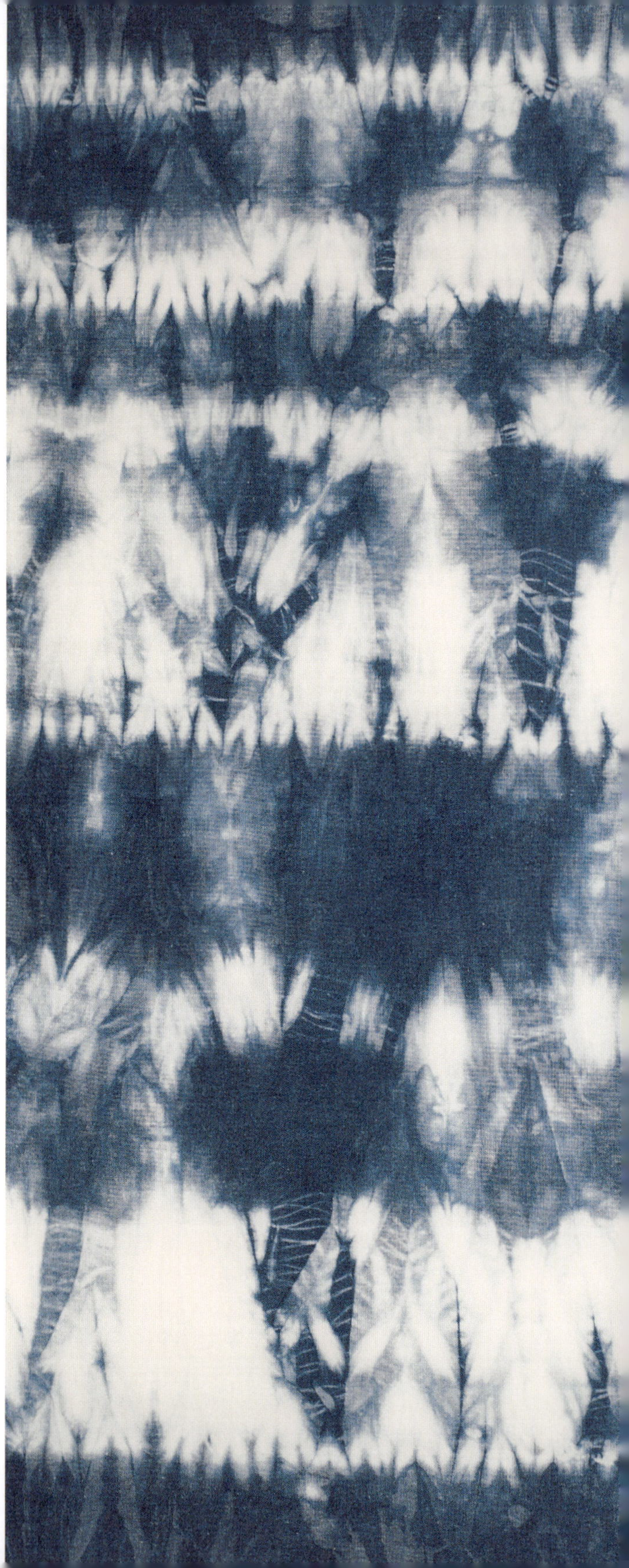

1

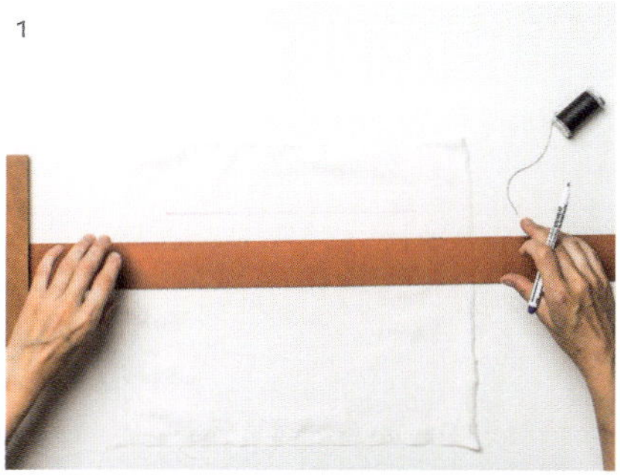

2

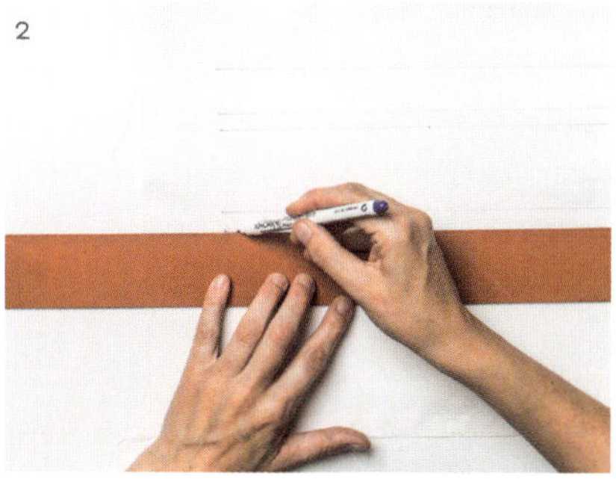

3

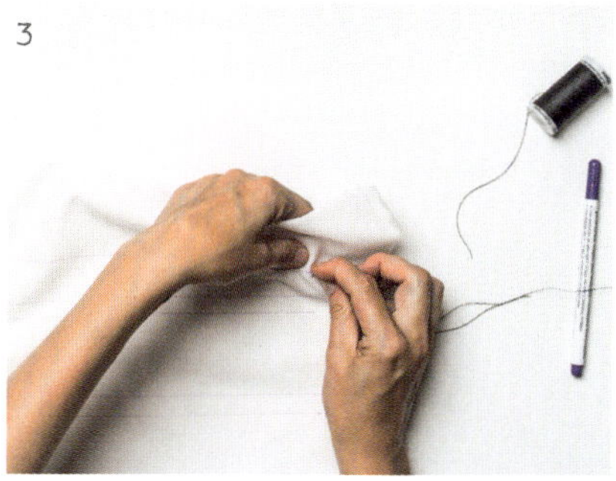

4

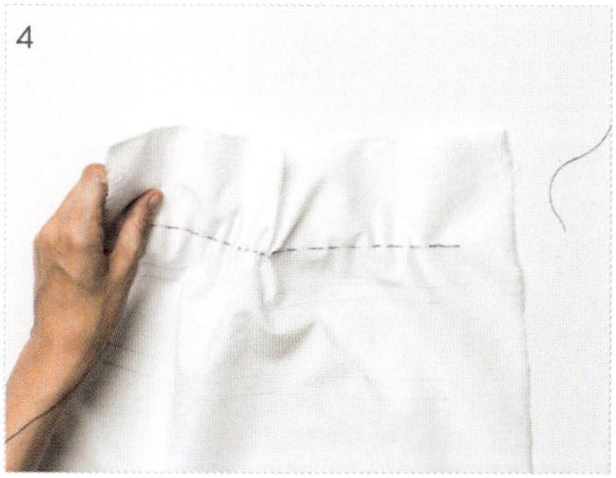

5

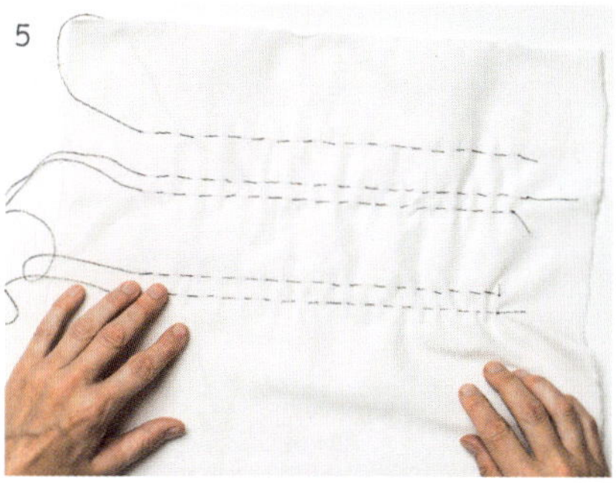

6

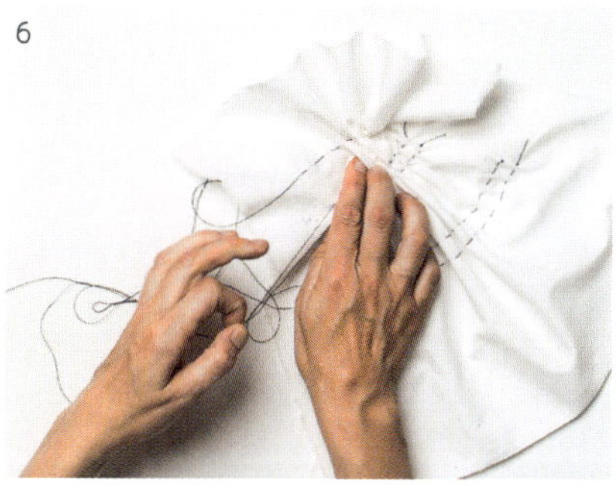

7

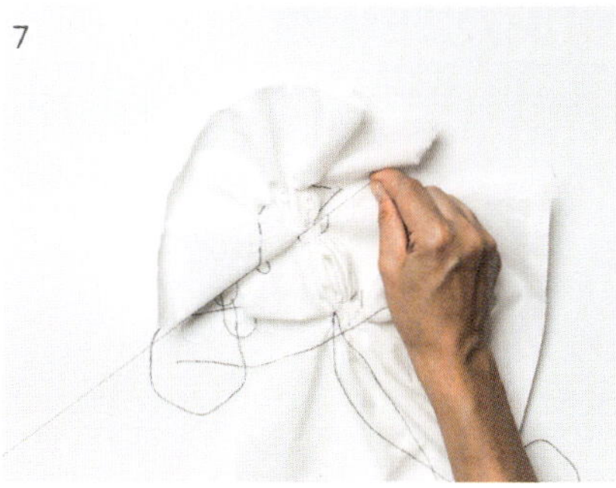

8

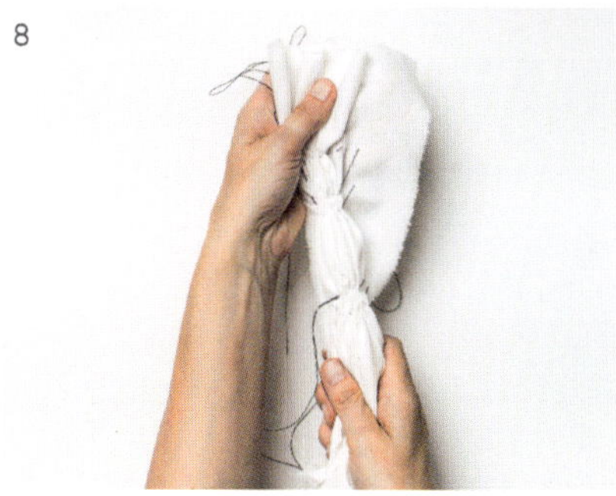

9

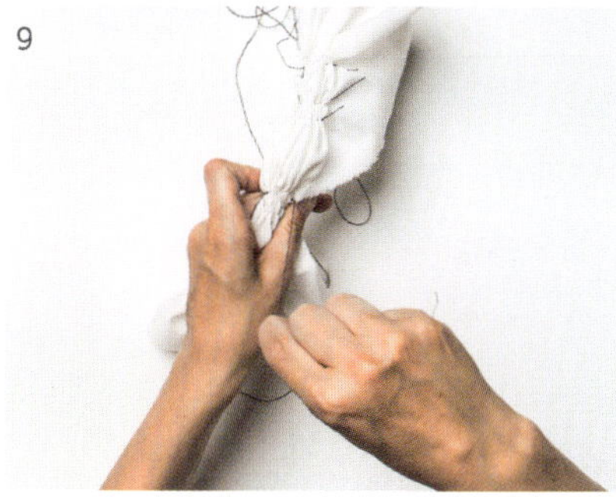

10

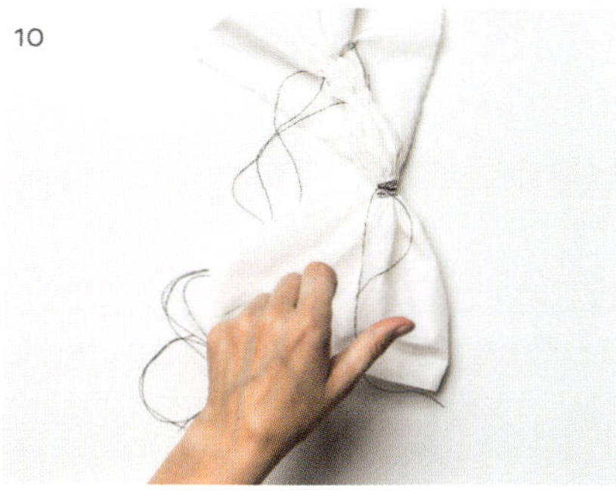

11

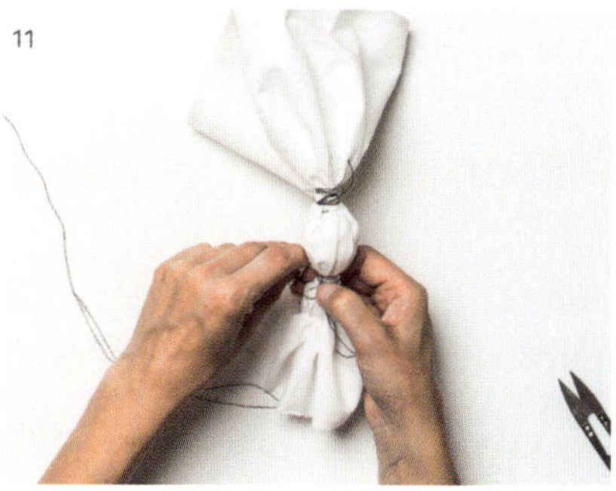

12

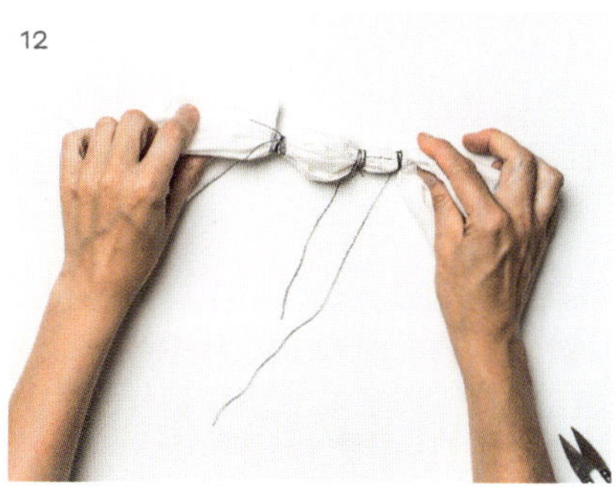

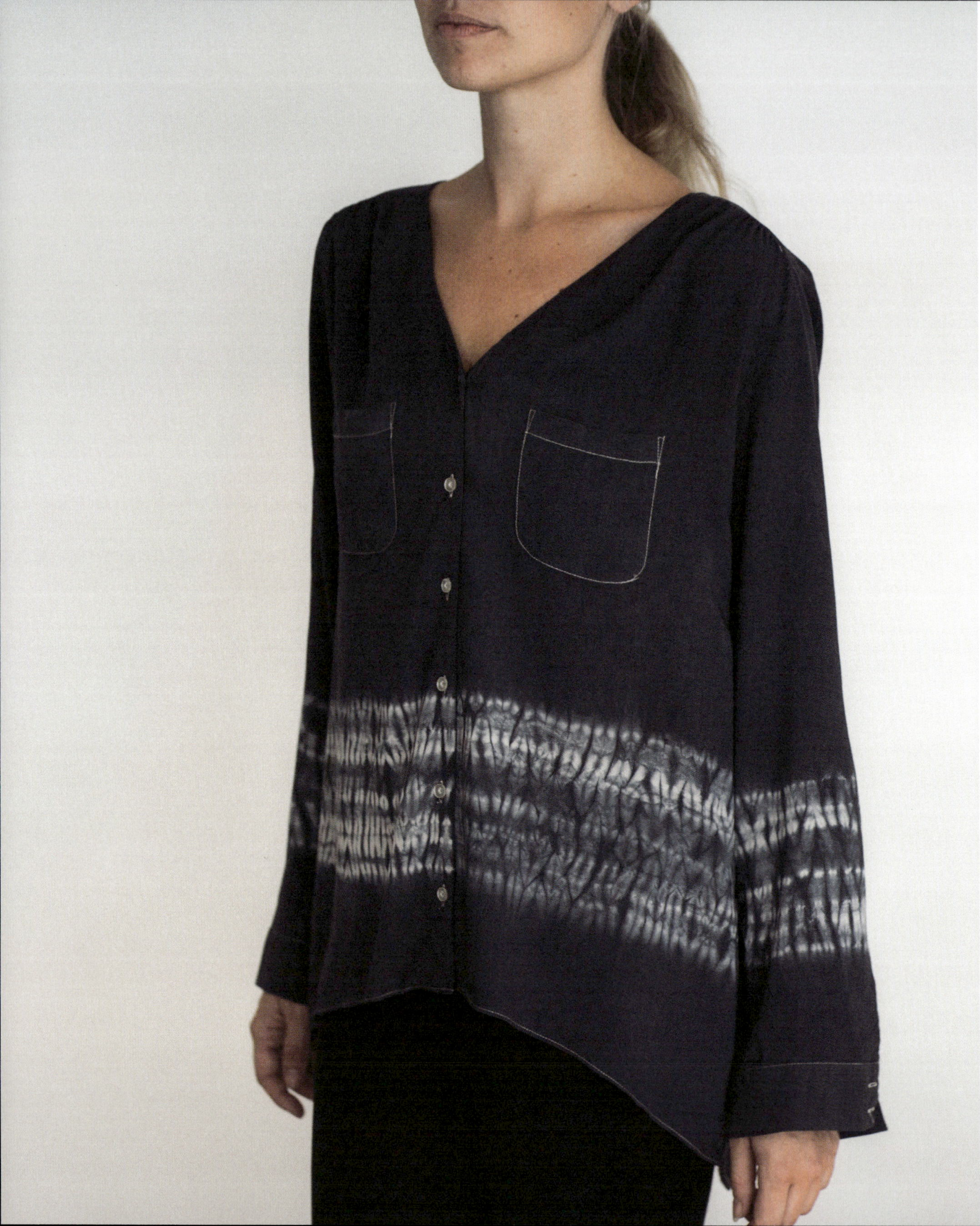
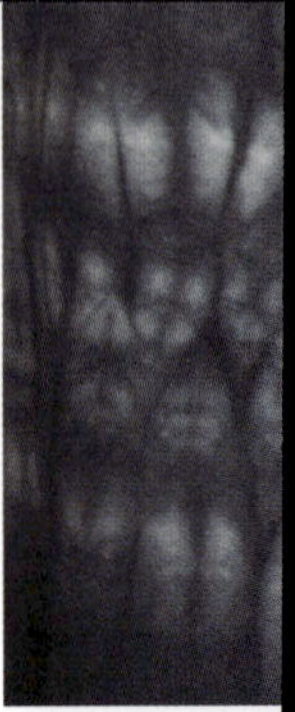

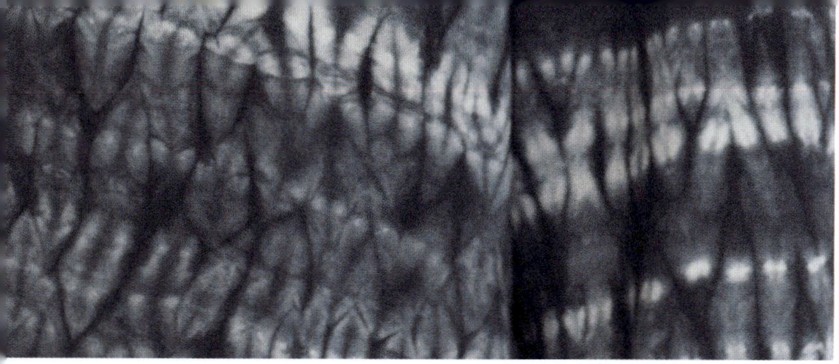

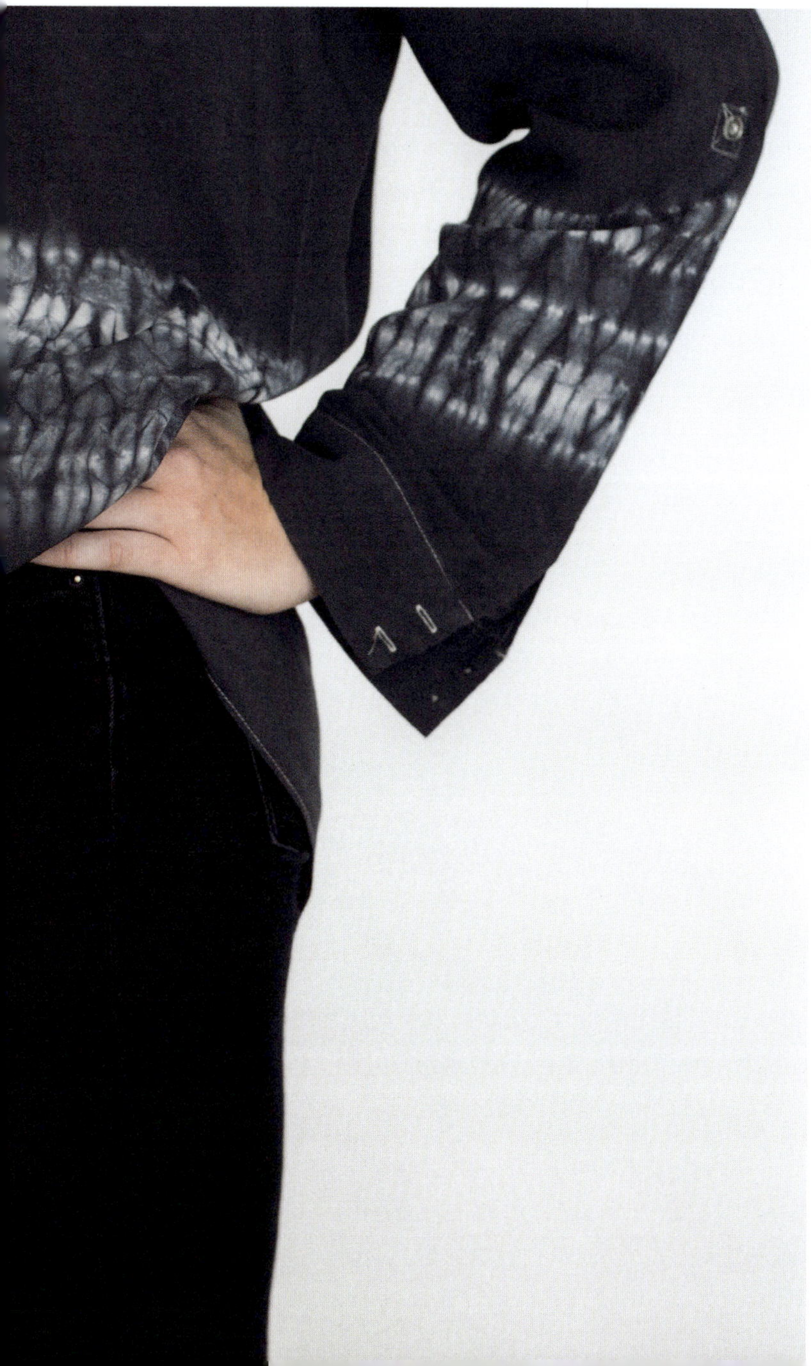

Projekt Bluse

Material
Bluse aus dem Kleiderschrank | wasserlöslicher Stoffmarkierstift | Lineal | Nähnadel | Knopflochgarn

Anleitung

- Linien mit unterschiedlichem Abstand auf der Vorderseite, den Ärmeln und am unteren Blusenteil anzeichnen (siehe S. 77, *maki-age shibori*).
- Einen langen Faden einfädeln, am Ende dick verknoten und etwas Faden stehen lassen.
- Die Linien mit dem Vorstich (siehe hierzu S. 49) durch beide Stofflagen hindurch nähen.
- Abschließend den Stoff fest raffen und über der Raffung den Faden um den Stoff wickeln.
- Nun die Bluse in der gewünschten Farbe färben.

Projekt Waschbeutel

Größe
ca. 28 x 30 x 10 cm

Material
Schwere Baumwolle, Shibori, 2-mal 30 x 36 cm | Baumwolle, beschichtet, 2-mal 30 x 36 cm | Bügelvlies, 2-mal 30 x 36 cm | Reißverschluss, 28 cm, nicht teilbar | Lederstreifen 4 x 20 cm | 2 Hohlnieten | Lochzange | Hammer

Schnittvorlage auf Seite 136

Anleitung

› Den Stoff nach der Schnittvorlage zuschneiden.
› Das Bügelvlies von links auf den Shibori-Stoff bügeln.
› Den Reißverschluss rechts auf rechts auf den Shibori-Stoff legen, darüber das Innenteil platzieren und feststeppen (siehe Abb. 1 + 2 auf S. 136)
› Die zwei weiteren Taschenteile auf der gegenüberliegenden Seite des Reißverschlusses festnähen.
› Zunächst die Seitenteile und anschließend den Boden rechts auf rechts zusammensteppen. Im Boden des Innenteils eine Wendeöffnung belassen.
› An den Beutelecken die Taschentiefe von 5 x 5 cm abschneiden (siehe Abb. 3 auf S. 136). Nun den Beutel auseinanderziehen, aufeinanderlegen und absteppen (siehe Abb. 4 auf S. 136).
› Die Tasche auf rechts wenden und bügeln.
› Die Wendeöffnung im Innenteil von rechts verschließen.
› Den Lederstreifen positionieren, die Löcher für die Nieten auf dem Leder und auf dem Waschbeutel markieren. Materialien mit der Lochzange lochen.
› Die Hohlnieten mit dem Hammer in Leder und Stoff schlagen.

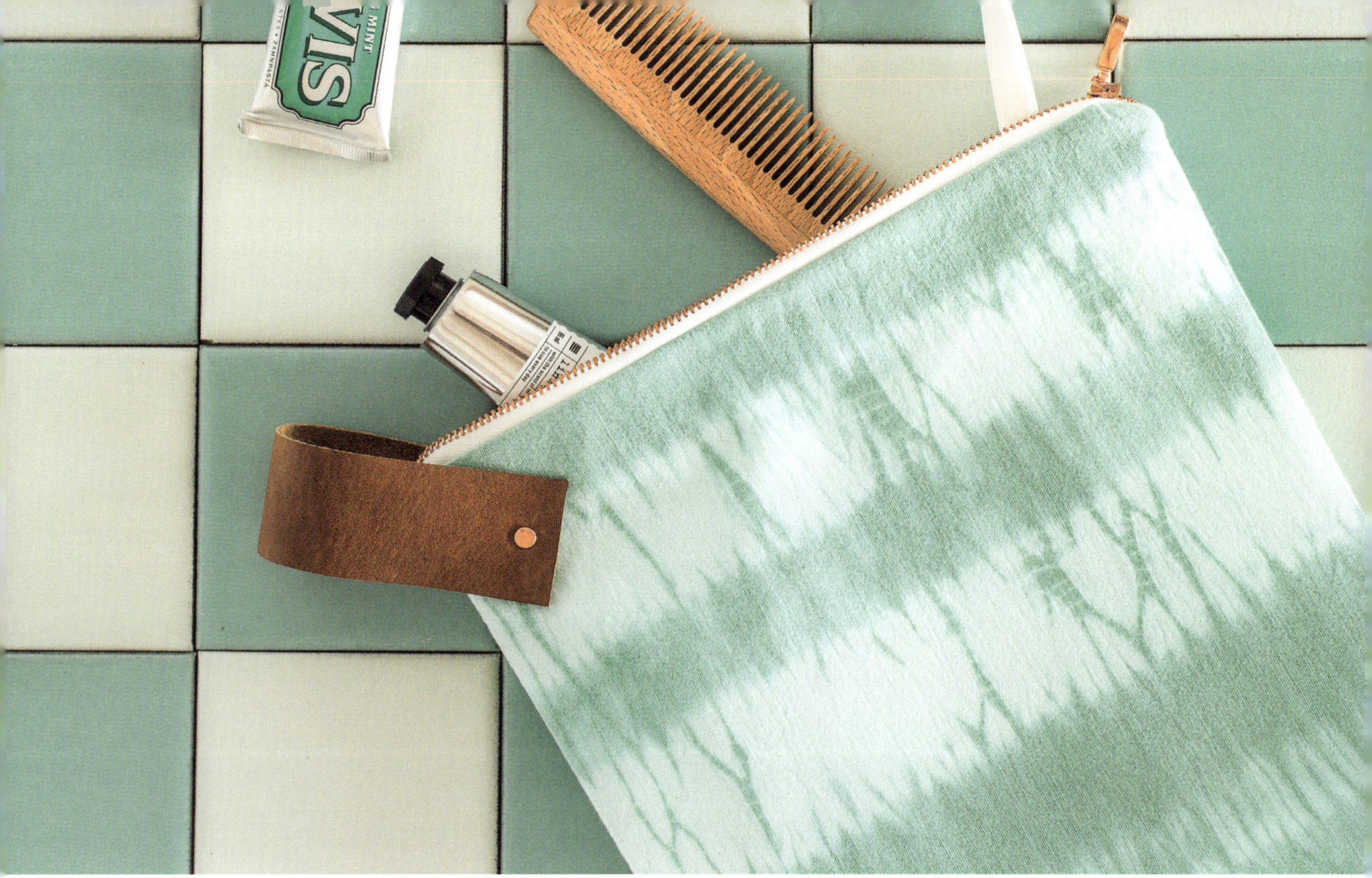

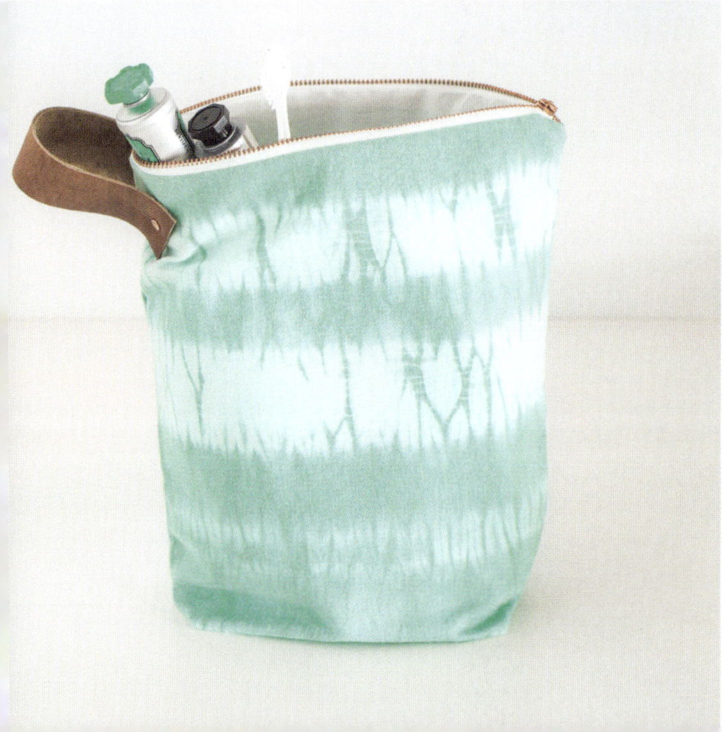

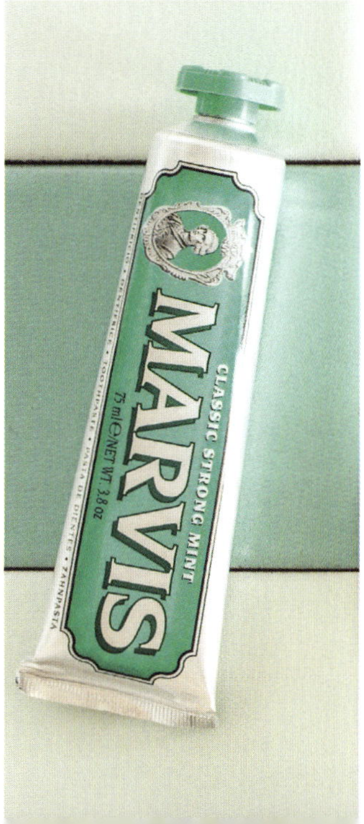
MARVIS
CLASSIC STRONG MINT

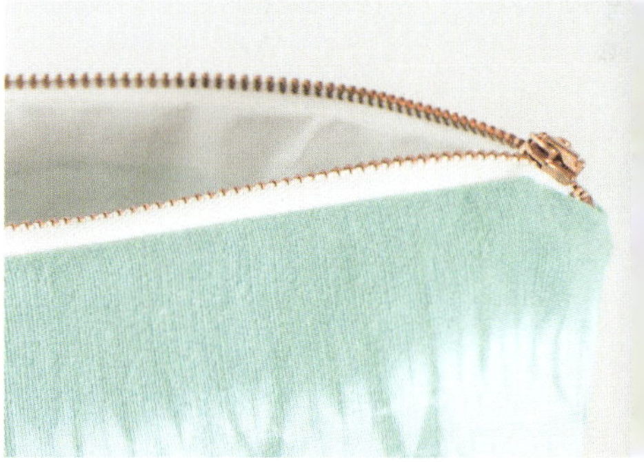

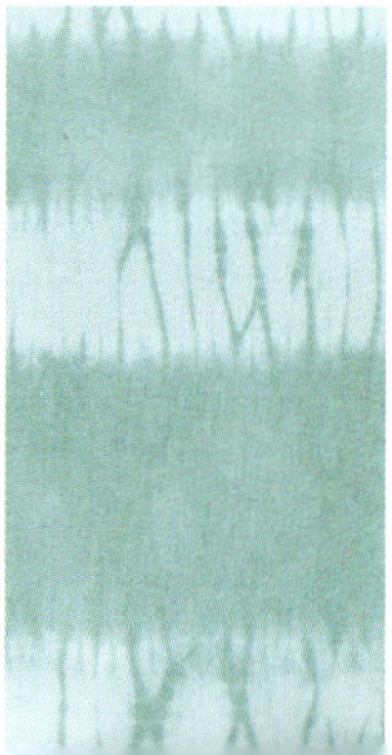

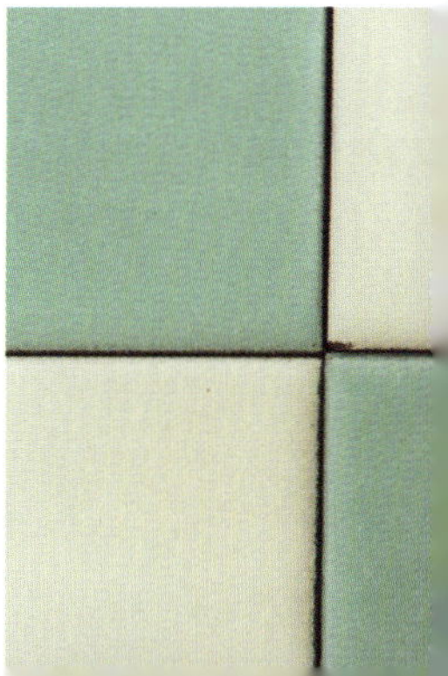

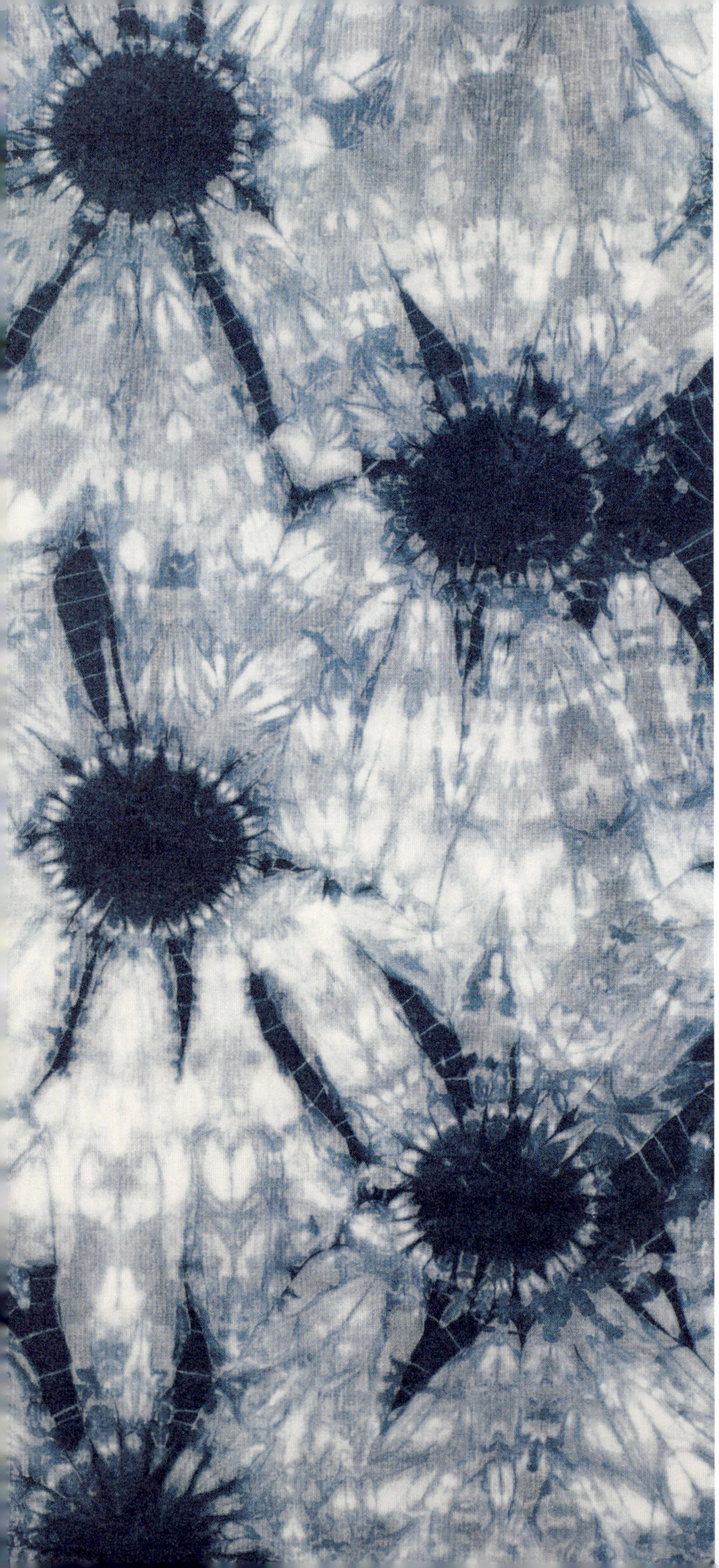

hinode shibori

Sonnenaufgang

Material
Leichte Baumwolle | wasserlöslicher Stoffmarkierstift | rundes Gefäß als Schablone | Seil | Nähnadel | Knopflochgarn

Anleitung

› Mit dem Stoffmarkierstift und dem runden Gefäß Kreise auf den Stoff zeichen (Abb. 1 + 2).

› Den Faden, etwas länger als den gezeichneten Kreisumfang, einfädeln. Am Ende fest verknoten und hier Faden stehen lassen.

› Mit dem Vorstich (siehe hierzu S. 49) die Kreise per Hand nachnähen und am Ende die Fäden zunächst hängen lassen (Abb. 3 + 4).

› Sind alle Kreise genäht, wird der Stoff mittels der Fäden gerafft und das Garn fest verknotet (Abb. 5 – 7).

› Den Stoff um das Seil legen (Abb. 8) und mit Garn umwickeln (Abb. 9). Die Kreisabschnürungen frei lassen, d.h. nicht umwickeln (Abb. 10 – 12).

› Am Ende des Stoffes den Faden am Seil verknoten.

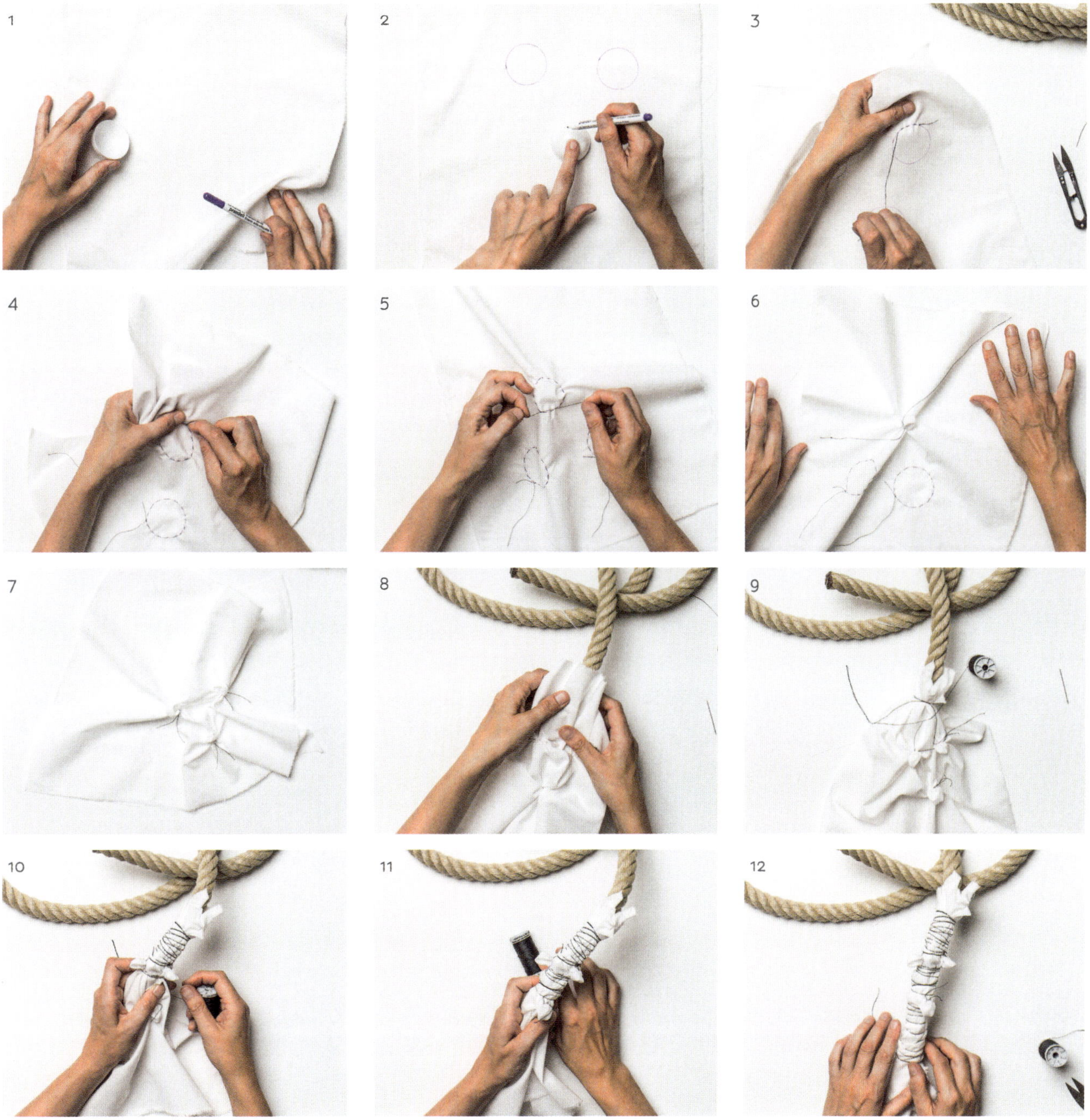
1
2
3
4
5
6
7
8
9
10
11
12

kawamaki shibori

Quadrate

Material
Leichte Baumwolle | wasserlöslicher Stoffmarkierstift | Quadrat aus Sperrholz oder Pappe | Shibori-Haken | Nähnadel | Knopflochgarn

Anleitung

› Mit dem Stoffmarkierstift und der Schablone Quadrate auf den Stoff zeichnen (Abb. 1 + 2).
› Den Faden, wesentlich länger als den gezeichneten Quadratumfang, einfädeln. Am Ende fest verknoten und hier Faden stehen lassen.
› Mit dem Vorstich (siehe hierzu auch S. 49) das Quadrat per Hand nachnähen und am Ende die Fäden zunächst hängen lassen (Abb. 3 – 5).
› Sind alle Quadrate genäht, wird der Stoff mittels der Fäden gerafft und das Garn fest verknotet (Abb. 6 + 7).
› Den Shibori-Haken in den Quadratmittelpunkt einhacken und den Stoffkegel auf- und abwärts fest mit dem Garn umwickeln (Abb. 8 – 11).
› Die Garnenden verknoten und abschneiden (Abb. 12).

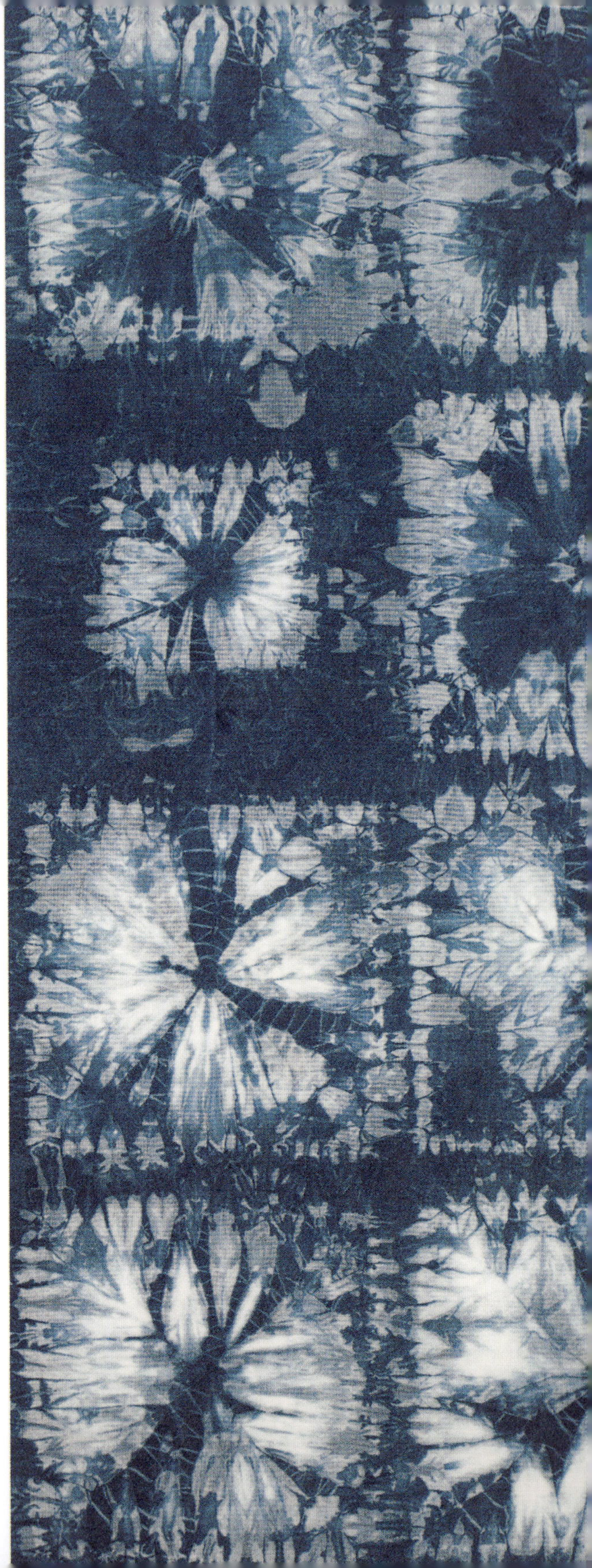

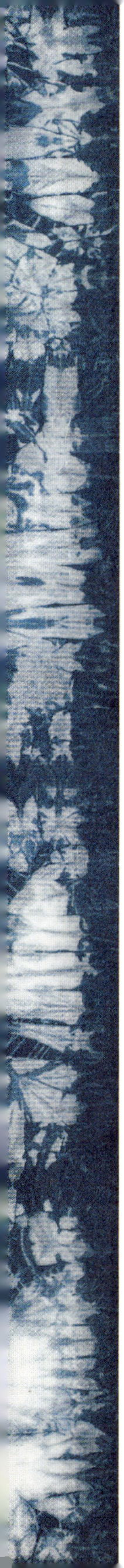

1
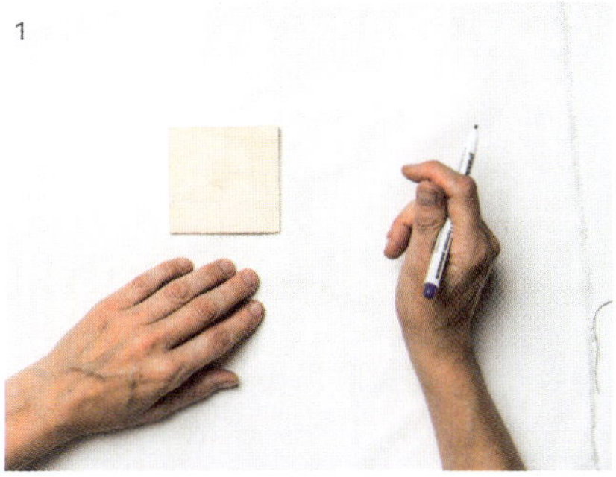

2
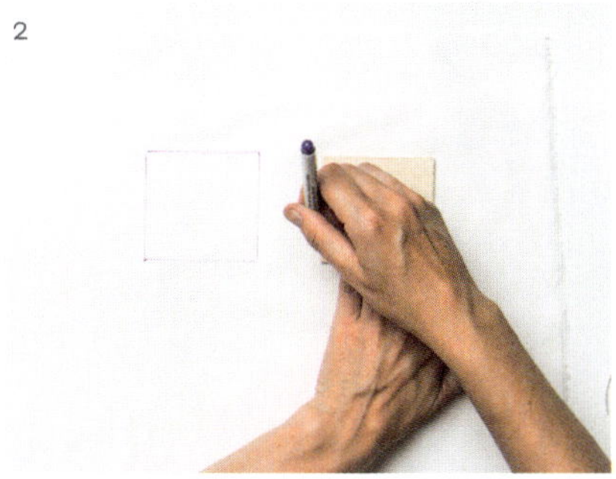

3
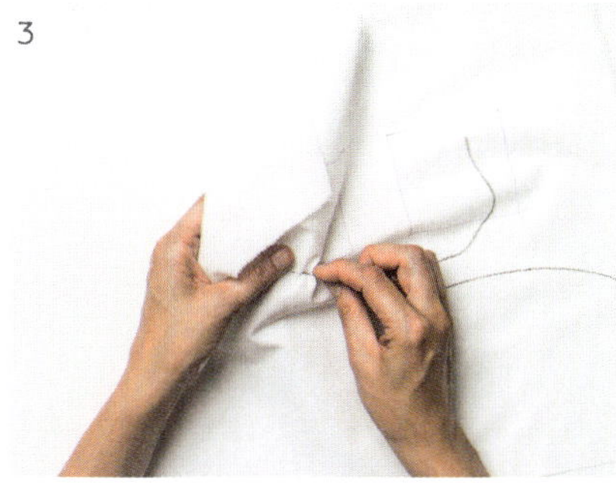

4
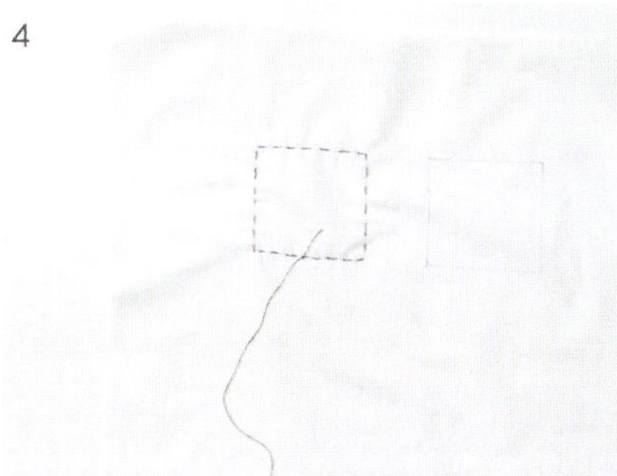

5
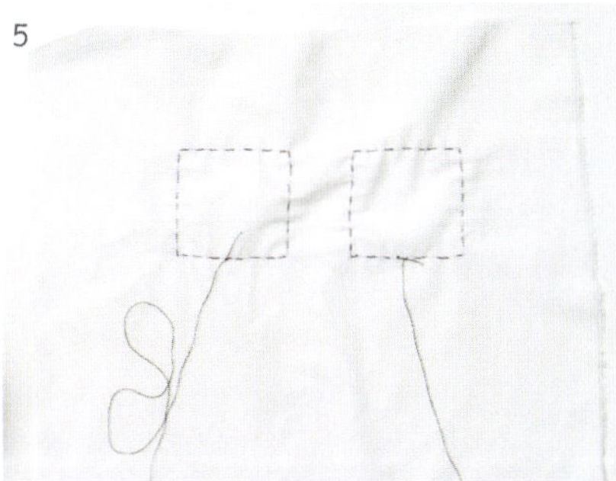

6
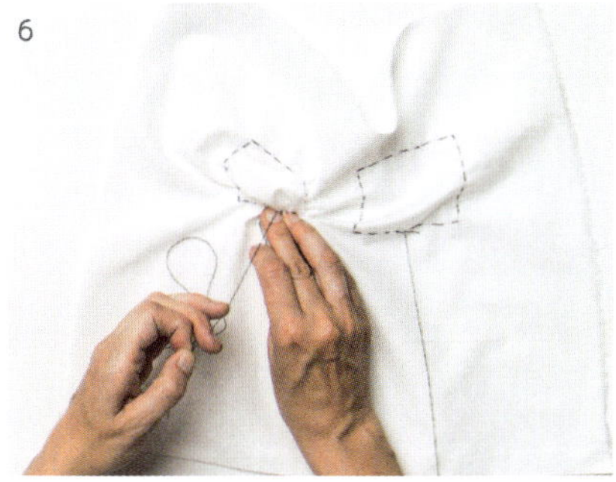

7
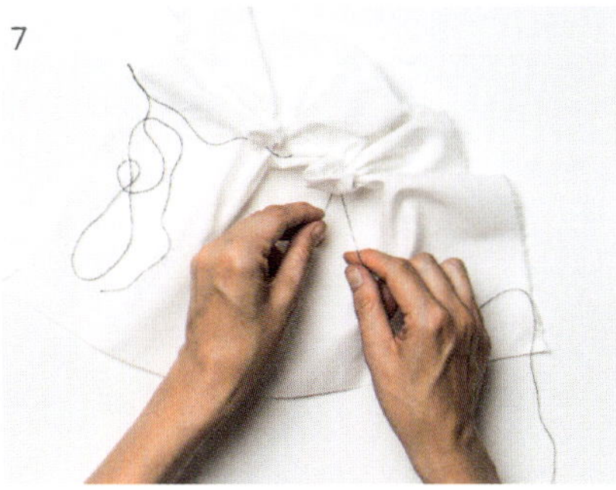

8
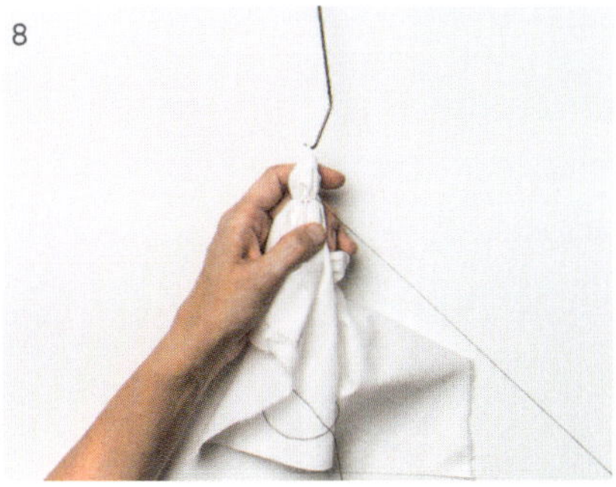

9
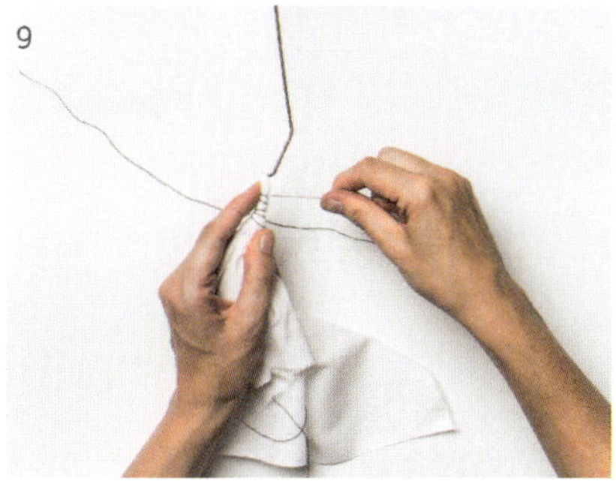

10
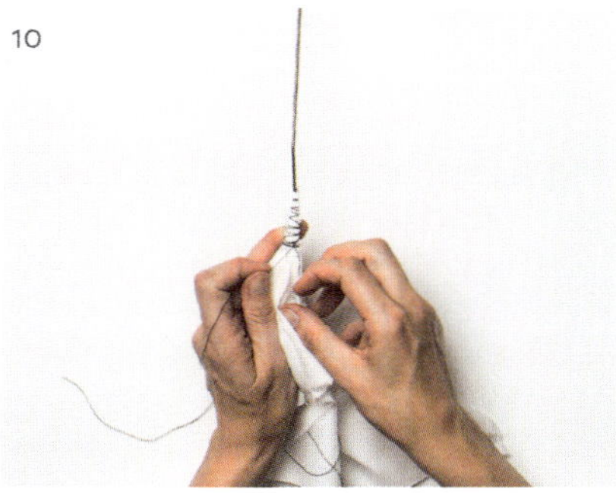

11
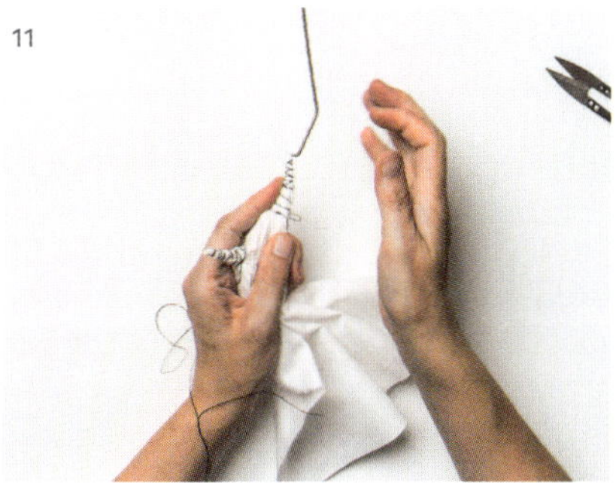

12
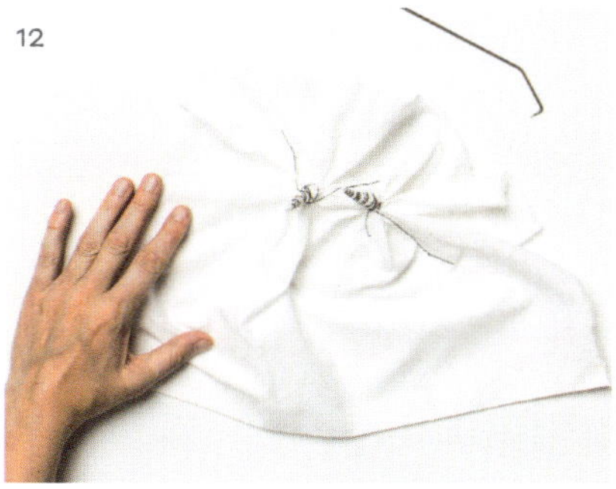

Projekt Wäscheklammerbeutel

Größe
ca. 25 x 30 cm

Material
Leichte Baumwolle, Shibori, 28 x 68 cm | leichte Baumwolle, 28 x 68 cm | Kinderkleiderbügel aus Holz, die Ende mit der Säge kürzen

Schnittvorlage auf Seite 139

Anleitung

› Den Stoff nach der Schnittvorlage zuschneiden.
› Die Stoffe mit dem runden Ausschnitt ausschneiden (siehe Abb. 1 auf S. 139).
› Stoff rechts auf rechts aufeinanderlegen, feststecken und absteppen. In einer der Längsseiten eine Wendeöffnung belassen.
› An den Rundungen den Stoffüberstand mehrmals senkrecht einschneiden. Hierdurch lässt sich die Form besser ausarbeiten (siehe Abb. 2 auf S. 139).
› Den Stoff durch die Wendeöffnung auf rechts drehen und bügeln.
› Um den Kleiderbügel später durch den Stoff fädeln zu können, ein kleines Knopfloch in den oberen Teil des Klammerbeutels nähen (siehe Abb. 3 auf S. 139).
› Den Stoff rechts auf rechts falten, feststecken und absteppen. Die Überlappung der Öffnung mit der Hand an den Eckpunkten fixieren (siehe Abb. 4 auf S. 139).
› Auf rechts drehen, bügeln und den Kleiderbügel einfädeln.

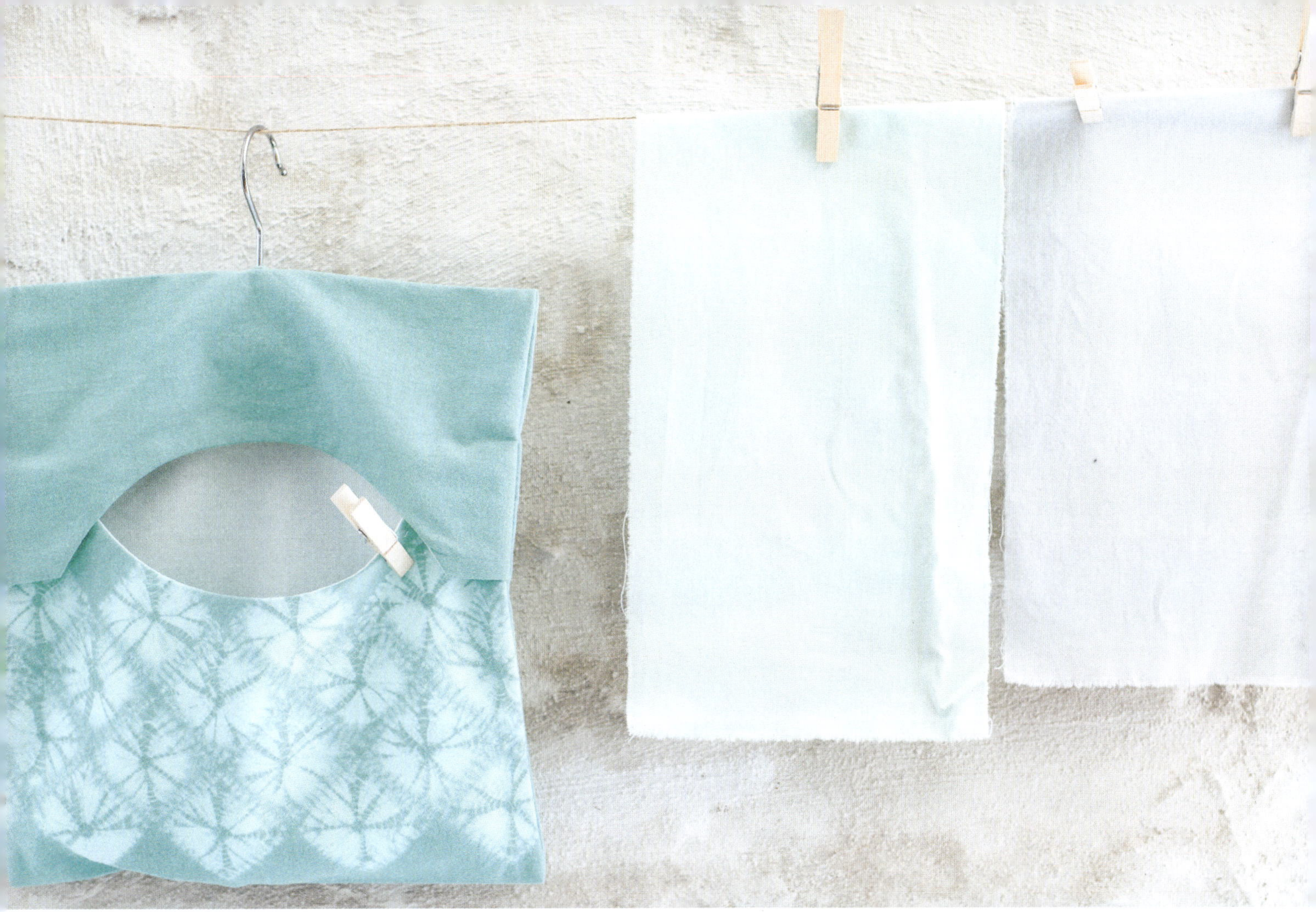

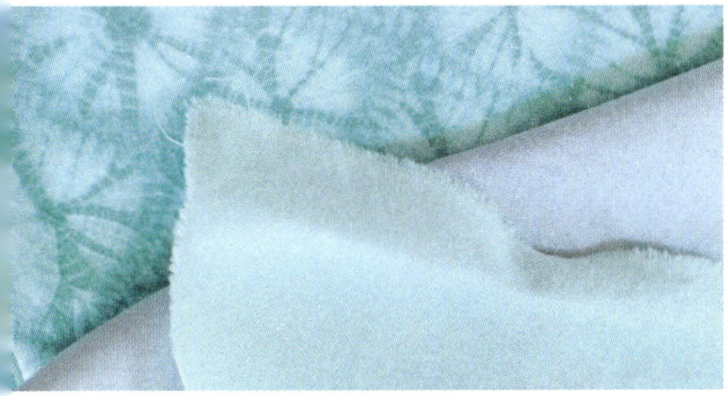

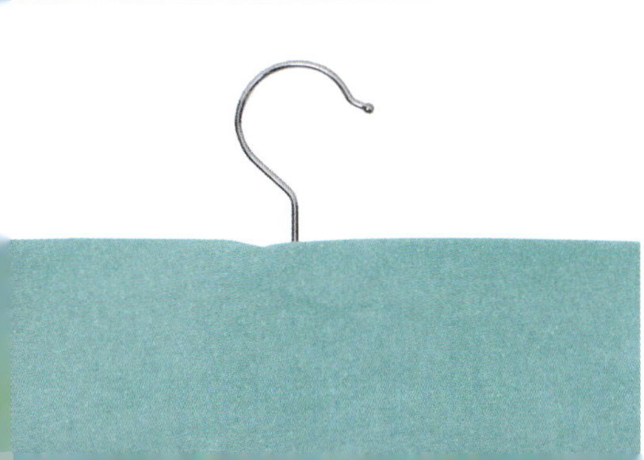

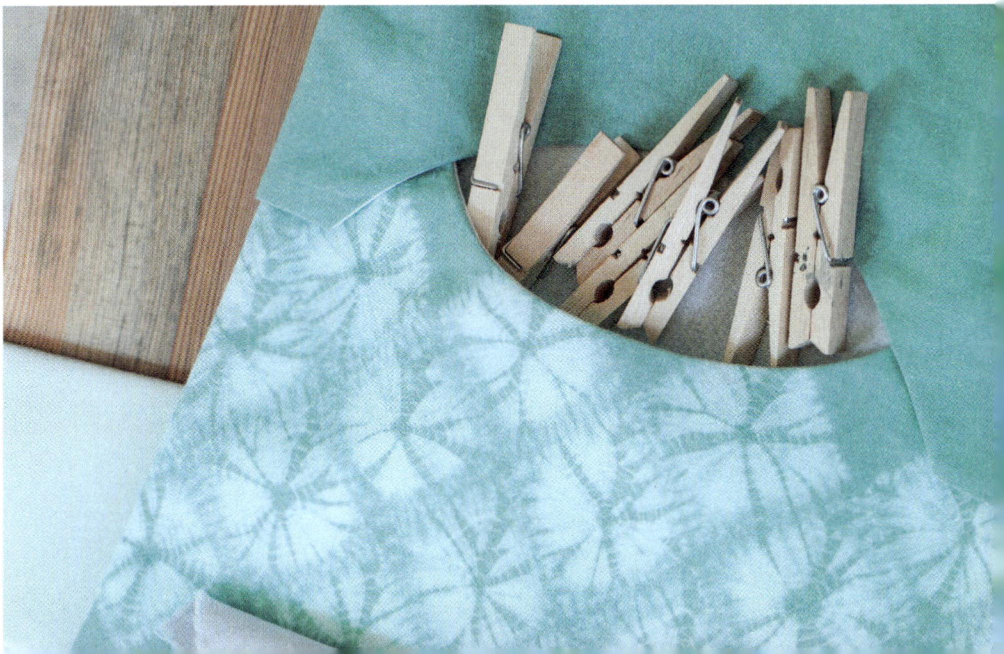

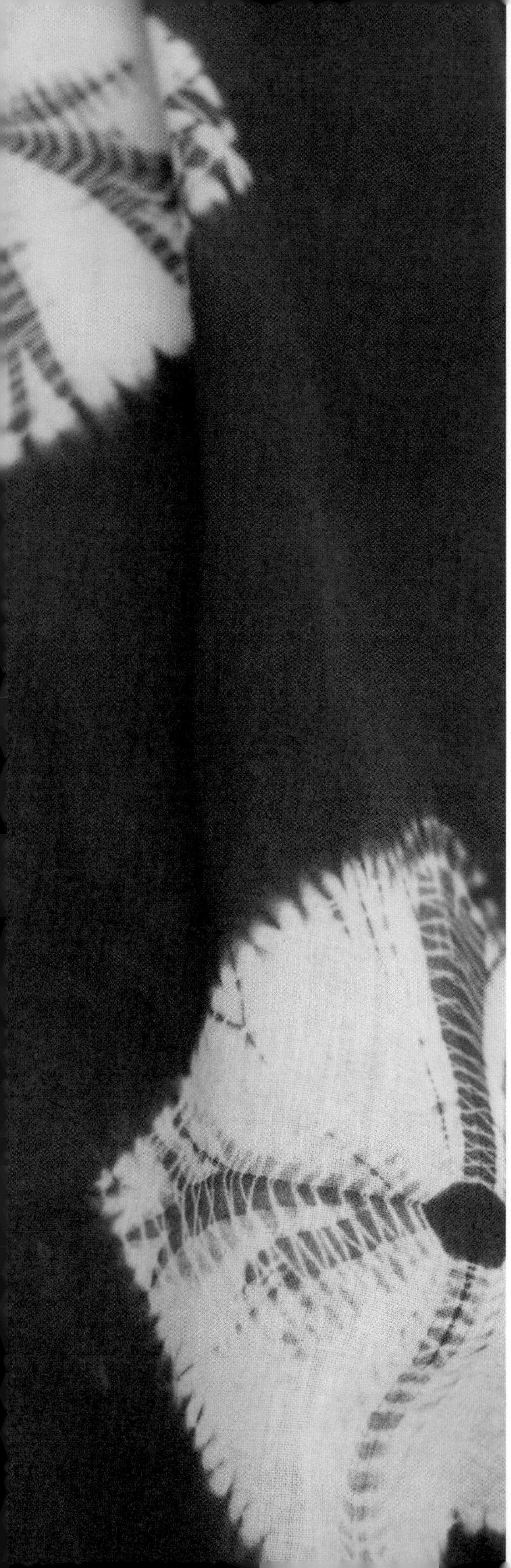

komasu shibori

Quadrate

Material
Leichte Baumwolle | wasserlöslicher Stoffmarkierstift | Quadrat aus Sperrholz oder Pappe | Shibori-Haken | Nähnadel | Knopflochgarn

Anleitung

› Den Stoff falten und auf die Falte mit dem Markierstift und der Schablone Dreiecke auf den Stoff zeichnen (Abb. 1 – 3).
› Eine weitere Falte in den Stoff legen und die Dreiecke versetzt zur ersten Reihe aufzeichnen (Abb. 4 – 6).
› Den Faden, wesentlich länger als die gezeichneten Kanten des Dreiecks, einfädeln. Am Ende fest verknoten und hier Faden stehen lassen.
› Mit dem Vorstich (siehe hierzu auch S. 49) das Dreieck durch beide Stofflagen hindurch nachnähen und das Fadenende zunächst hängen lassen (Abb. 7 – 9).
› Sind alle Dreiecke genäht, die Fäden anziehen, den Stoff raffen und die Fäden fest verknoten (Abb. 10 + 11).
› Den Shibori-Haken in den Quadratmittelpunkt einhacken und den Stoffkegel auf- und abwärts fest mit dem Garn umwickeln (Abb. 12 – 15).
› Die Garnenden verknoten und abschneiden.

1
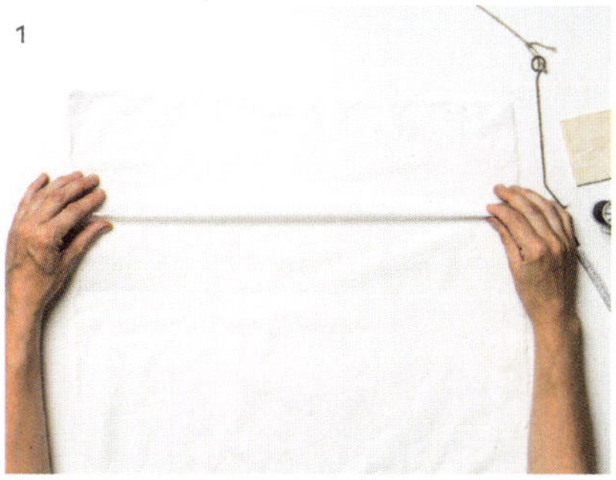
2
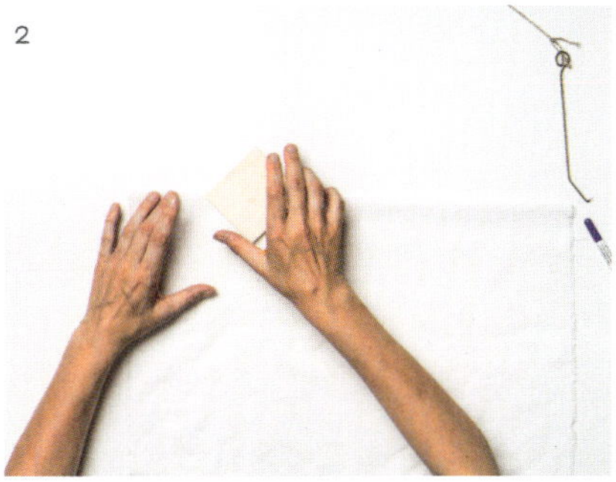
3
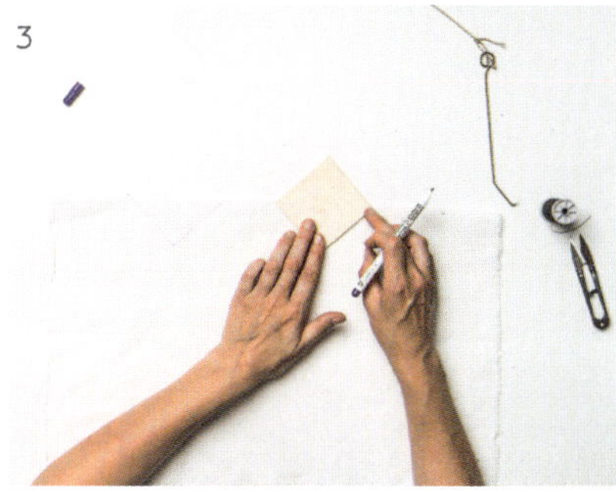
4
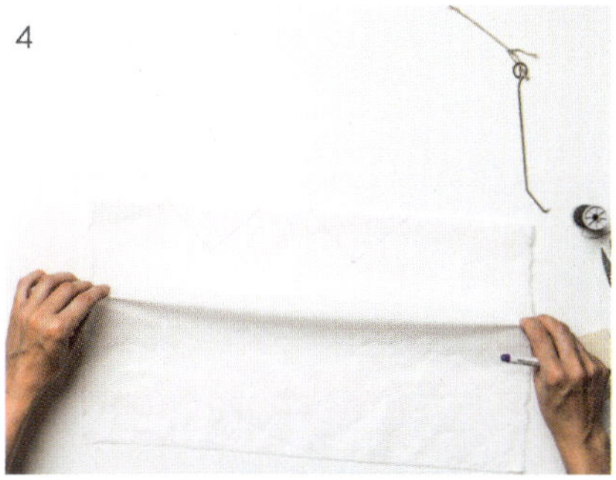
5
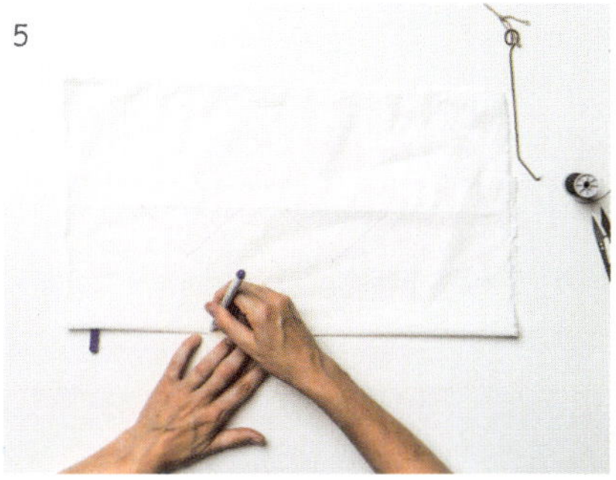
6
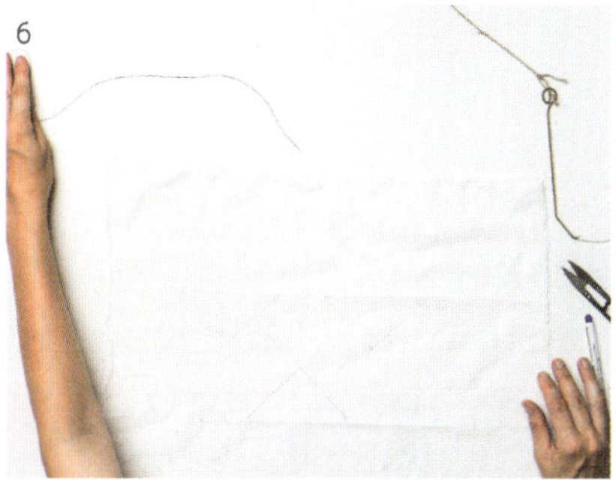
7
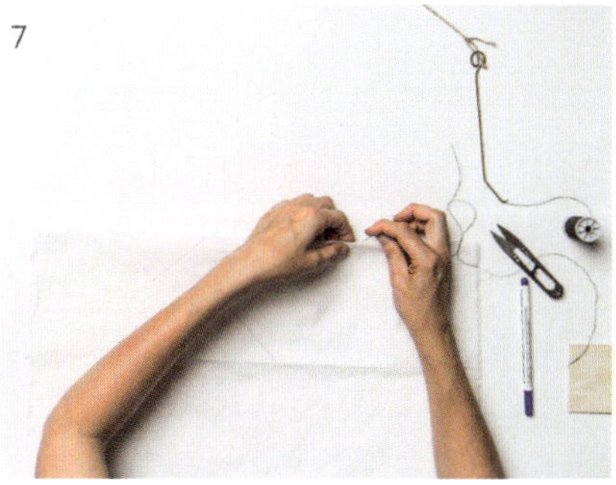
8
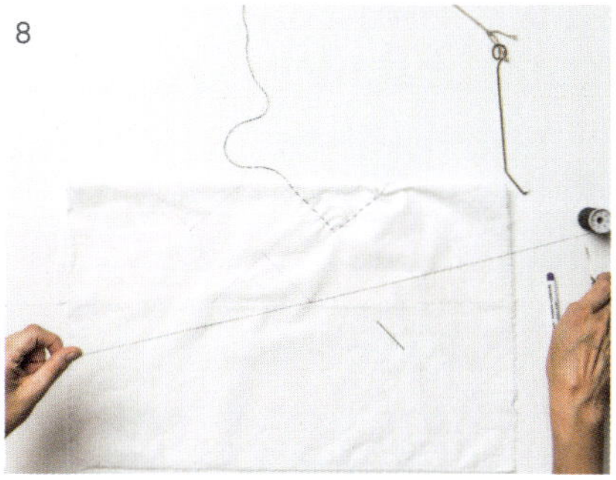
9
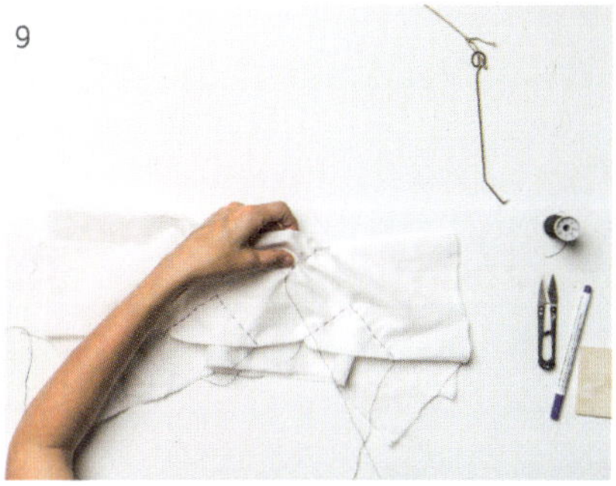
10
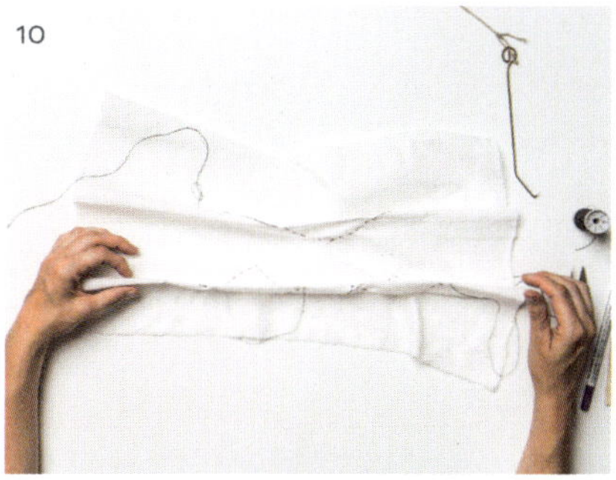
11
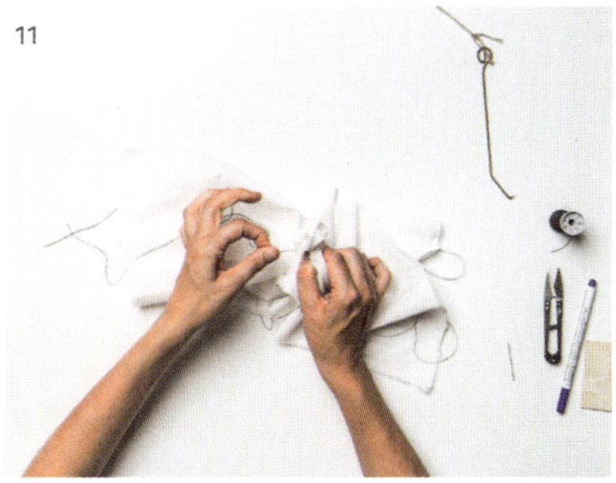
12
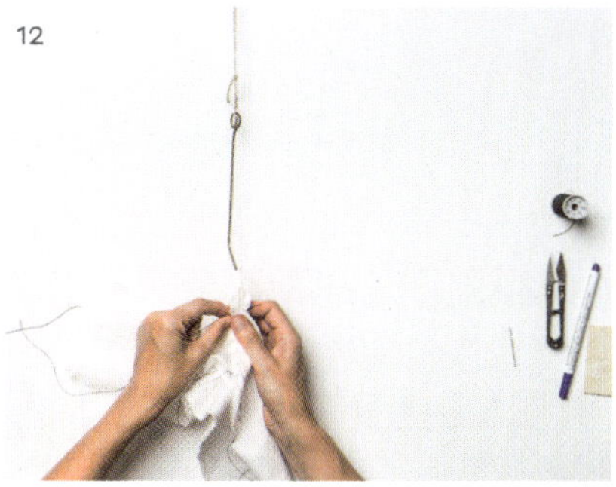
13
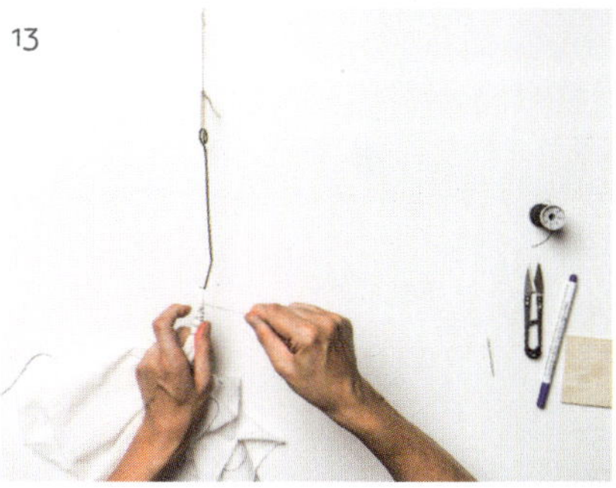
14
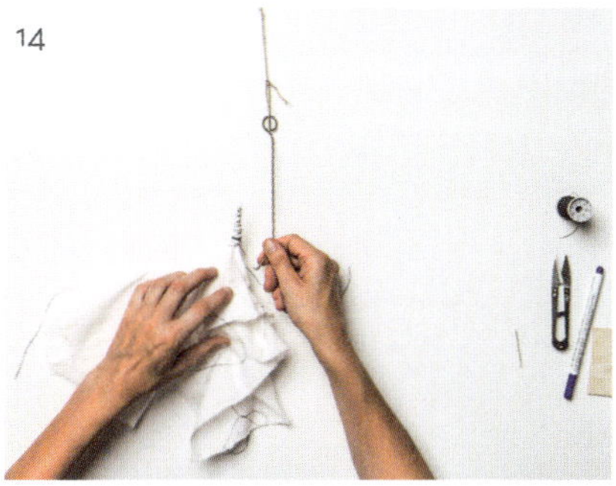
15
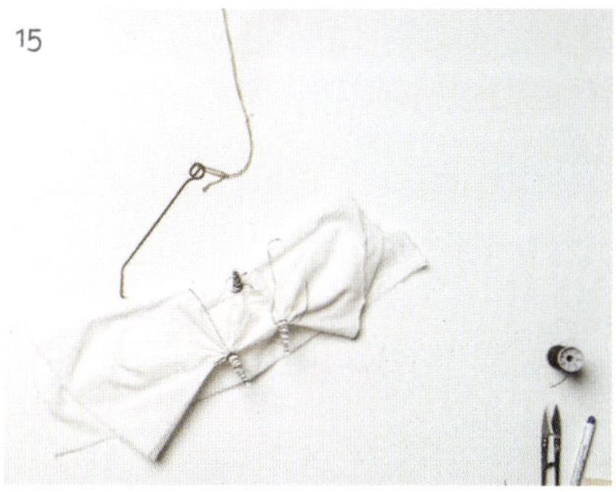

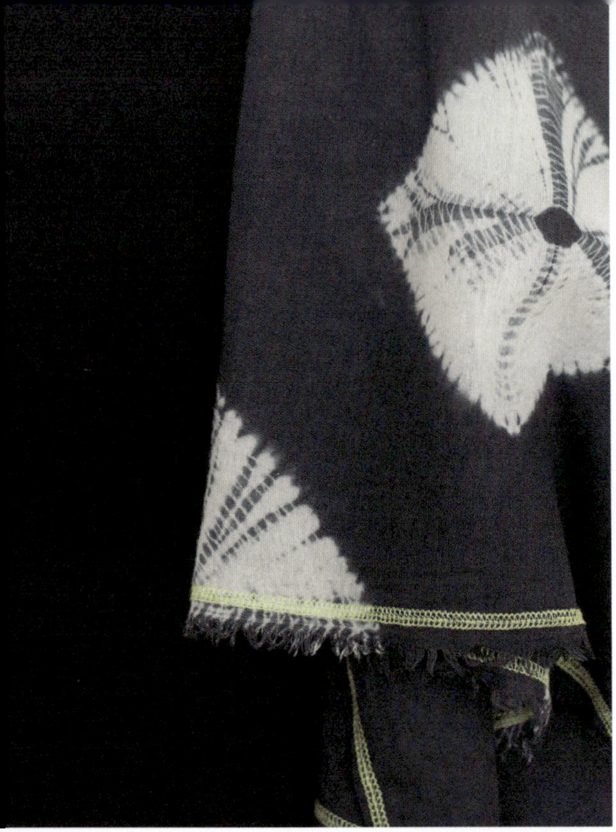
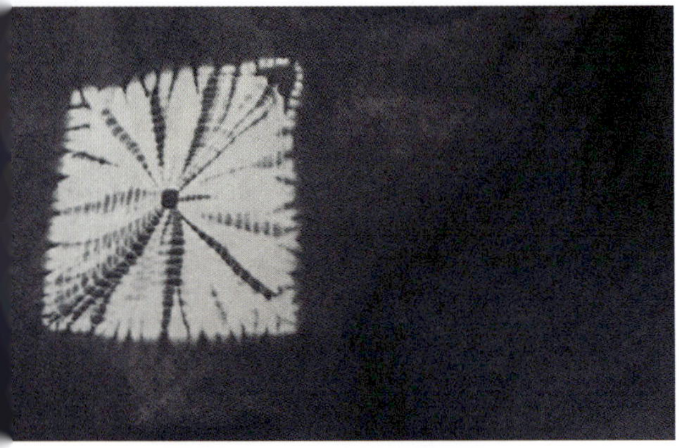
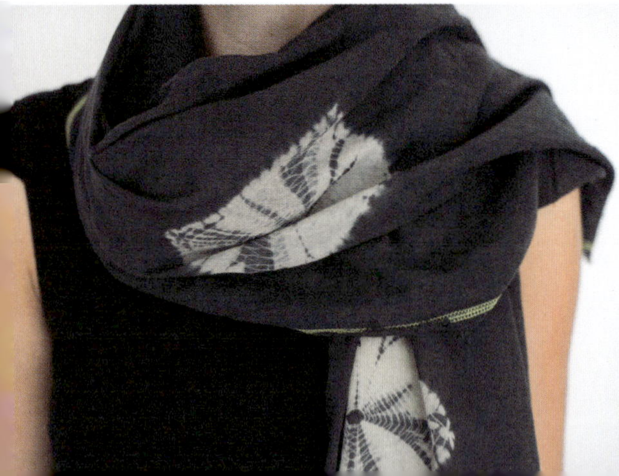
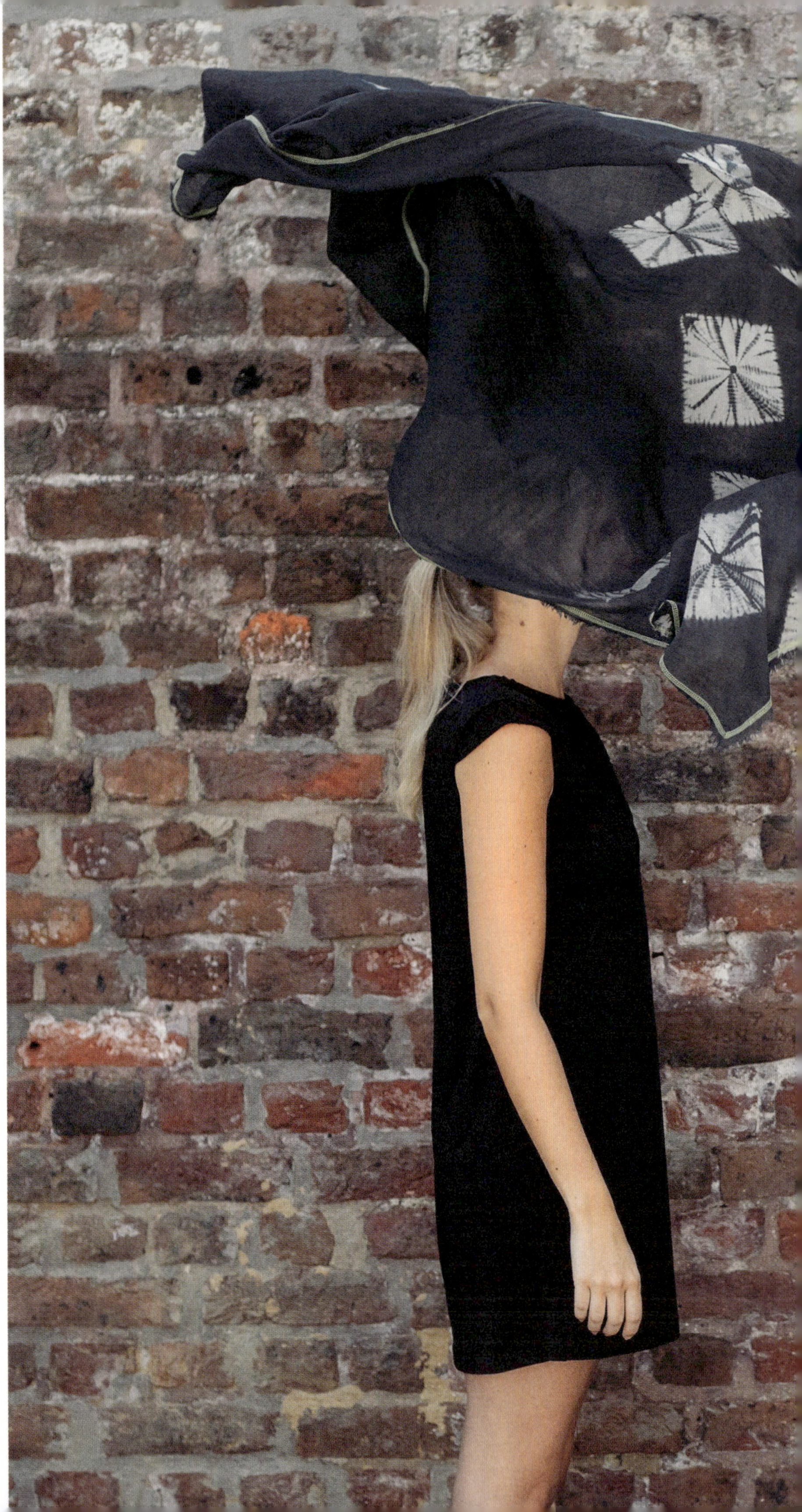

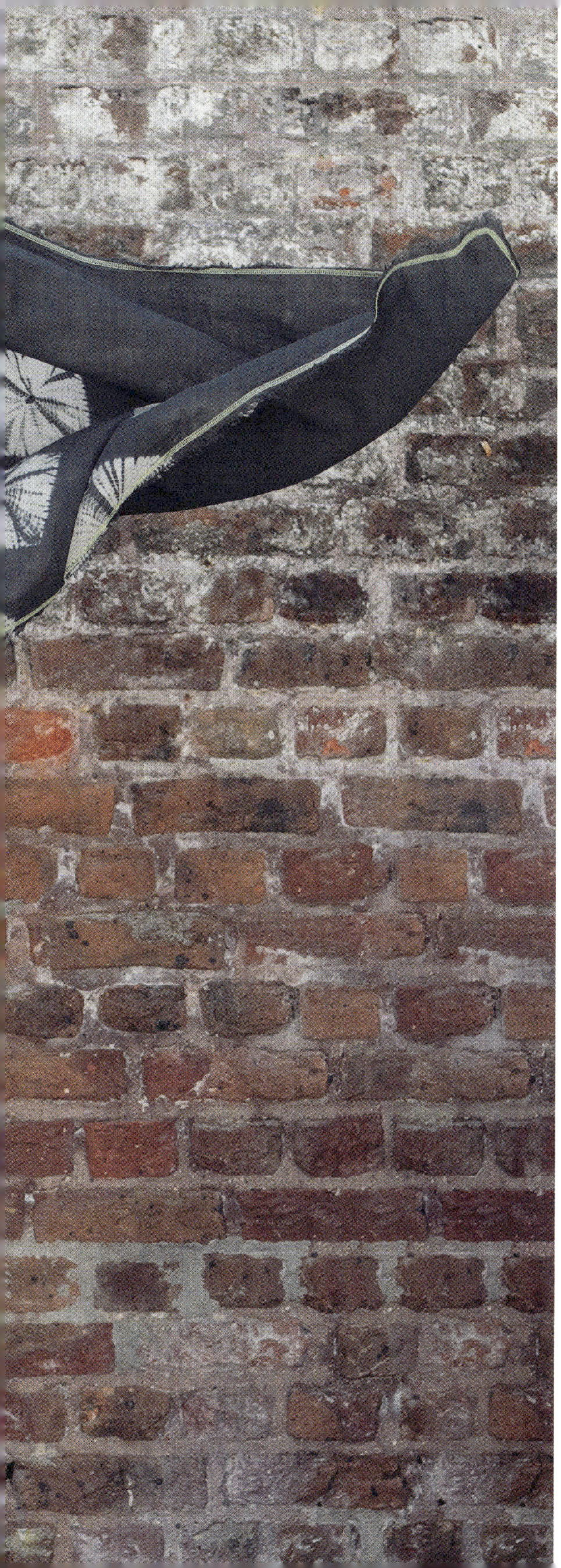

Projekt Schal

Material
Sehr leichter Baumwollstoff
oder ein unifarbener Schal, 180 x 90 cm

Anleitung

- Auf den Stoff das Muster von *komasu shibori* nach Wunsch verteilen.
- Nach dem Färbevorgang und Trocknen mittels farbigem Garn einen Kontrastsaum mit der Overlock-Nähmaschine nähen.

Tipp
Ein fertiger Schal aus dem Laden erspart das Umsäumen.

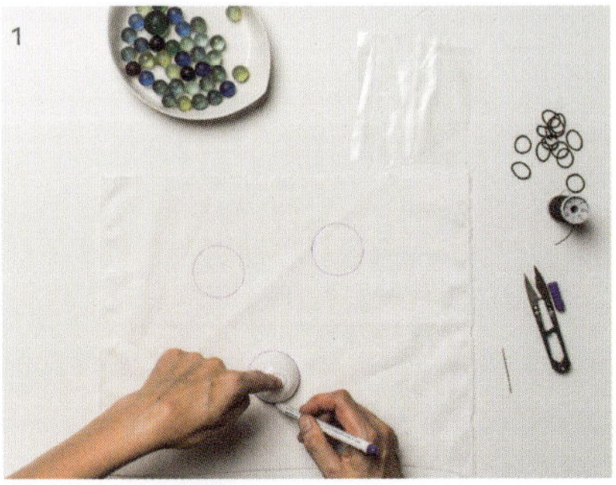
1

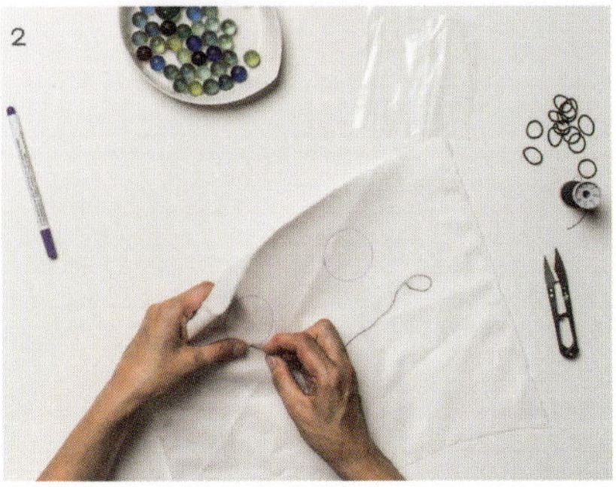
2

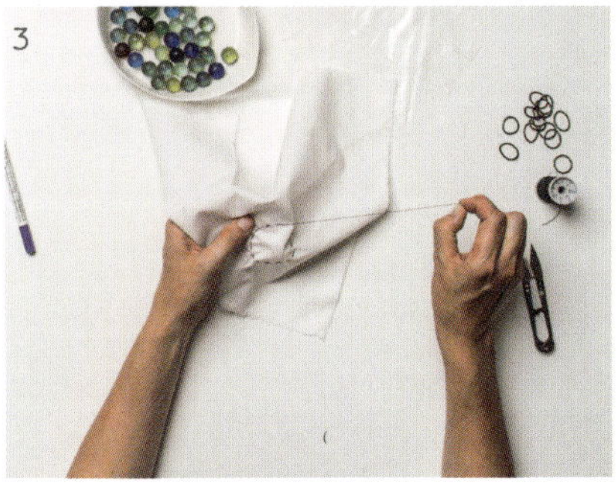
3

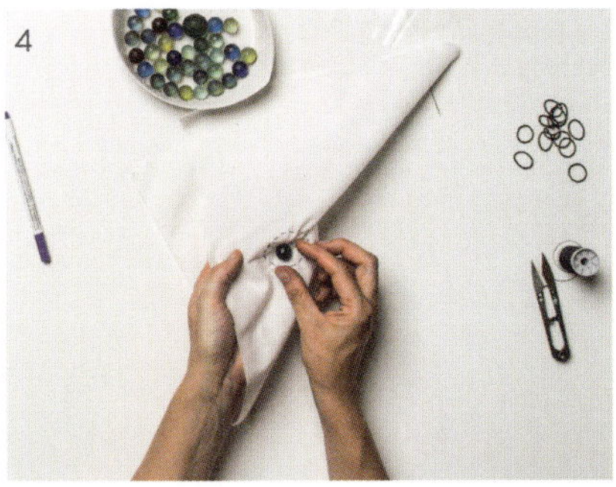
4

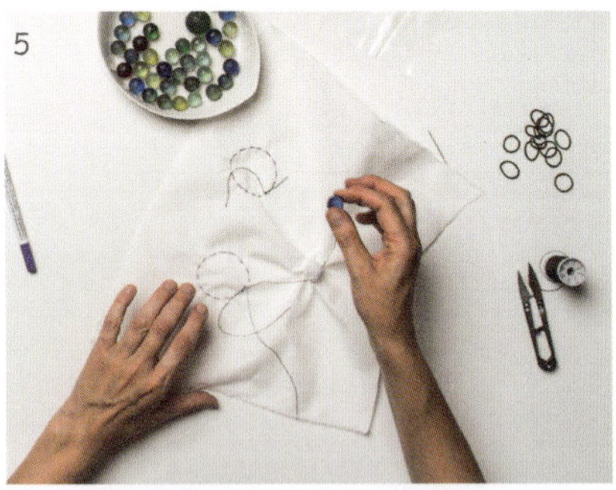
5

koboshi shibori

Sprenkel

Material
Leichte Baumwolle | wasserlöslicher Stoffmarkierstift | rundes Gefäß als Schablone | Nähnadel | Knopflochgarn | Murmeln | kleine Gummibänder | Kunststofffolie

Anleitung

› Mit dem Stoffmarkierungsstift und dem Gefäß Kreise auf den Stoff zeichnen (Abb. 1).

› Den Faden mit einem dicken Knoten sichern und die Kreise mit dem Vorstich (siehe hierzu auch S. 49) nachnähen. Die Fäden zunächst hängen lassen (Abb. 2 + 3).

› Eine Murmel in die Mitte des umnähten Kreises legen, die Fadenenden zuziehen und verknoten (Abb. 4 – 6).

› Ein Folienquadrat (Größe entsprechend der zu umschließenden Murmel) auf die umschlossene Murmel legen und mit einem Gummiband fest fixieren (Abb. 7 – 10).
Durch das Umschließen mit der Folie entsteht nicht nur ein Ring, sondern ein Kreis.

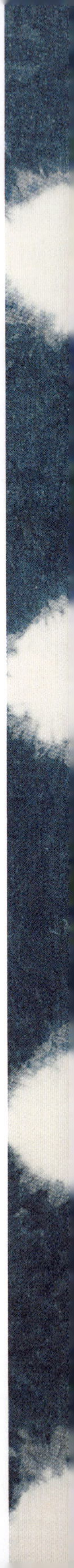

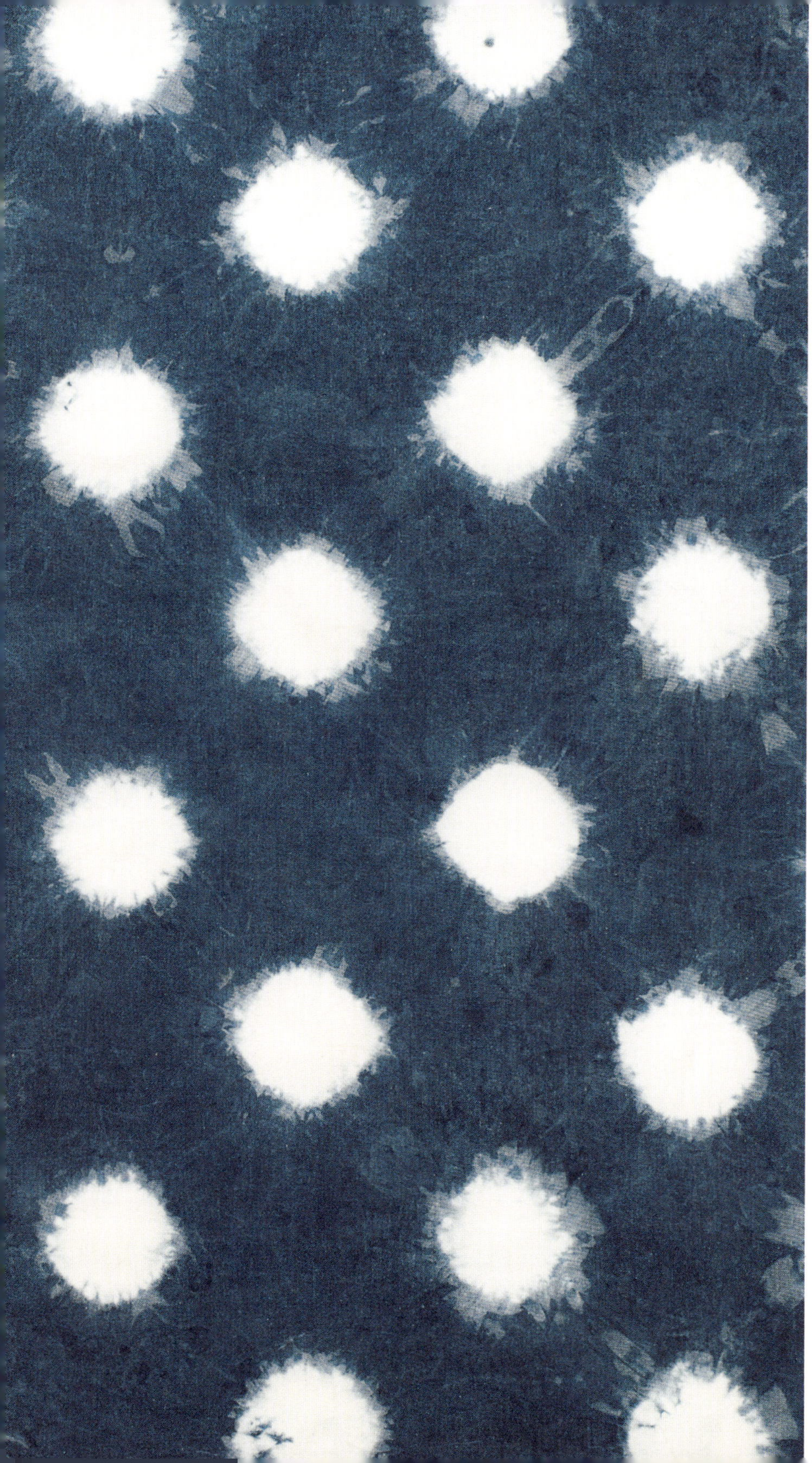

6

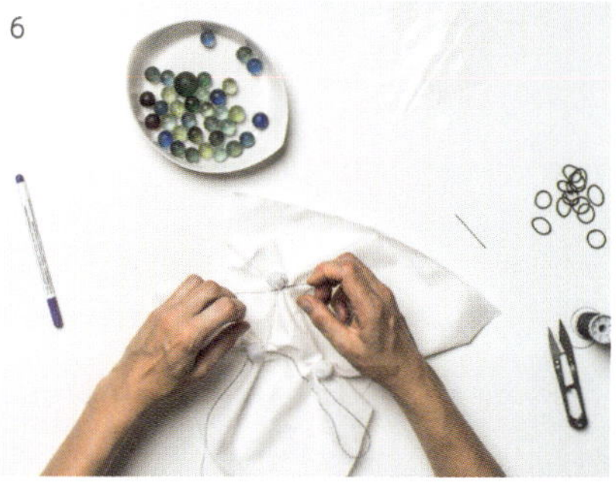

7

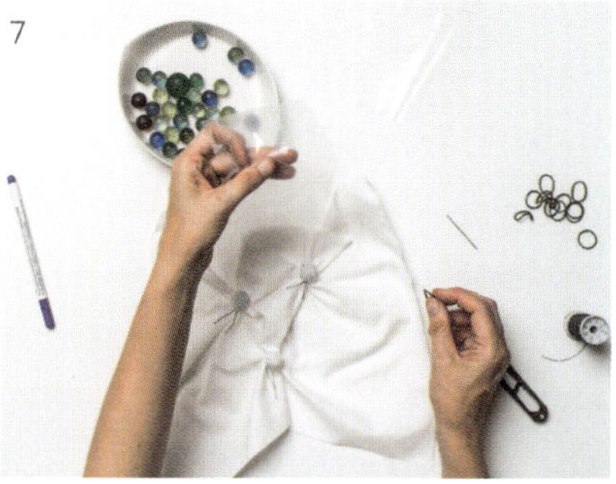

8

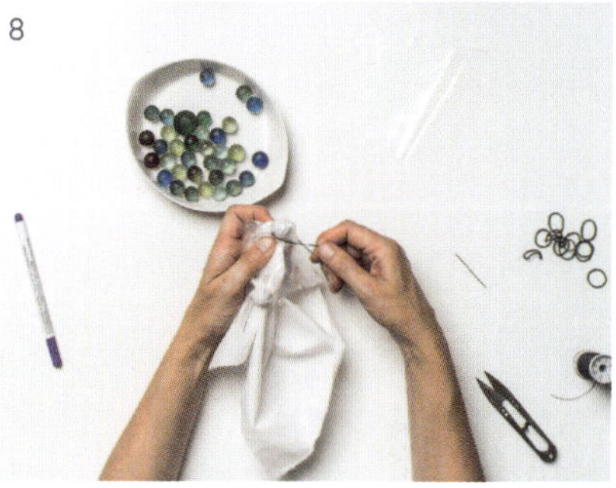

9

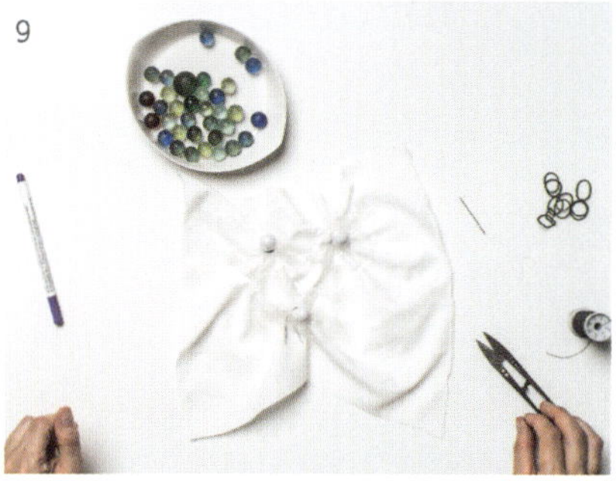

10

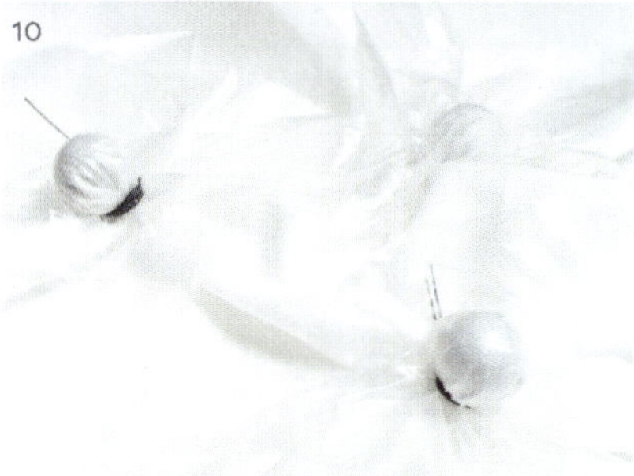

Projekt Platzsets

Größe
ca. 50 x 35 cm

Material
Schwere Baumwolle, Shibori,
55 x 40 cm

Schnittvorlage auf Seite 138

Anleitung

- Den Stoff nach der Schnittvorlage zuschneiden.
- Beim Zuschneiden auf den Fadenlauf achten. Dieser muss gerade sein.
- Den Stoff auf rechts legen und die Kanten um 1 cm nach innen bügeln.
- Die Kanten ein weiteres Mal um 1,5 cm nach innen bügeln und mit feststecken (siehe Abb. 1 auf S. 138).
- Die Ecke auffalten und die Spitze 1 cm breit abschneiden (siehe Abb. 2 + 3 auf S. 138).
- Den Saum wieder zufalten, feststecken und absteppen (siehe Abb. 4 auf S. 138).

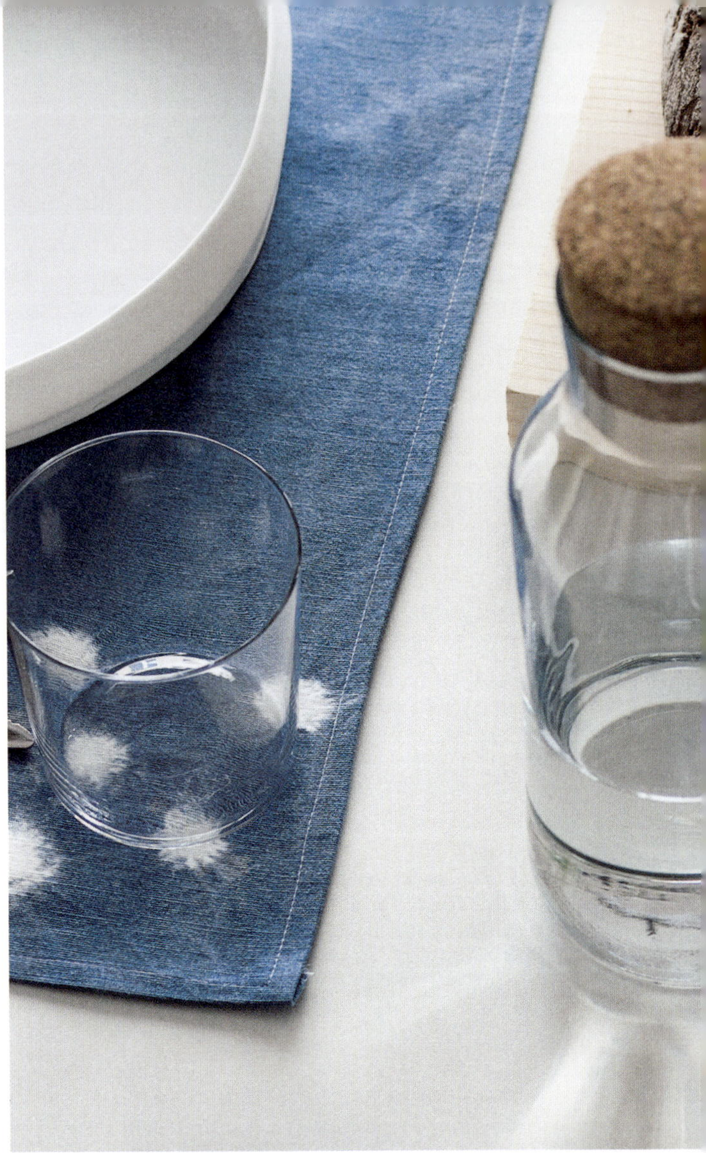

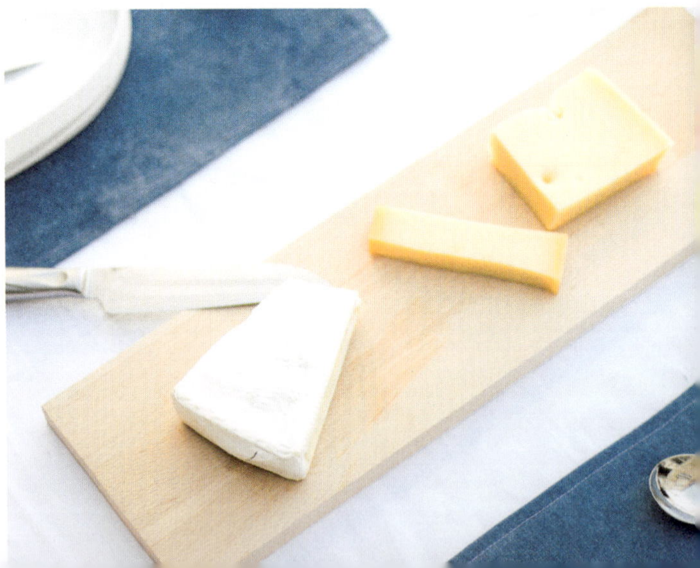

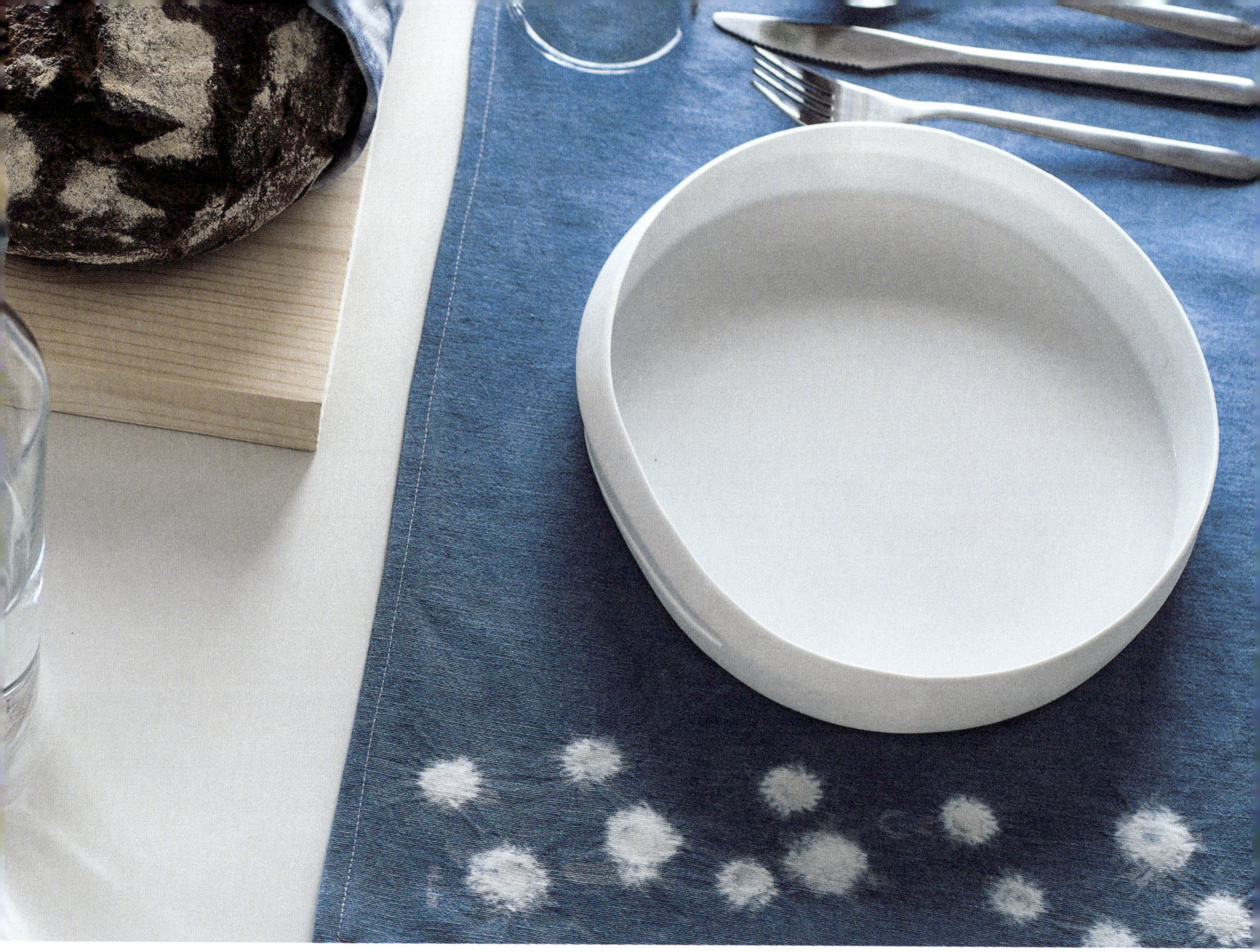

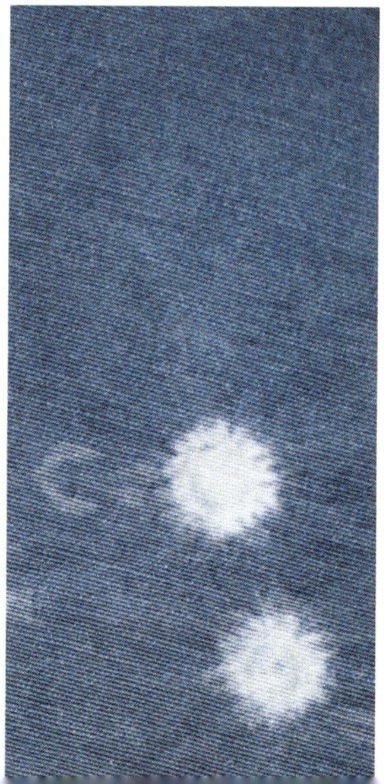

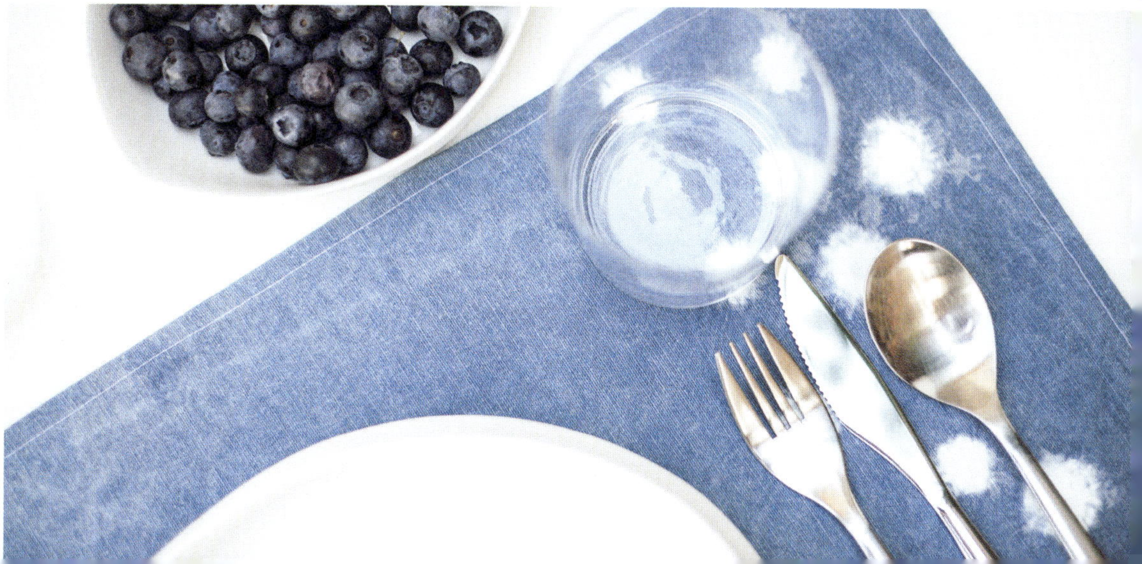

Technik: Klemmreservierung

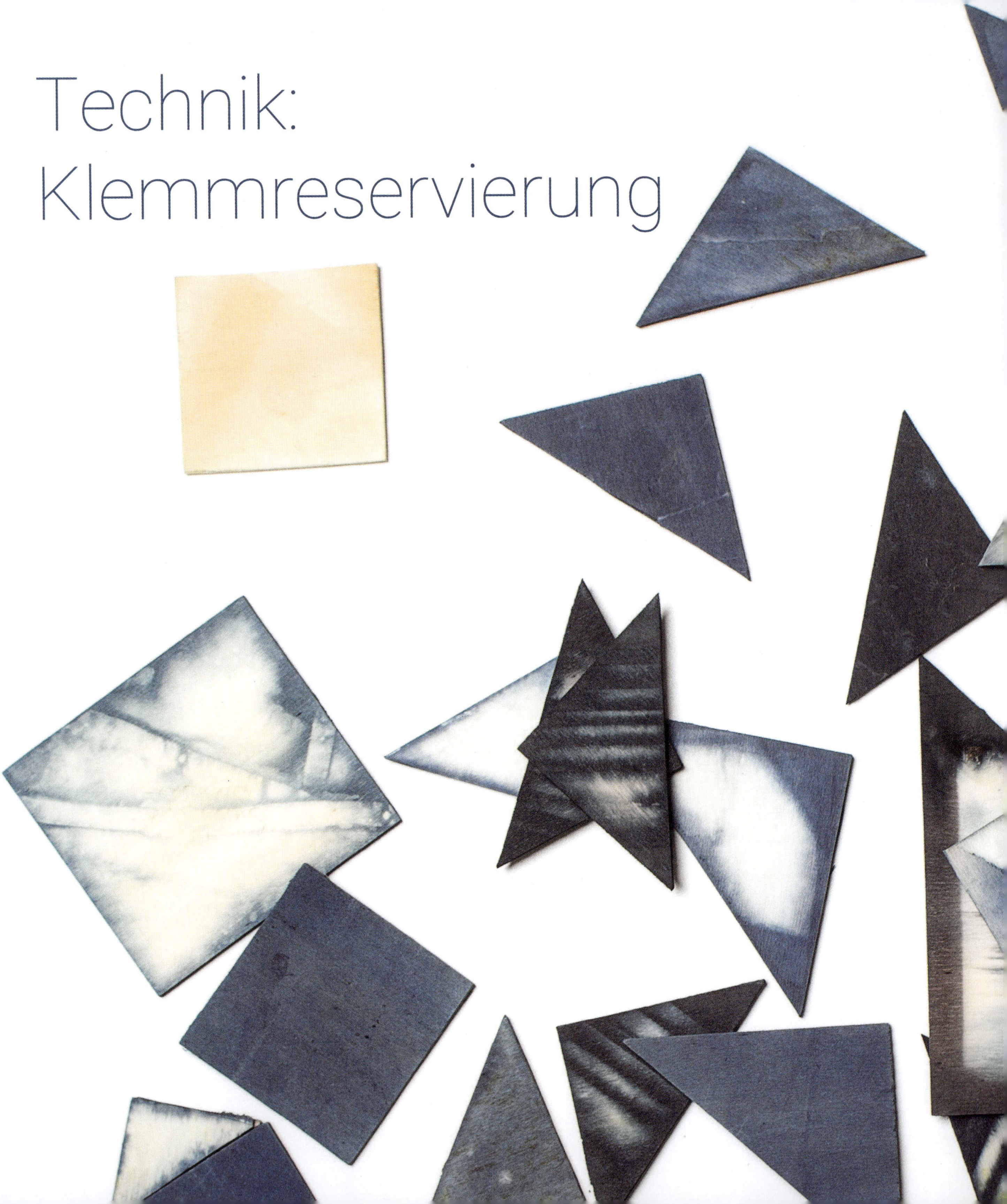

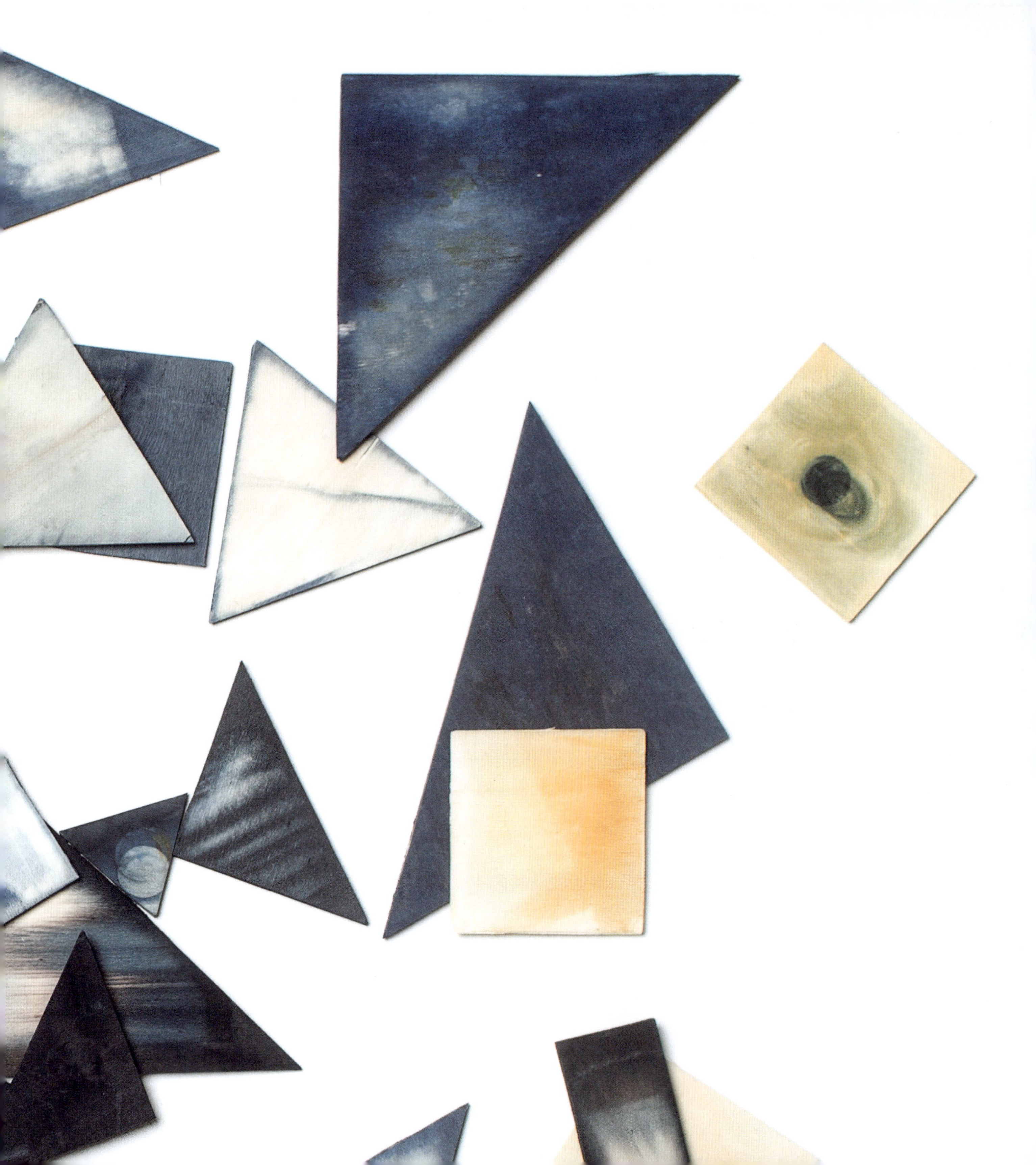

itajime shibori

Itajime bietet ein breites Feld für Experimente. Der Ausgangspunkt ist immer der im Zickzack gefaltete Stoff. Zum Befestigen der Holzbretter auf beiden Seiten des Stoffes Gummibänder, Schnüre, Federzwingen, Wäscheklammern usw. benutzen. Zur Inspiration hier einige Varianten als Zeichnungen.

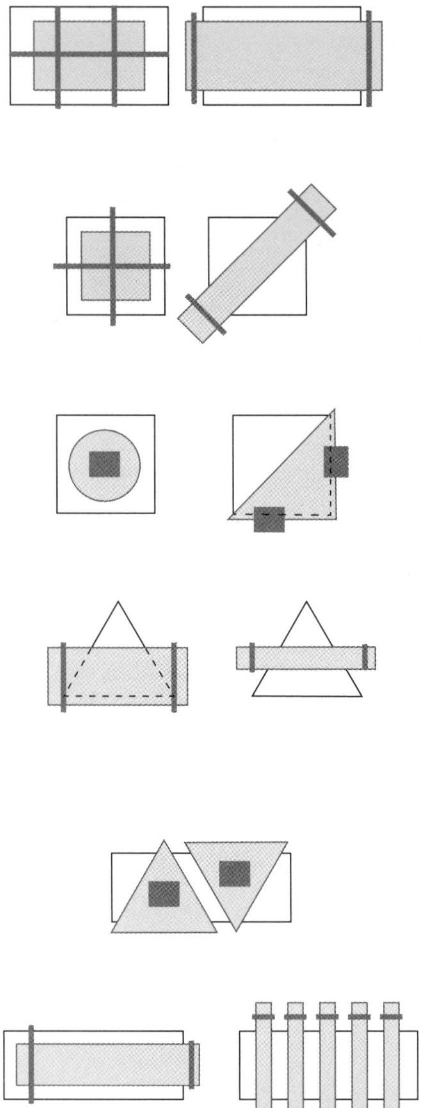

Tipp
Für die Technik *itajime shibori* werden Holzplättchen zum Abbinden der Stoffpakete benötigt. Pappelsperrholz, in der Stärke 4 mm, lässt sich gut mit einem normalen Cuttermesser schneiden. Fotografieren Sie Ihr frei entwickeltes *itajime shibori* vor und nach dem Färben, um später das Muster reproduzieren zu können.

Raster

Material
Leichte Baumwolle | 2 Quadrate aus Holz | Gummibänder oder Schnur | Bügeleisen

Anleitung

› Den Stoff zickzackartig in Längsrichtung bügeln (Abb. 2 – 5).
› Ein Holzquadrat auf den Stoff legen und diesen nun in Querrichtung im Zickzack falten (Abb. 6 + 7).
› Ist der Stoff vollständig gefaltet (Abb. 8), das zweite Holzquadrat abschließend auf das Stoffpaket legen.
› Die Hölzer mit Gummibändern befestigen (Abb. 9 + 10). Alternativ kann auch Schnur genommen werden.

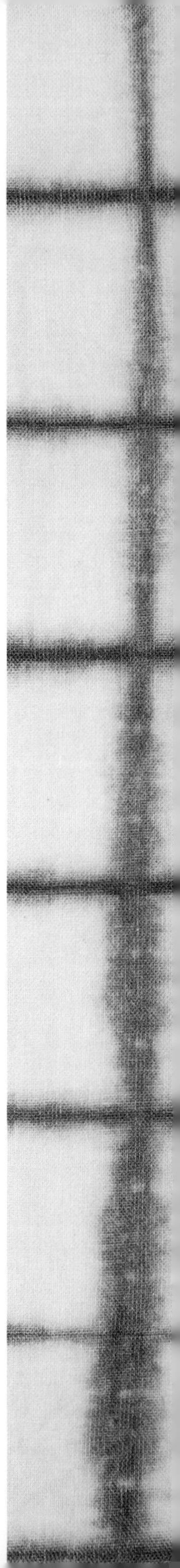

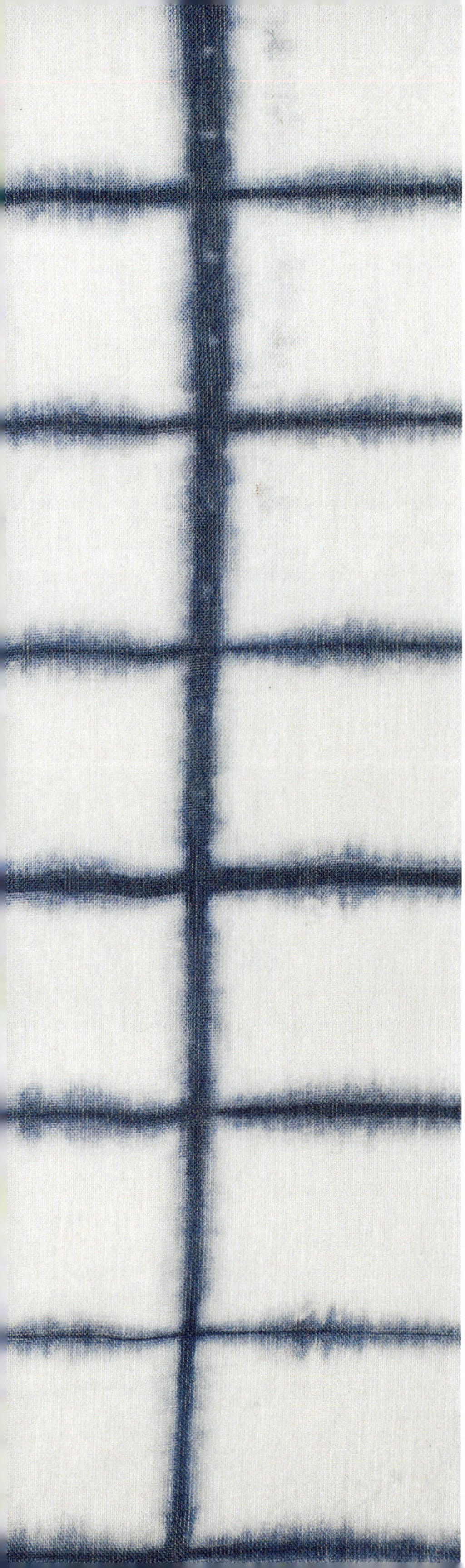

1

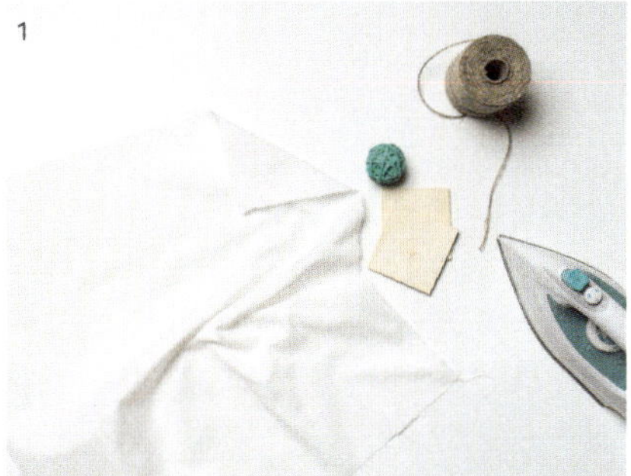

2

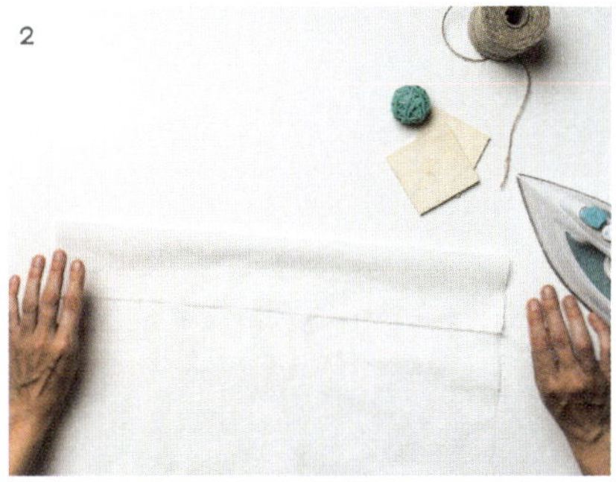

3

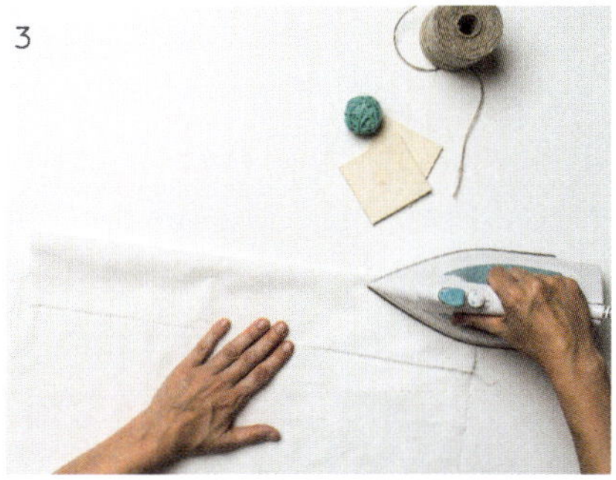

4

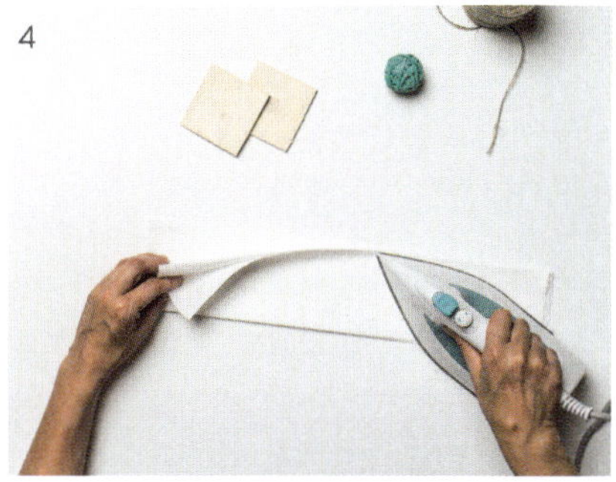

5

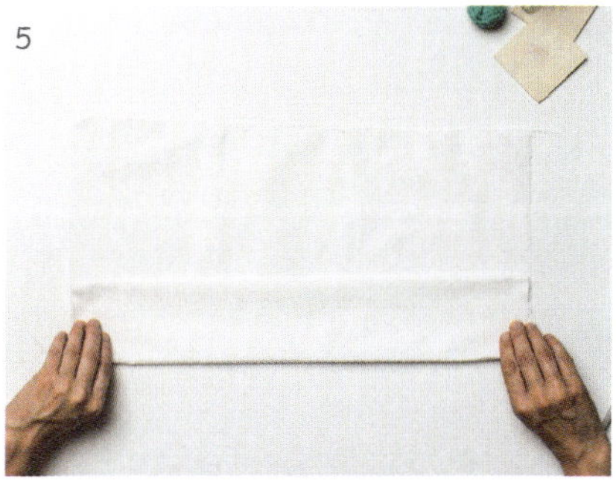

6

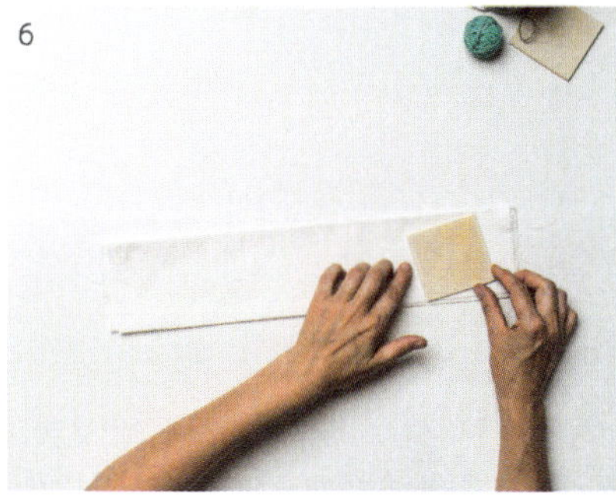

7

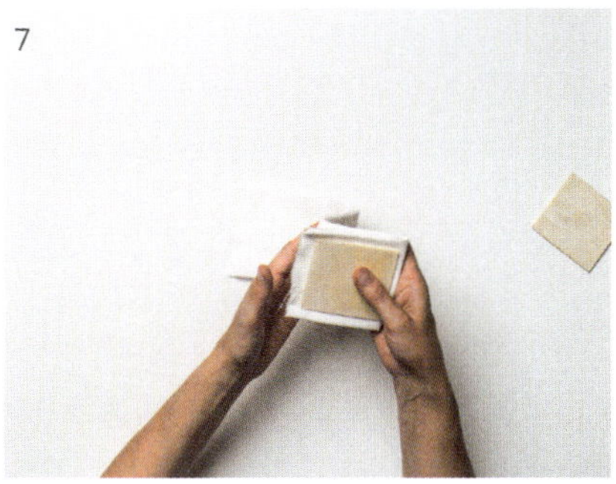

8

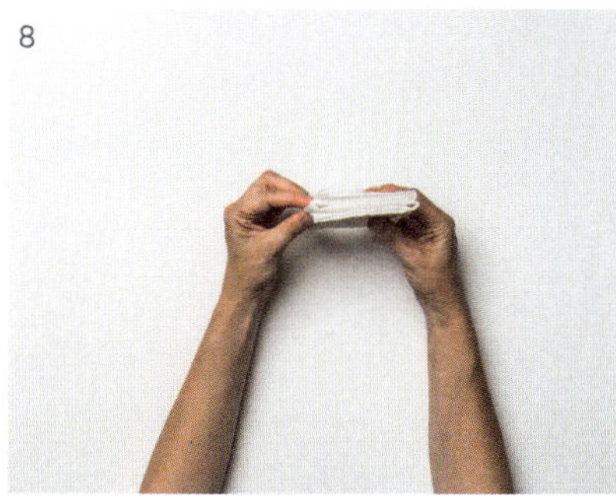

9

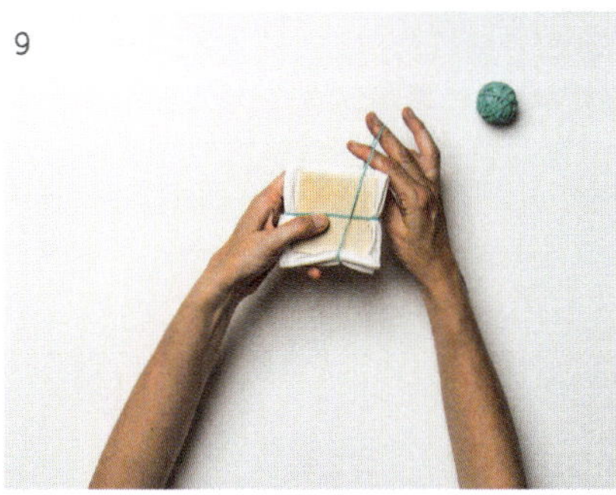

10

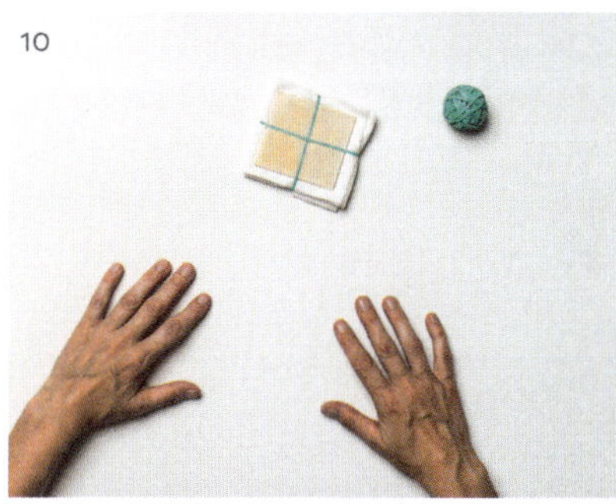

Projekt Vorhang

Material
Leichte Baumwolle, schwarz | 2 Quadrate aus Holz | Schraubzwingen oder Schnur | Chlorbleiche

Für den Küchenvorhang wurde die Färbetechnik invertiert und schwarzer Stoff mit Chlorbleiche entfärbt. Ein schwarzer Stoff wird durch die Chlorbleich gelblich. Beim Entfärben mit Chlor auf gute Lüftung achten. Am besten im Freien arbeiten.

Anleitung

› Den Stoff bügeln und falten.
› Die Holzquadrate auf den Stoff legen und verschnüren. Bei dicken Stoffen eignen sich Schraubzwingen zum Zusammenpressen.
› Der schwarze Stoff wird in Wasser eingeweicht und nun, anstatt in ein Färbebad, ca. 20 – 30 Minuten in unverdünnte Chlorbleiche gelegt.
› Nach dem Bleichen die Reservierung entfernen und den Stoff in der Waschmaschine gründlich waschen und anschließend farbig überfärben.

Tipp
Unbedingt vor dem Entfärben eine Testreihe für die Länge der Tauchzeit durchführen. Ist die Zeit zu lang, kann das Textil brüchig werden oder sich der gesamte Stoff entfärben.

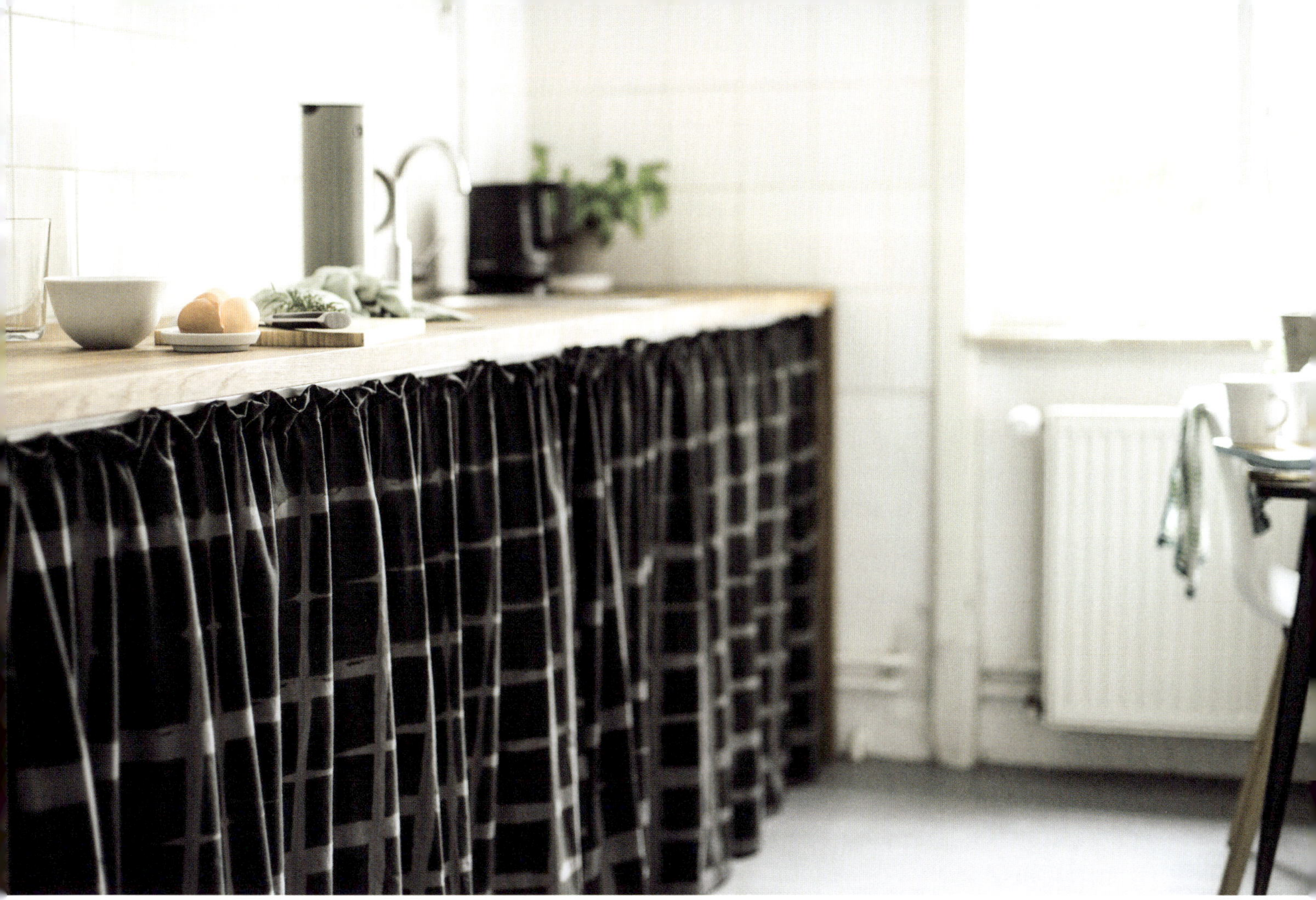

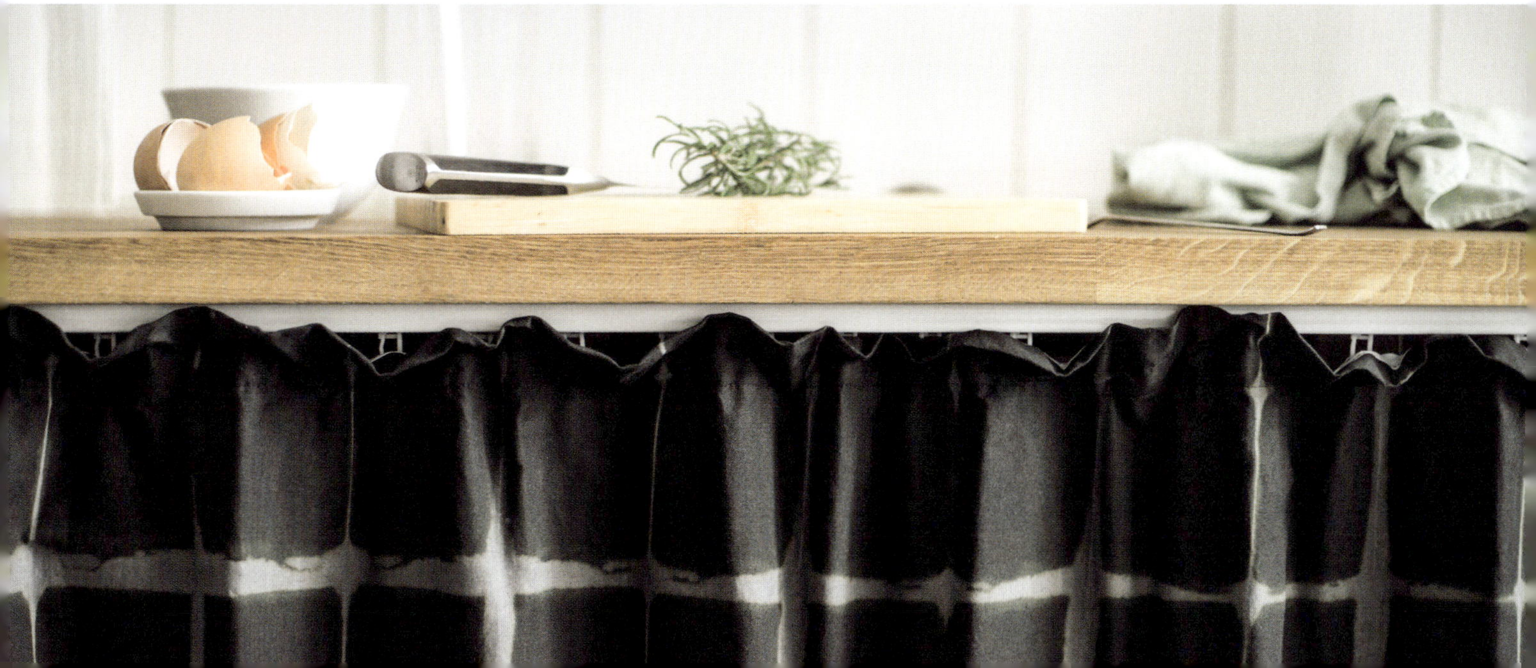

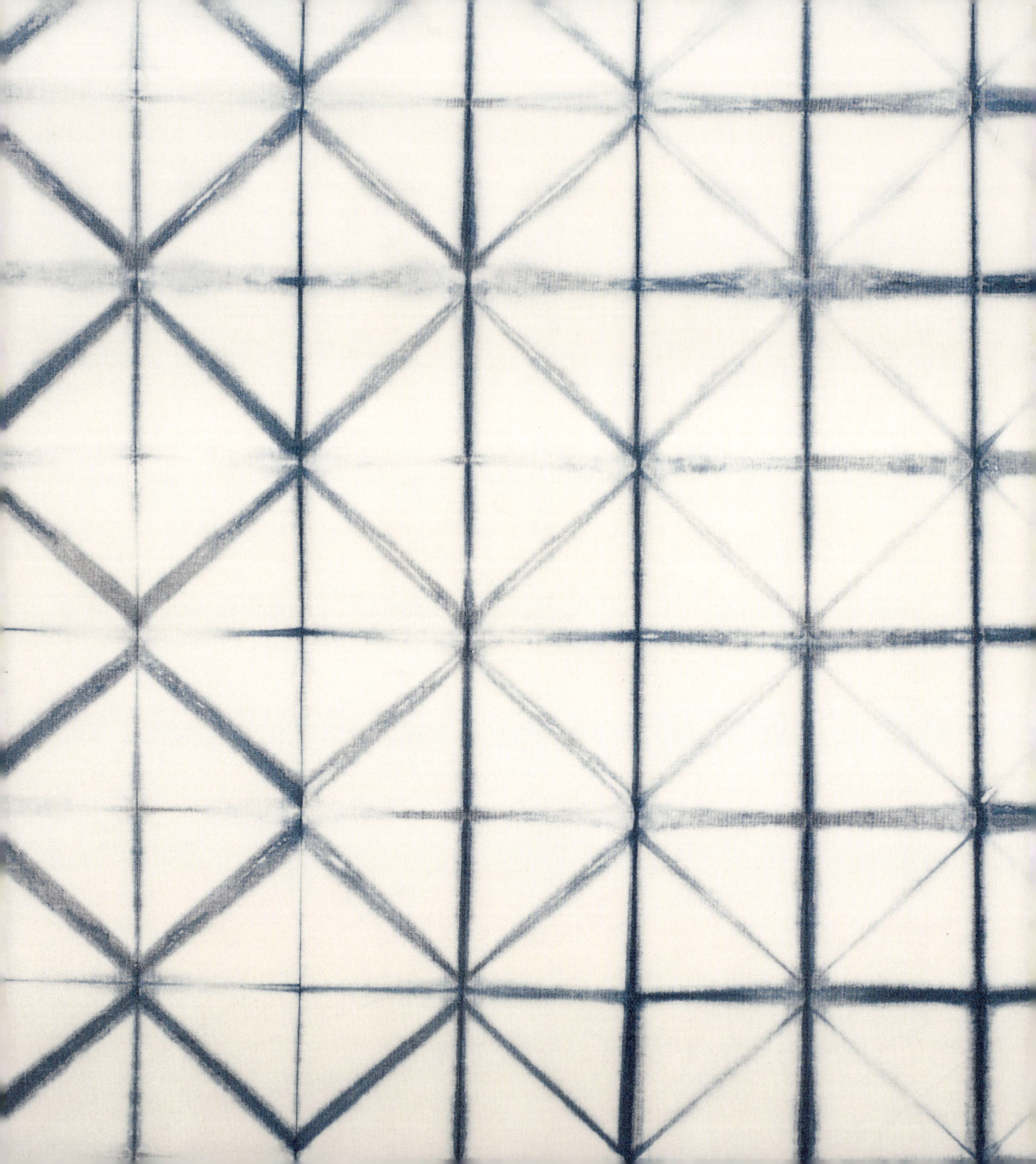

naname goshi shibori

Raster

Material
Leichte Baumwolle | 2 Dreiecke, rechtwinklig, aus Holz | Gummibänder oder Schnur | Bügeleisen

Anleitung

› Den Stoff zickzackartig in Längsrichtung bügeln.
› Ein Holzdreieck auf den Stoff legen und diesen nun in Querrichtung im Zickzack falten (Abb. 1 – 4).
› Ist der Stoff vollständig gefaltet, das zweite Holzdreieck abschließend auf das Stoffpaket legen (Abb. 5).
› Die Hölzer mit Gummibändern befestigen (Abb. 6 – 8).
Alternativ kann auch Schnur genommen werden.

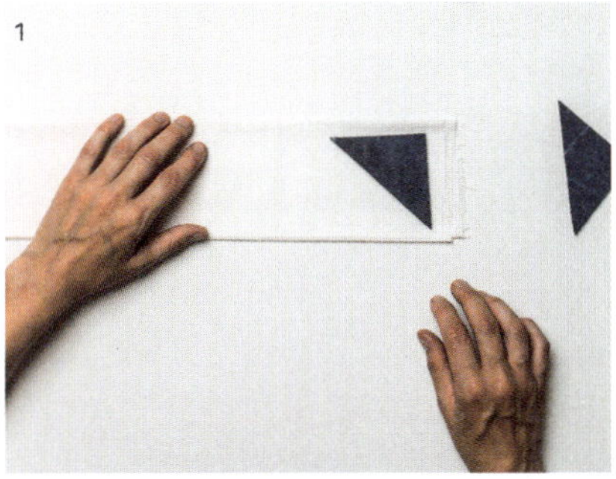
1

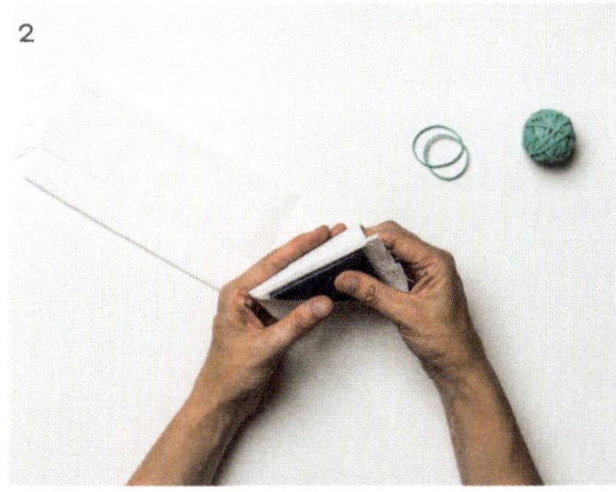
2

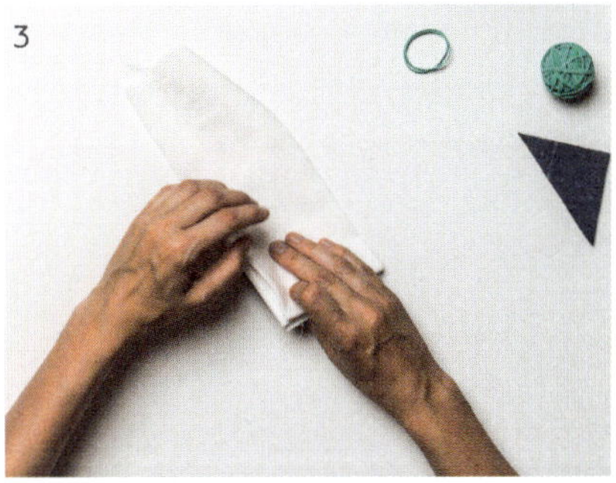
3

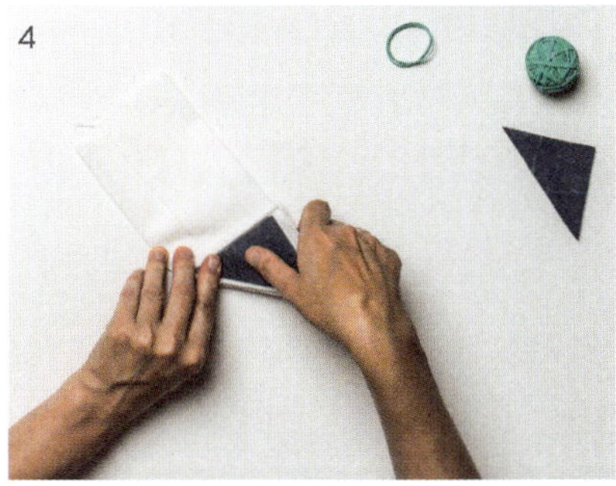
4

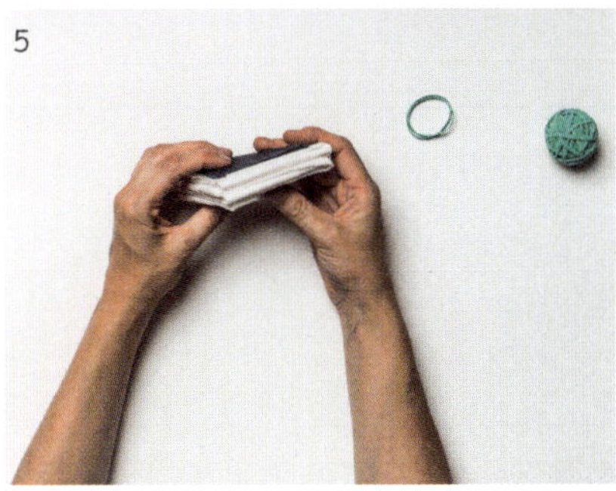
5

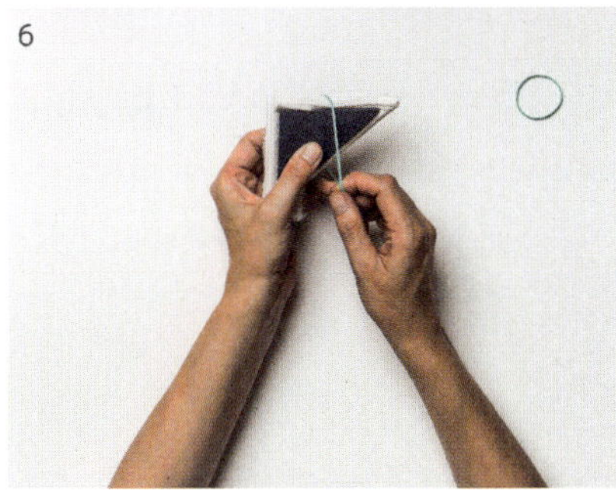
6

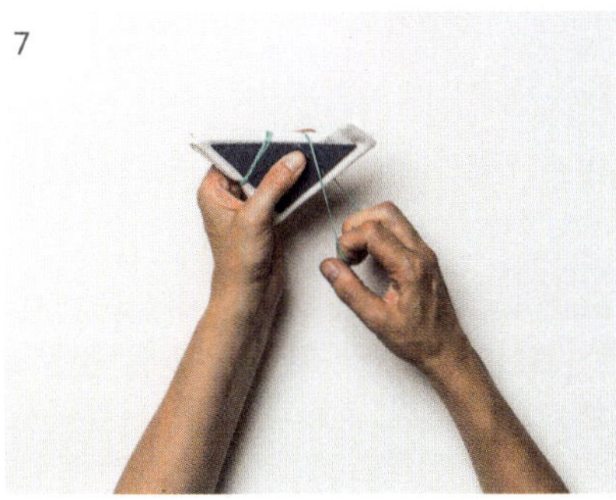
7

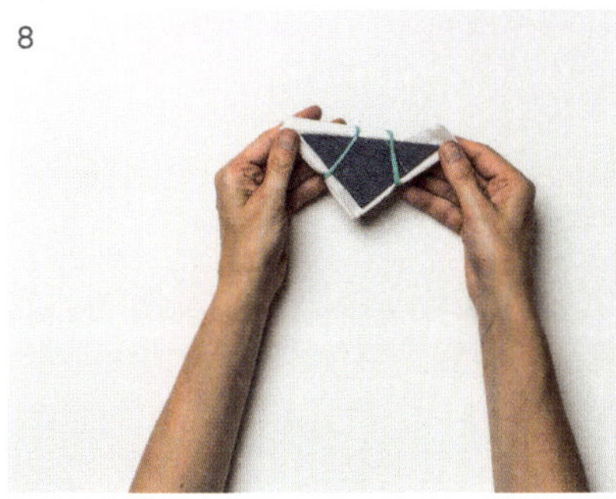
8

Projekt Bettwäsche

In diesem Projekt wird eine fertige Bettgarnitur eingefärbt.
Der Stoff sollte aus reiner Baumwolle sein.
Die Größe der Quadrate können variieren – für die Kissen kleiner, für die Decke größer.

Tipp
Wer die Bettwäsche zusätzlich noch etwas «aufwerten» möchte, kann die Bezüge auch selbst nähen und farbig kontrastierende Reißverschlüsse verwenden.

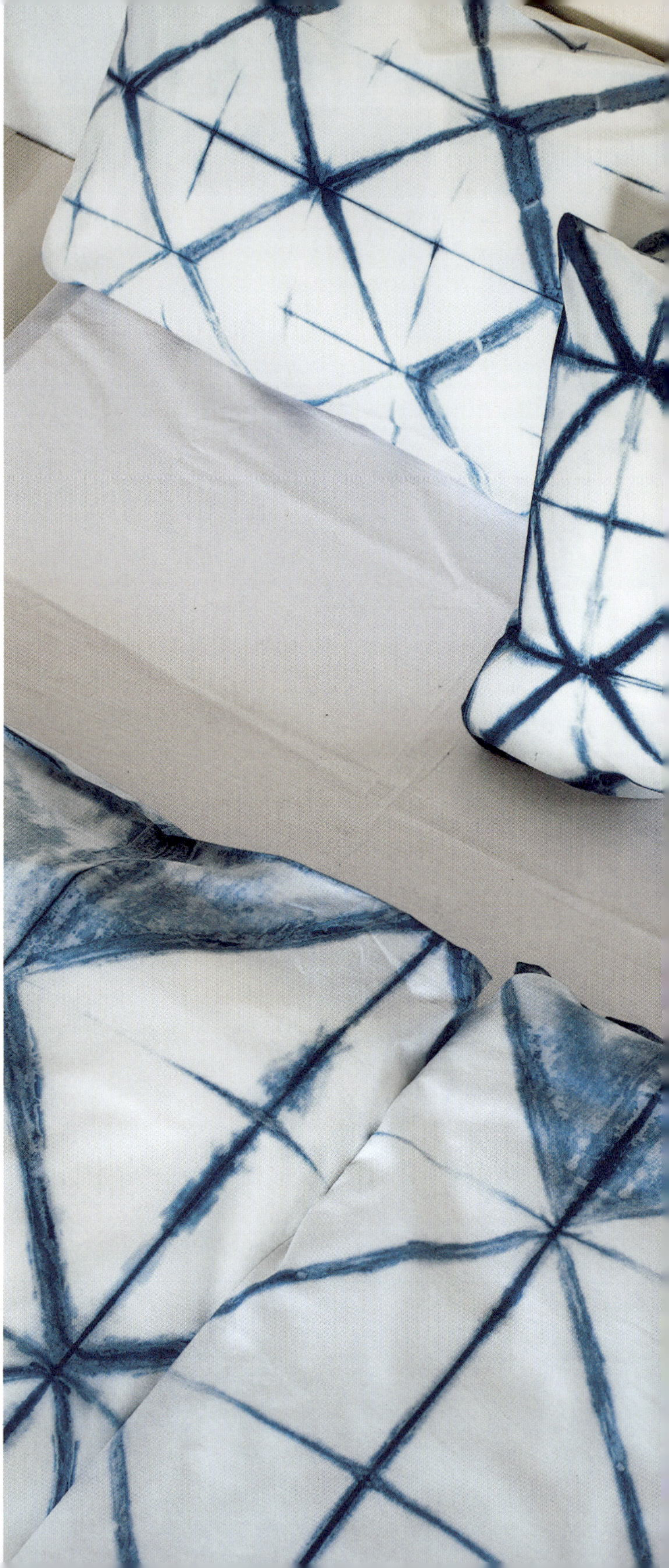

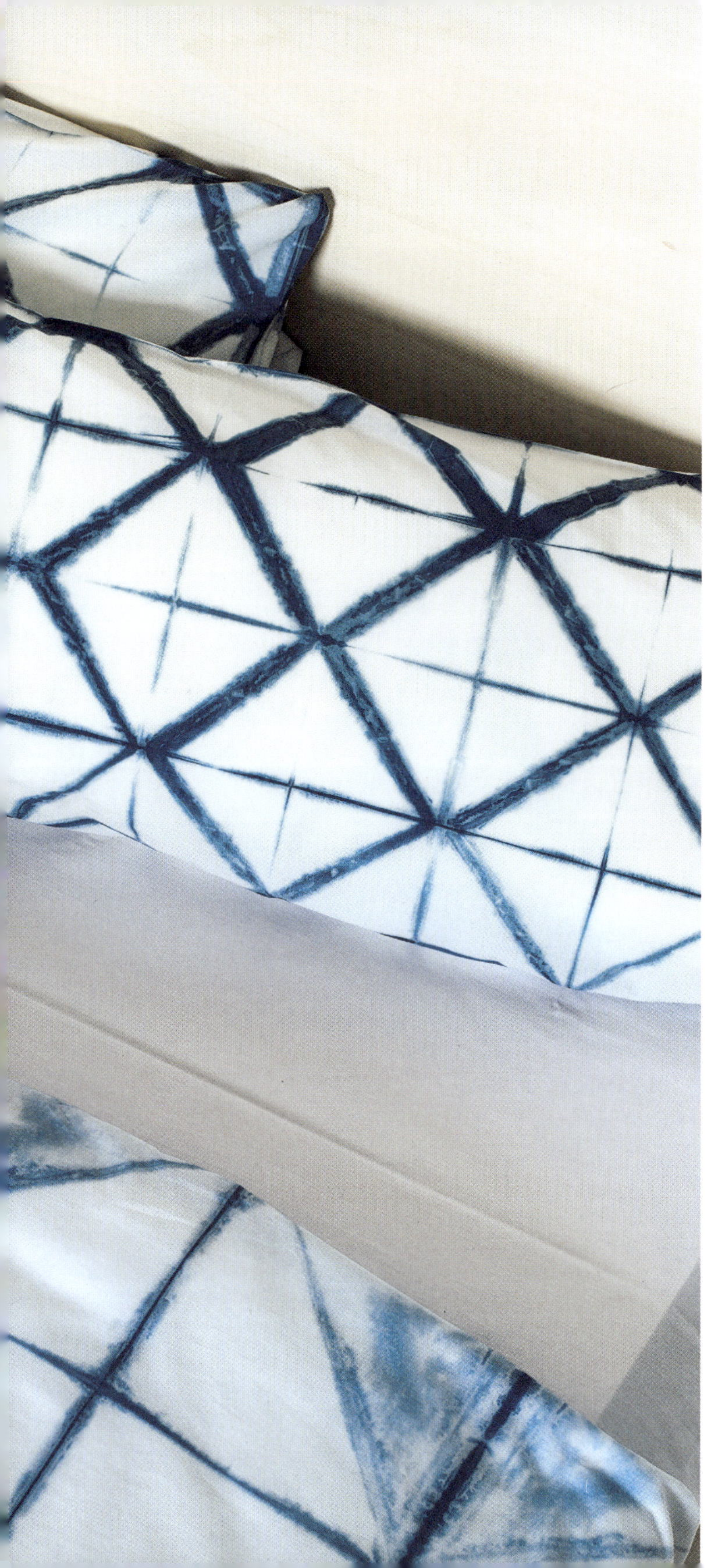

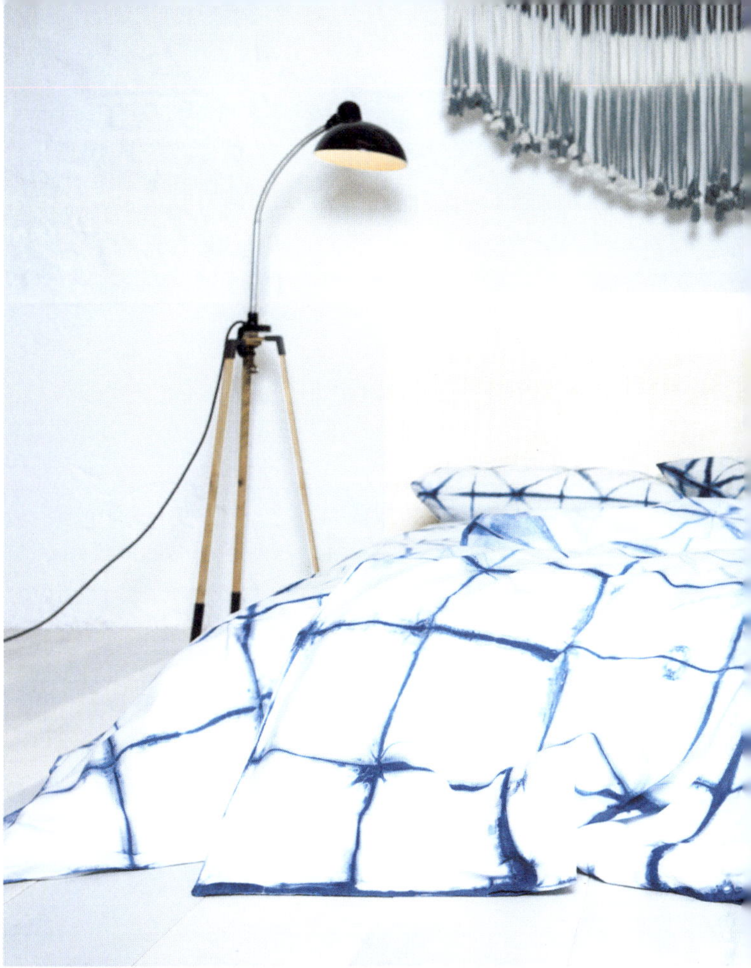

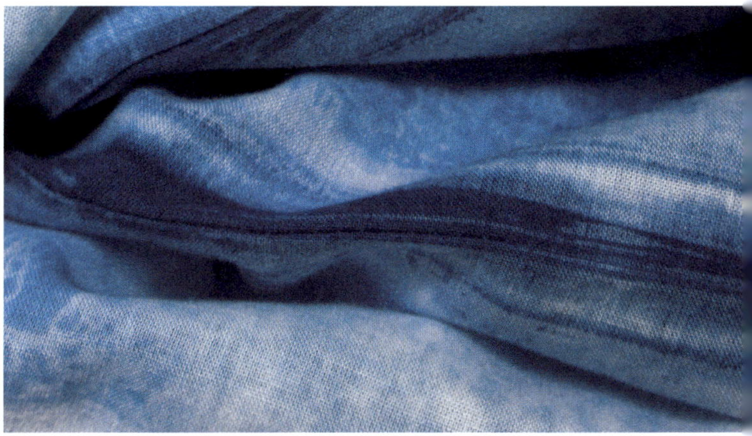

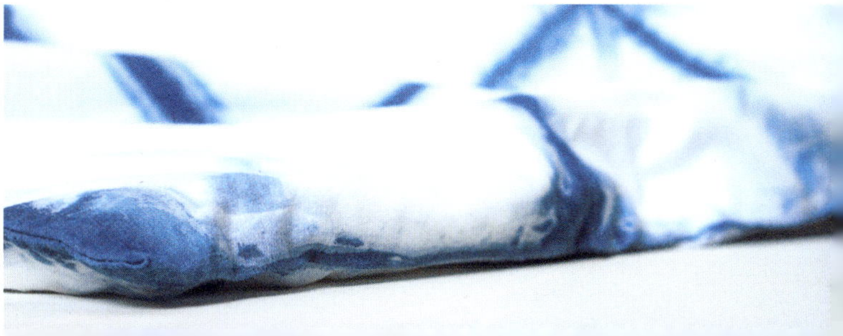

Projekt Sofakissen

Größe
ca. 50 x 50 cm

Material
Baumwolle, schwer, Shibori, 52 x 52 cm | Baumwolle, schwer, 52 x 52 cm | Reißverschluss, Länge 45 cm | Innenkissen

Schnittvorlage auf Seite 140

Anleitung

- Den Stoff nach der Schnittvorlage zuschneiden.
- Alle Stoffkanten mit der Overlock-Nähmaschine, alternativ mit dem Zickzackstich der Nähmaschine, versäubern.
- Den Stoff rechts auf rechts legen und die Reißverschlussöffnung markieren. Die Bereiche links und rechts der Öffnung absteppen (siehe Abb. 1 auf S. 140).
- Die Nähte sowie die Öffnung von links aufbügeln.
- Den Stoff mit rechts nach oben legen und den Reißverschluss von unten in die Öffnung positionieren. Mit einem Reißverschlussfuß von rechts nah am Reißverschluss entlang nähen (siehe Abb. 2 auf S. 140).
- Den Reißverschluss öffnen, Vorder- und Rückteil rechts auf rechts legen und absteppen (siehe Abb. 3 auf S. 140).
- Durch den offenen Reißverschluss auf rechts drehen und bügeln.

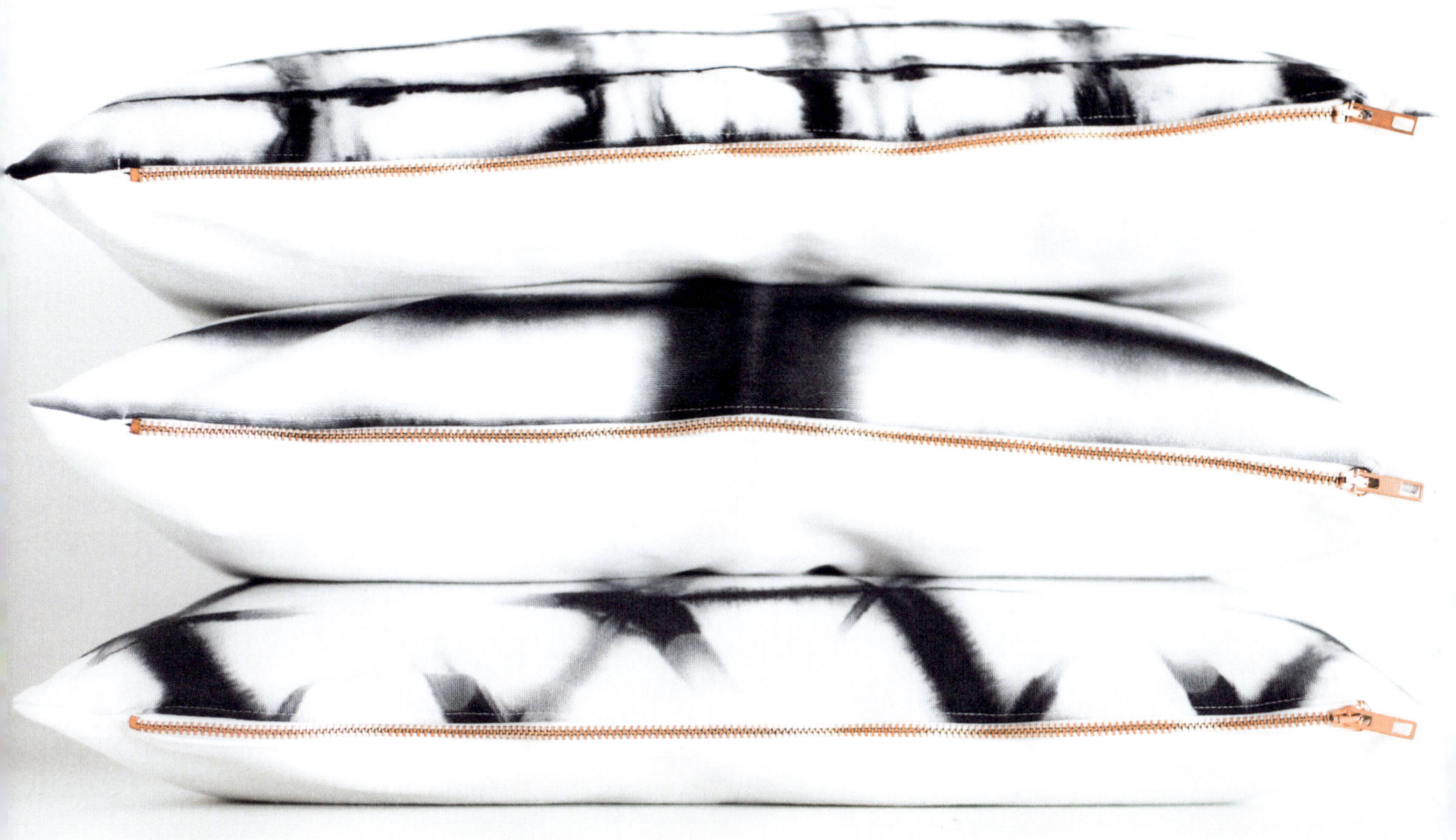

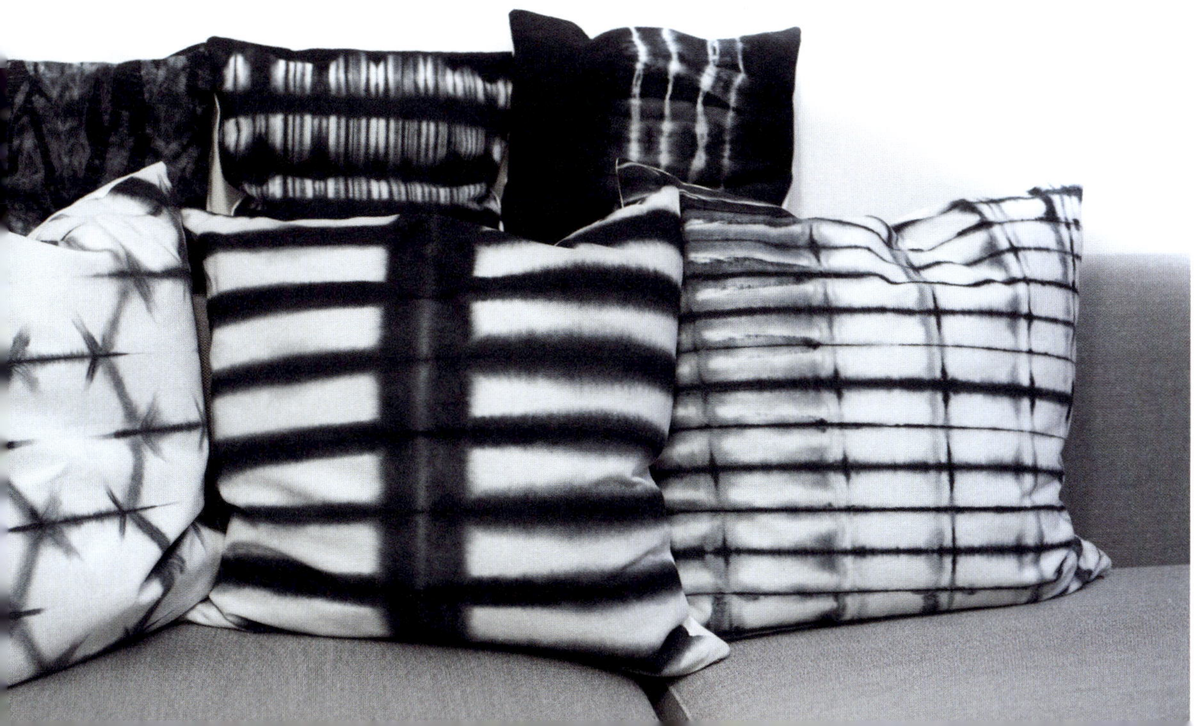

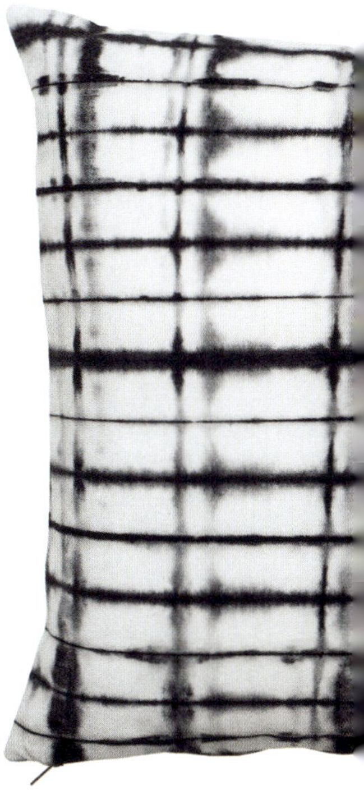

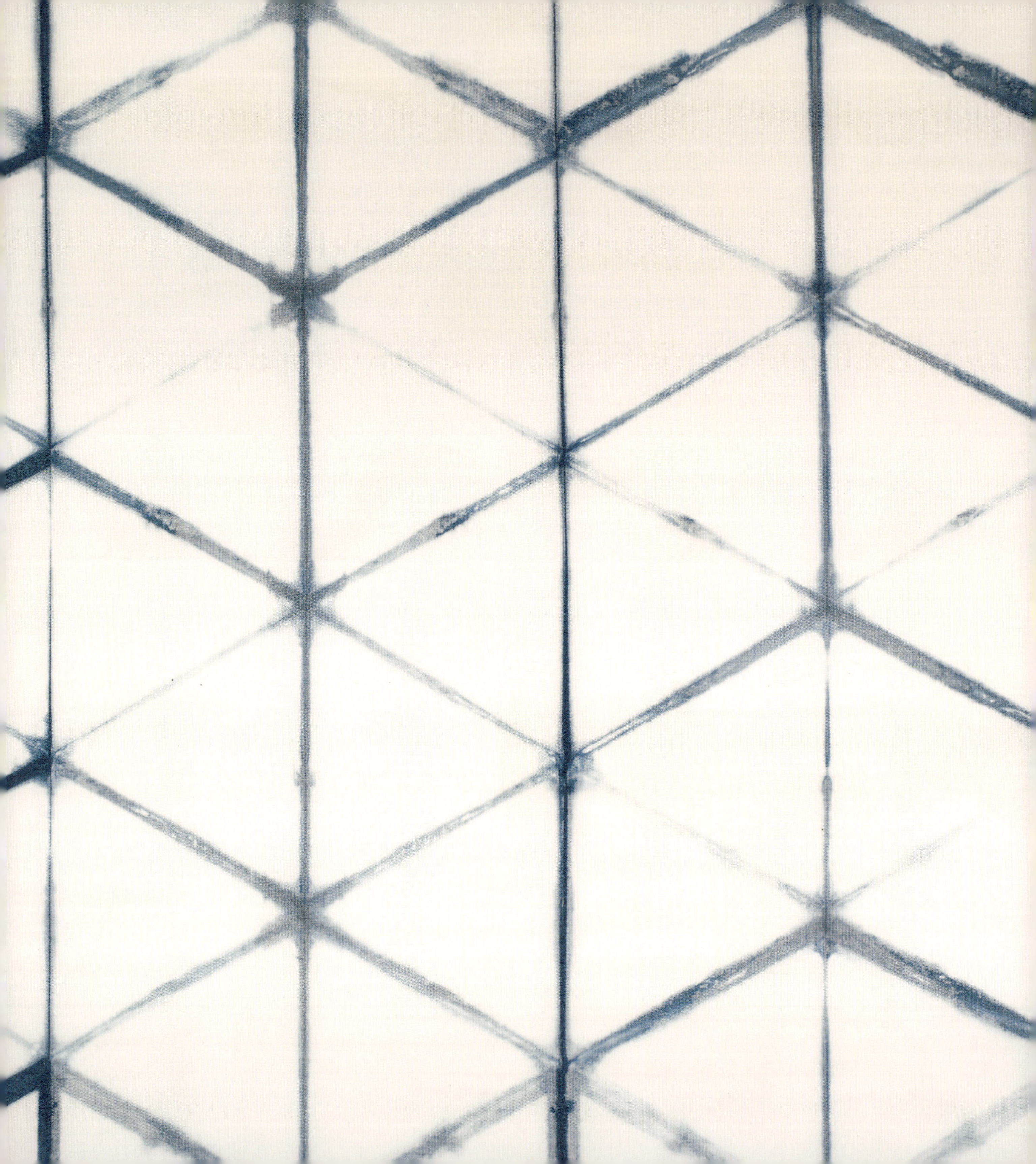

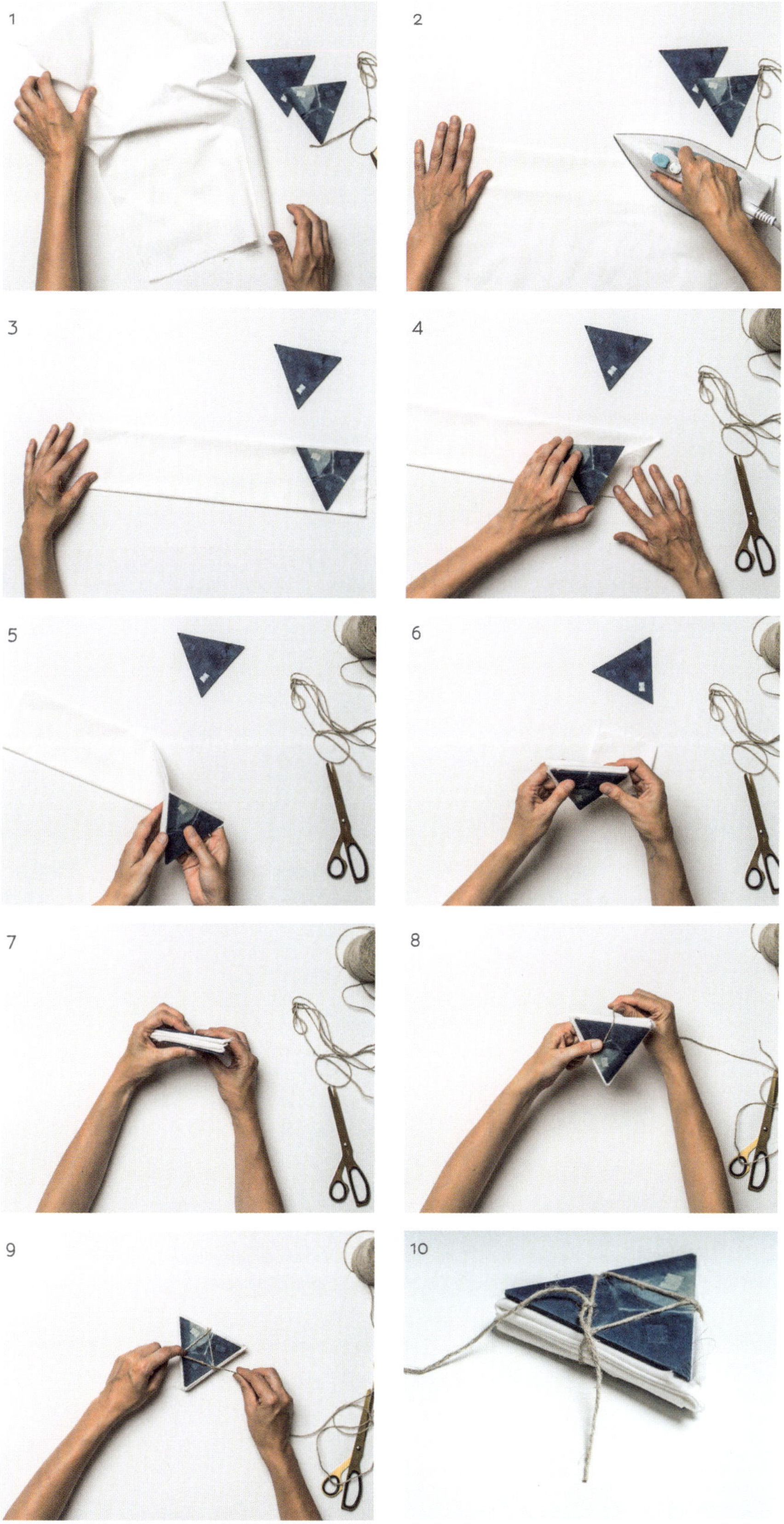

kikko shibori

Schildkrötenpanzer

Material
Leichte Baumwolle | 2 Dreiecke, gleichseitig, Holz | Schnur | Bügeleisen

Anleitung

- Den Stoff zickzackartig in Längsrichtung bügeln (Abb. 2).
- Ein Holzdreieck auf den Stoff legen und diesen nun in Querrichtung im Zickzack falten (Abb. 3 – 5).
- Ist der Stoff vollständig gefaltet (Abb. 6), das zweite Holzdreieck abschließend auf das Stoffpaket legen (Abb. 7).
- Die Hölzer mit der Schnur umwickeln und diese fest verknoten (Abb. 8 – 10).

sekka shibori

Sterne

1

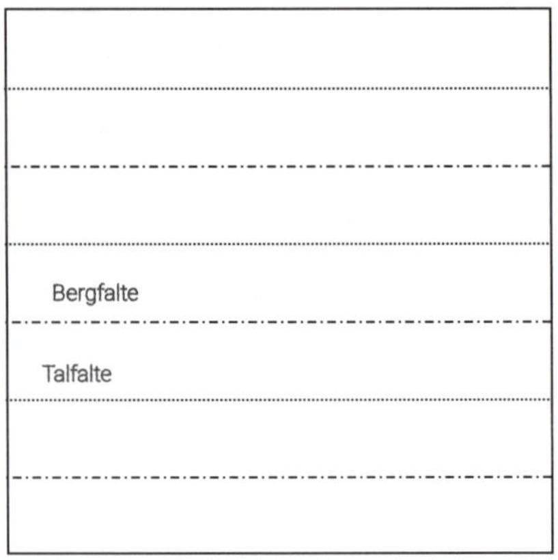

2

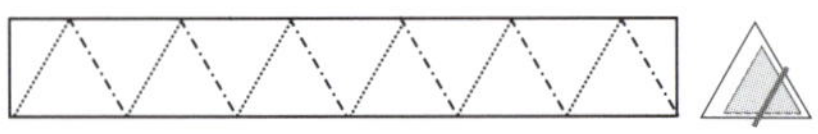

3

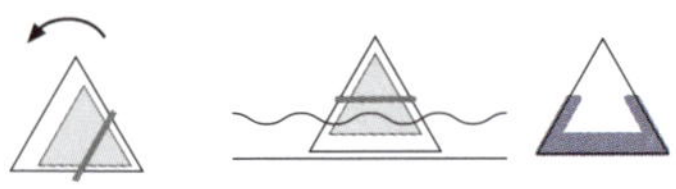

4

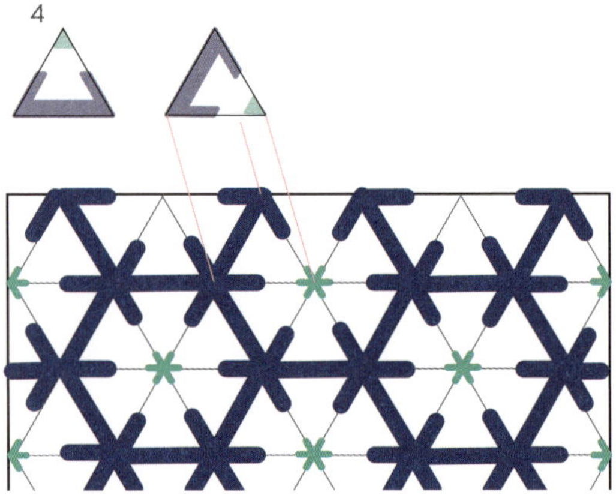

Material

Leichte Baumwolle | 2 Dreiecke, gleichseitig, aus Holz | Schnur | Bügeleisen | flache Schale zum Färben

Anleitung

- Der Stoff wird wie bei *kikko shibori* – Schildkrötenpanzer gefaltet (Abb. S. 110). Die Holzdreiecke versetzt nach rechts unten befestigen (Zeichnung 1 + 2), also nicht komplett einschnüren.
- Das Stoffpaket um 60° nach links drehen (Zeichnung 3).
- Das Färbebad in eine flache Schüssel geben und das gewässerte Stoffpaket hineinstellen. Die Spitze schaut raus. Ab und zu bewegen (Zeichnung 3).

Variante: Auf die Spitze des Dreiecks eine andere Farben geben (Zeichnung 4).

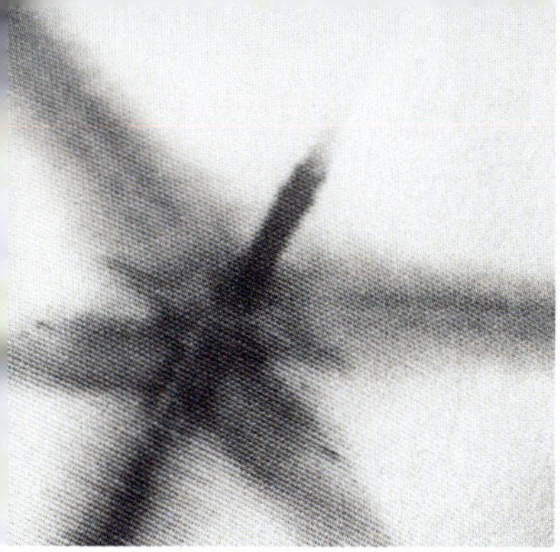

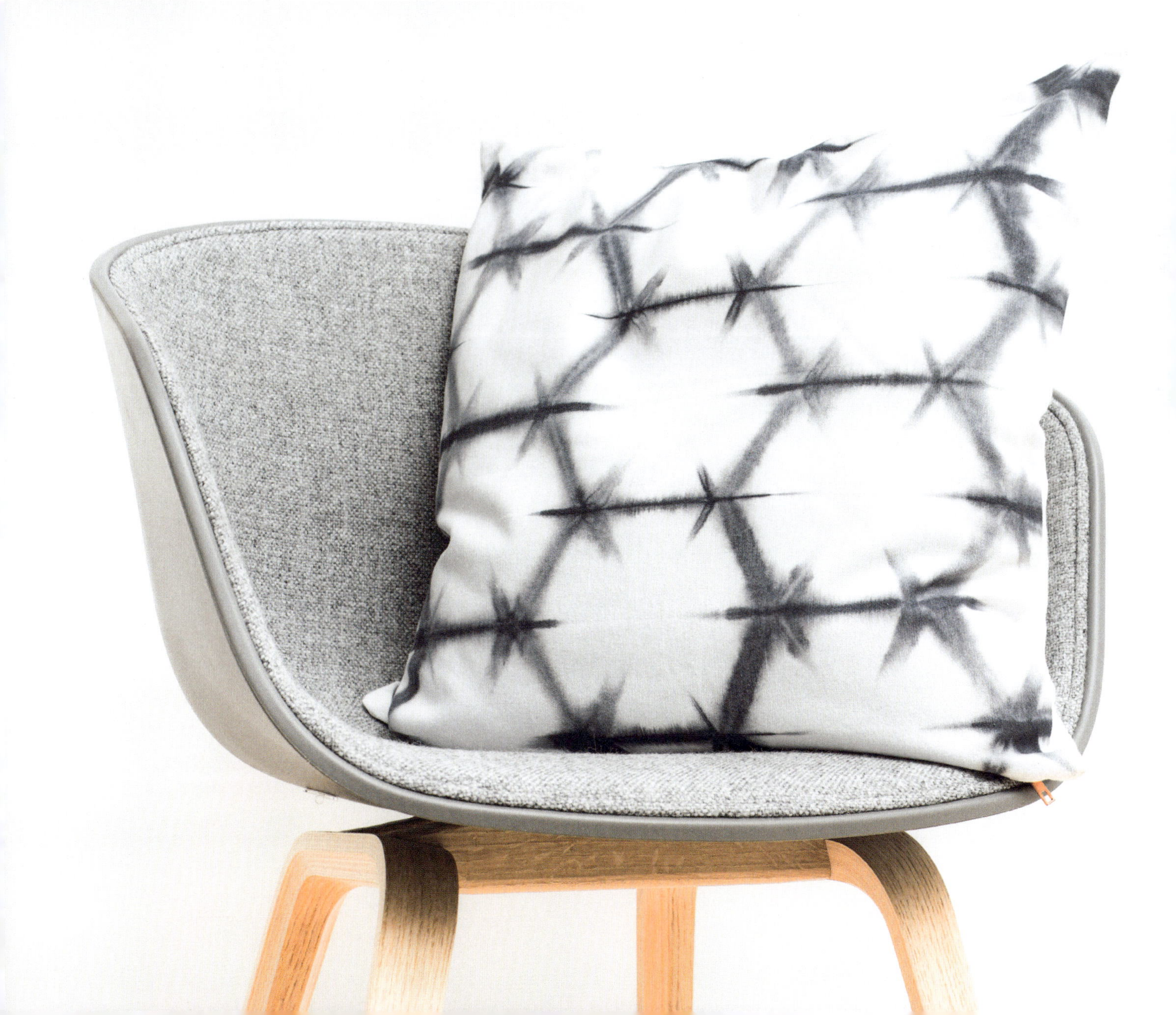

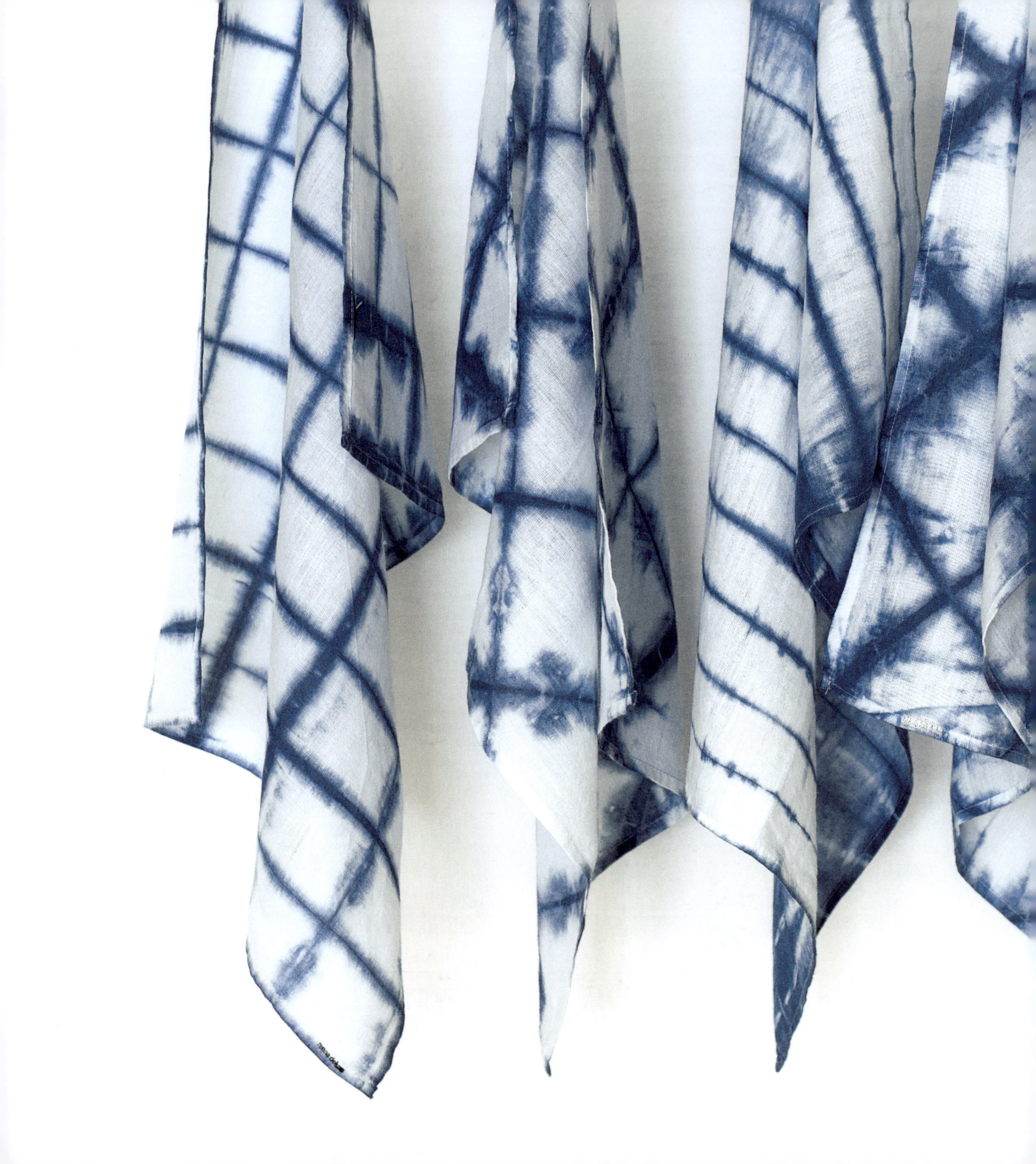

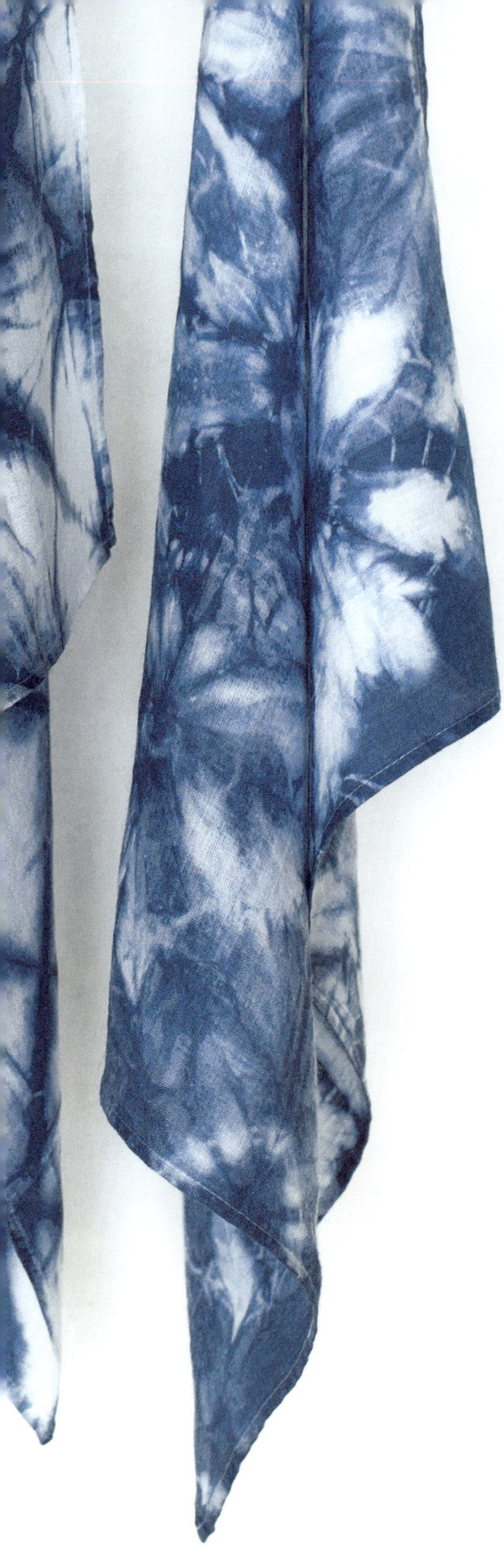

Projekt Geschirrtücher

Im Handel gibt es Geschirrtücher aus 100 % Leinen oder Baumwoll-/Leinen-Mischungen. Beide Faserqualitäten eignen sich hervorragend sowohl zum Färben als auch zum Abtrocknen.
Sie lassen sich natürlich auch aus dem passenden Stoff selbst nähen.

Tipp
Geschirrtücher sind schnell zu färben und ein schönes Geschenk. Besonders wenn man ein Sortiment aus verschiedenen Mustern zusammenstellt.

Technik:
Falt- & Abbindereservierung

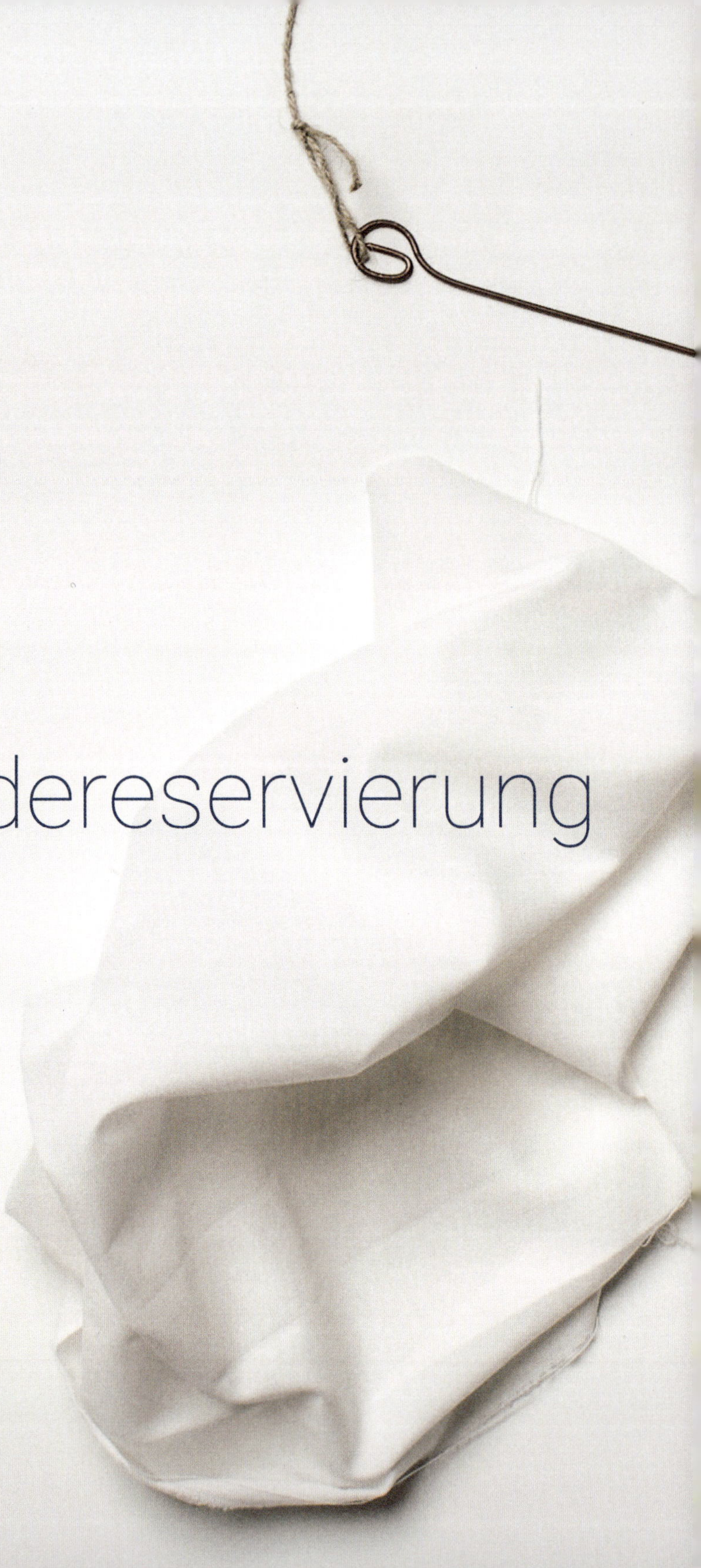

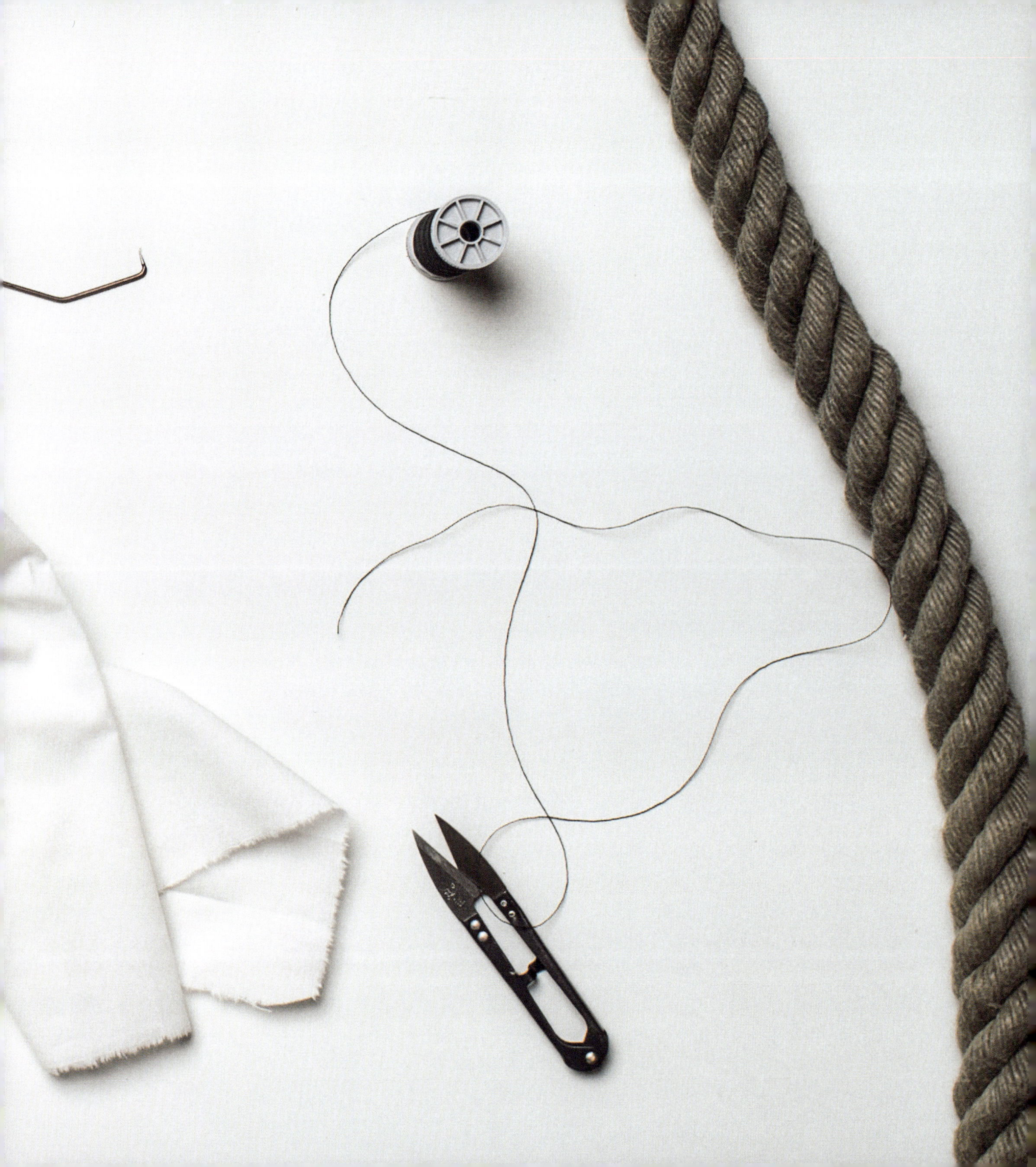

sutoraipu shibori

Streifen

Material:
Leichte Baumwolle | Schnur | Bügeleisen

Anleitung

- Den Stoff in schmaler Faltung zickzackartig in Längsrichtung bügeln (Abb. 1 – 4).
- Den Stoffstrang aufrollen (Abb. 5 – 8) und mit einer Schnur zusammenbinden (Abb. 9 + 10).
- Die Schnur fest verknoten und abschneiden.

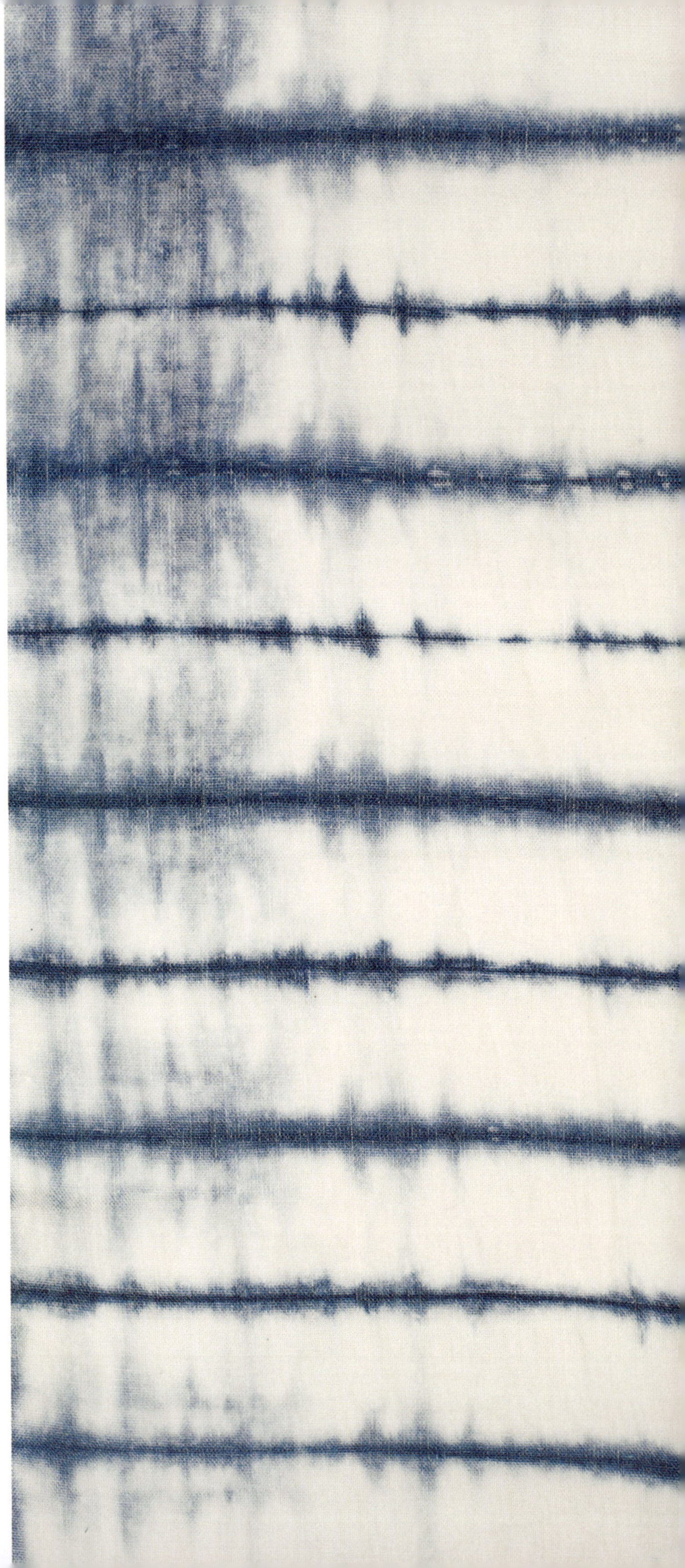

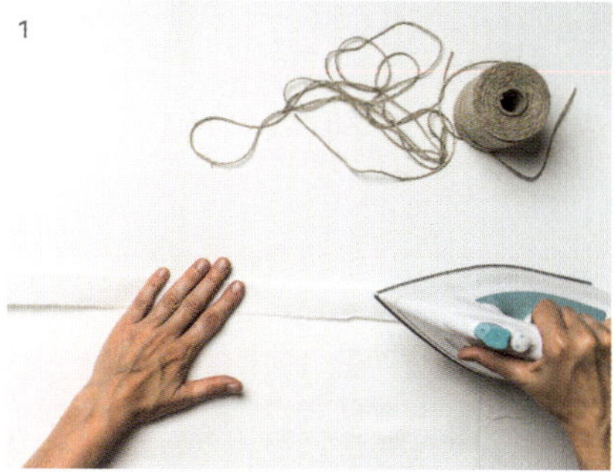
1

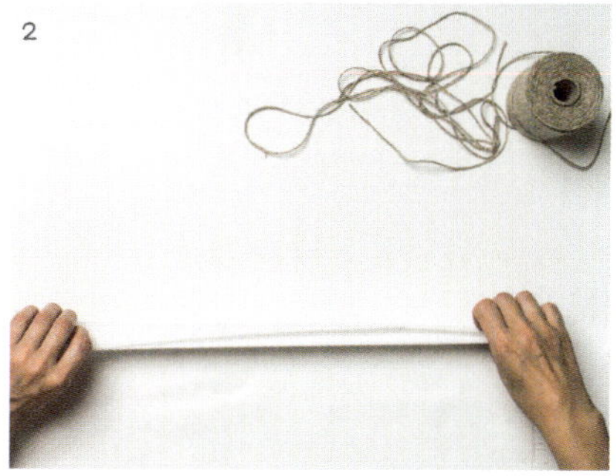
2

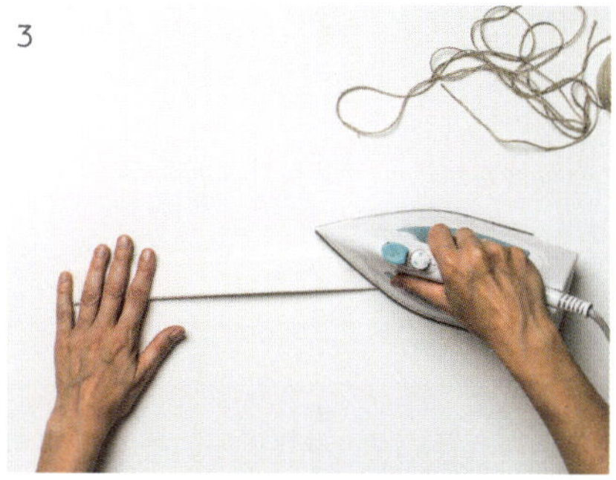
3

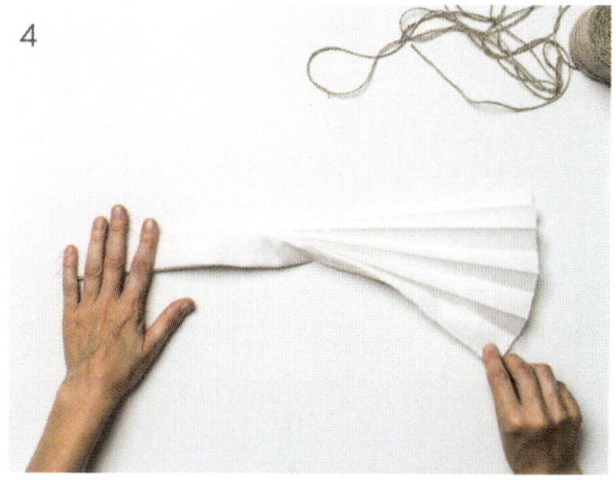
4

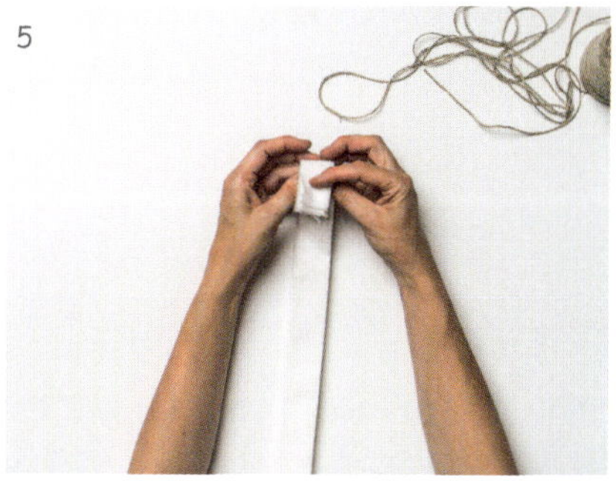
5

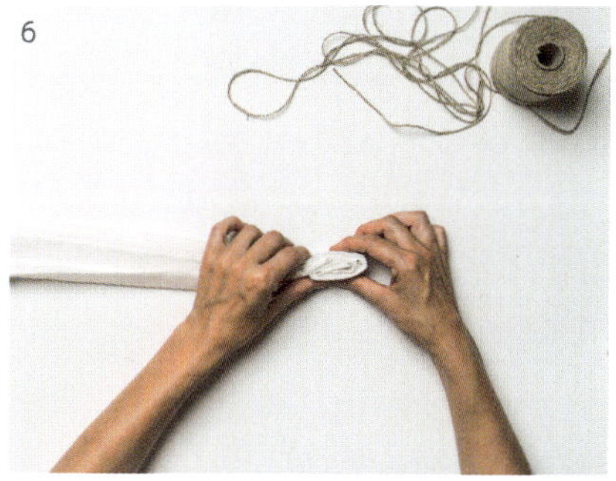
6

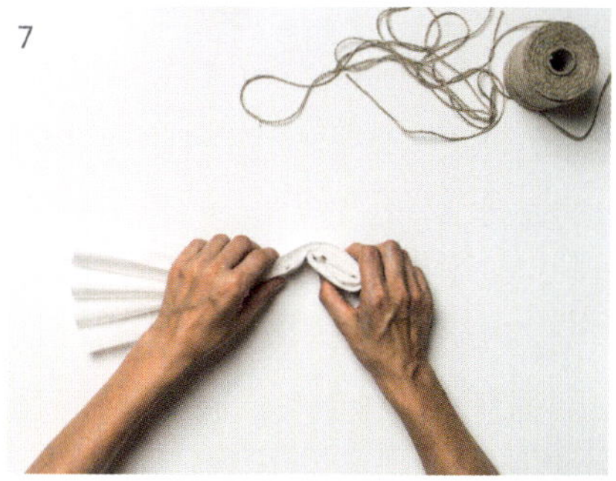
7

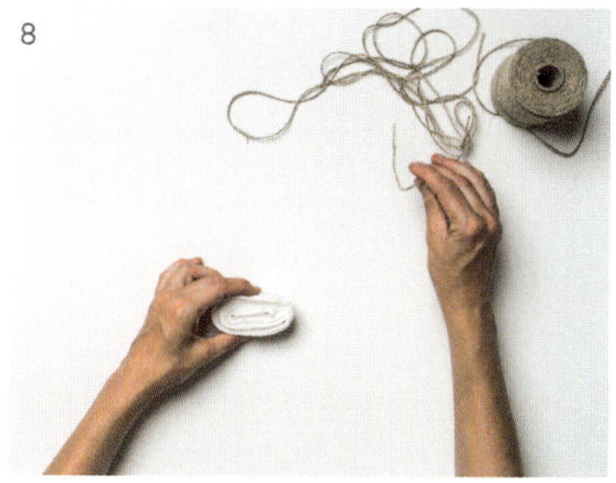
8

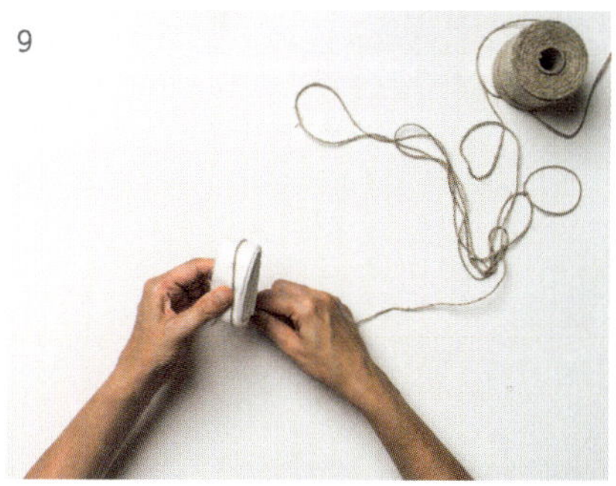
9

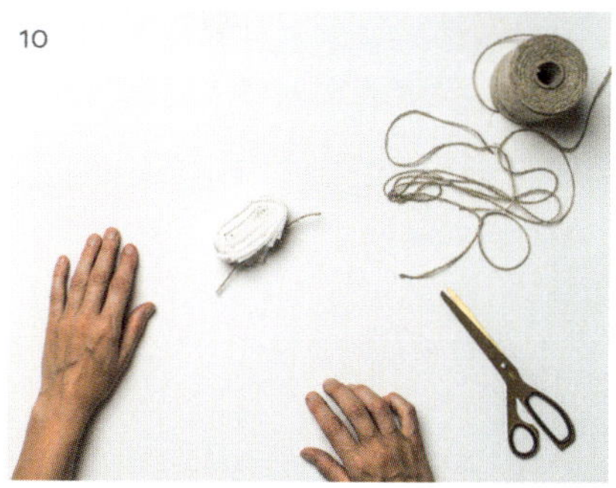
10

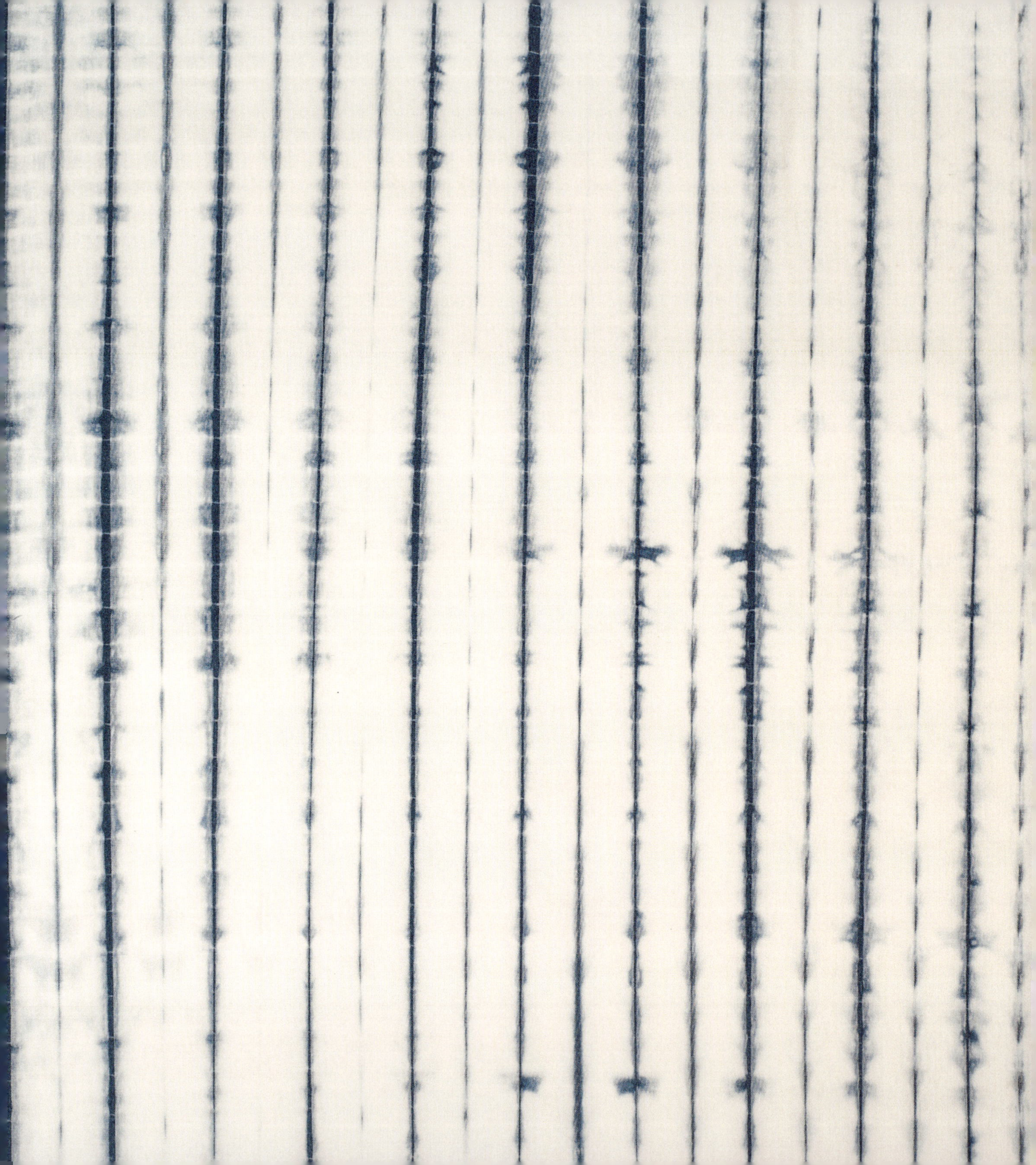

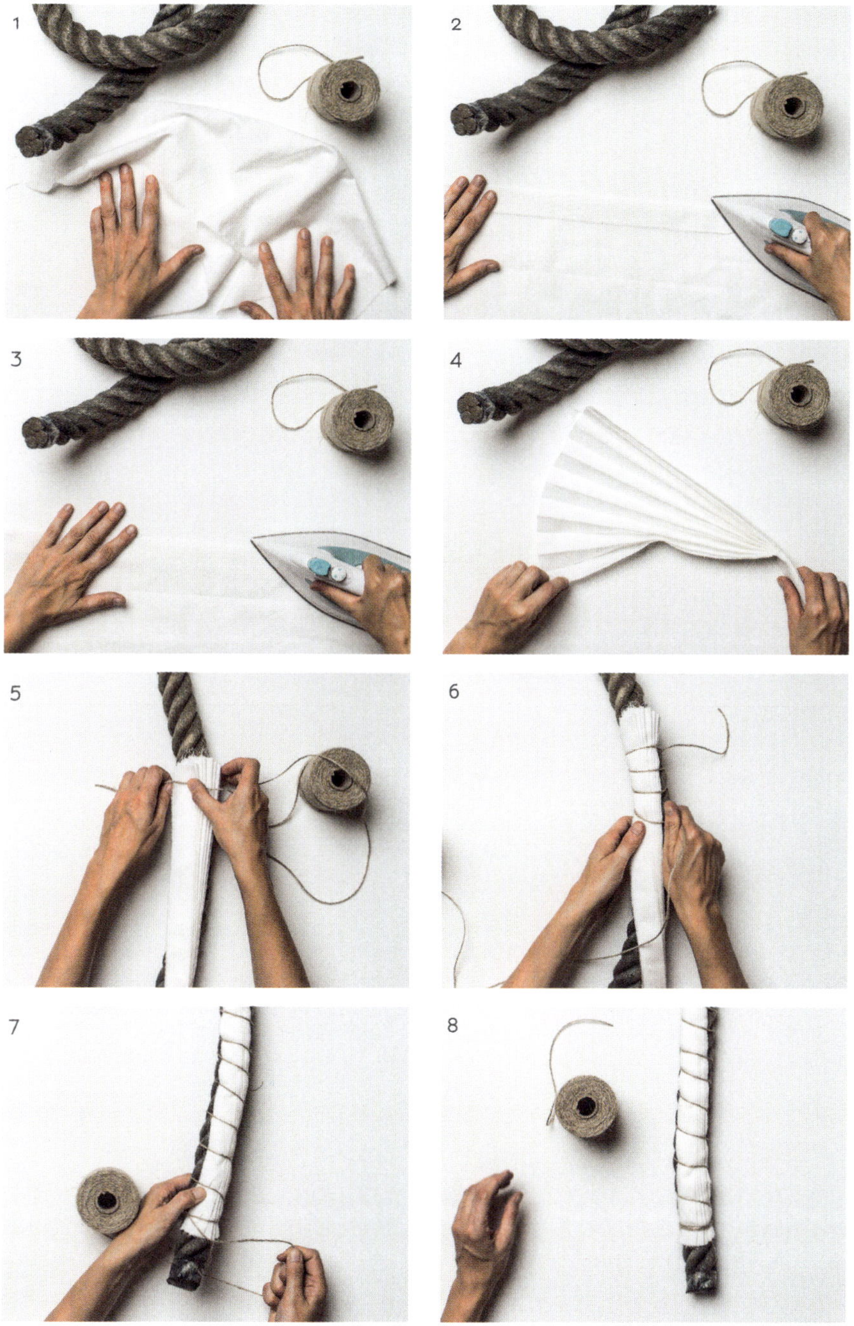

tesuji shibori

Linien

Material
Leichte Baumwolle | Schnur | Seil | Bügeleisen

Anleitung

- Den Stoff in schmaler Faltung zickzackartig in Längsrichtung bügeln (Abb. 2 – 4).
- Den Stoffstrang auf ein Seil legen, festbinden und am Seil entlang umwickeln (Abb. 5 – 8).
- Das Garn fest verknoten und abschneiden.

Das Streifenmuster variiert je nach Dicke des Seils und des Garns. Die Umwicklung kann gleichmäßig, unregelmäßig oder in rhythmischen Abständen erfolgen.

Projekt Shopper

Größe
ca. 45 x 52 x 9 cm

Material
Baumwolle, schwer, Shibori, 2-mal 47 x 54 cm | Baumwolle, schwer, Shibori, 2-mal 47 x 15 cm | Bügelvlies h250, 2-mal 47 x 15 cm | leichte Baumwolle, 2-mal 47 x 41 cm | Lederriemen 2-mal 2 x 72 cm | wasserlöslicher Stoffmarkierstift | 4 Hohlnieten | Lochzange | Hammer | Schusterleim

Schnittvorlage auf Seite 141

Anleitung

- Den Stoff nach der Schnittvorlage zuschneiden.
- Sämtliche Kanten des Shibori-Stoffes mit der Overlock-Nähmaschine, alternativ mit dem Zickzackstich der Nähmaschine, versäubern.
- Zunächst den Innenrand vorbereiten: Hierfür das Bügelvlies von links auf die schmalen Shibori-Streifen bügeln.
- Den Innenstoff und den Innenrand rechts auf rechts legen und am oberen Rand absteppen. Die Naht auseinanderbügeln (siehe Abb. 1 auf S. 141).
- Das Außenteil und das Innenteil rechts auf rechts legen und am oberen Rand absteppen (siehe Abb. 2 auf S. 141).
- Nun zuerst die Seitenteile und anschließend den Boden rechts auf rechts zusammensteppen. Im Boden des Innenteils eine Wendeöffnung belassen.
- An den Taschenecken die Taschentiefe von 5 x 5 cm abschneiden (siehe Abb. 3 auf S. 141), auseinanderziehen, aufeinanderlegen und absteppen (siehe Abb. 4 auf S. 141).
- Die Tasche auf rechts wenden und bügeln.
- Die Wendeöffnung im Innenteil von rechts vernähen.
- Den Riemen auf dem Taschenrand positionieren und markieren (siehe Abb. 5 auf S. 141).
- Mit der Lochzange das Leder und den Stoff lochen.
- Den Stoff und die Enden der Lederriemen, die auf die Tasche genietet werden, mit Schusterleim festkleben.
- Die Hohlnieten mit dem Hammer durch Leder und Stoff schlagen.

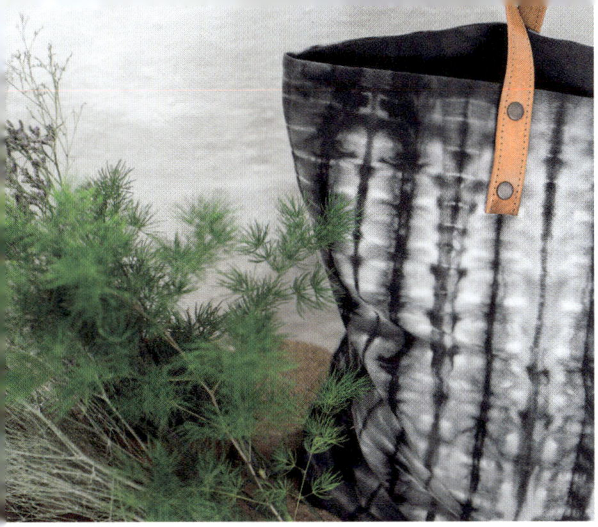

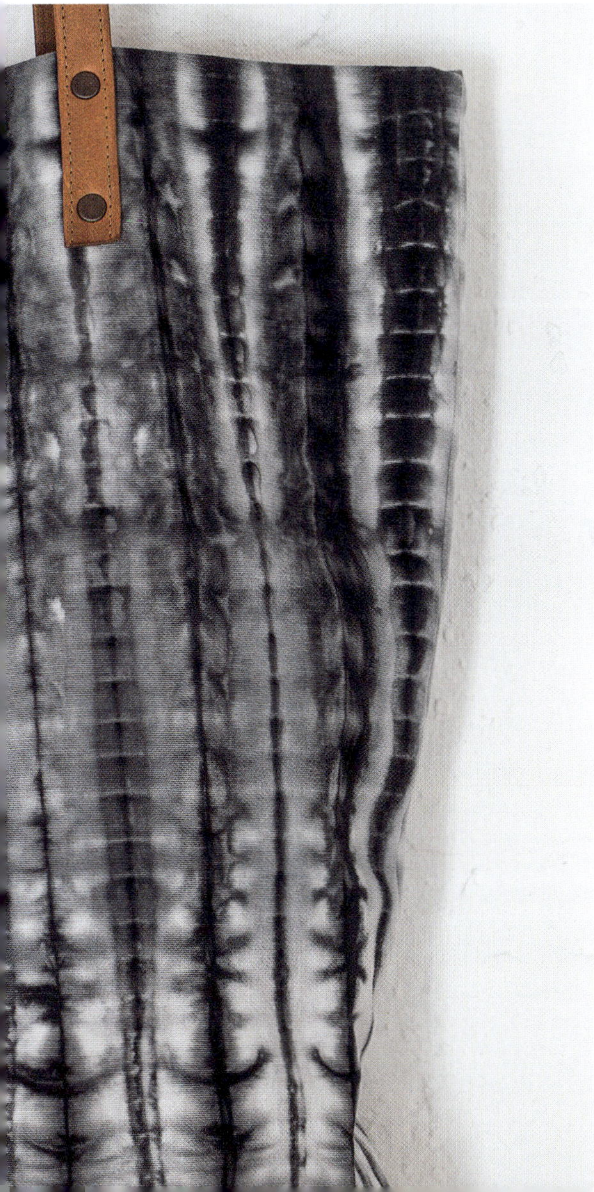

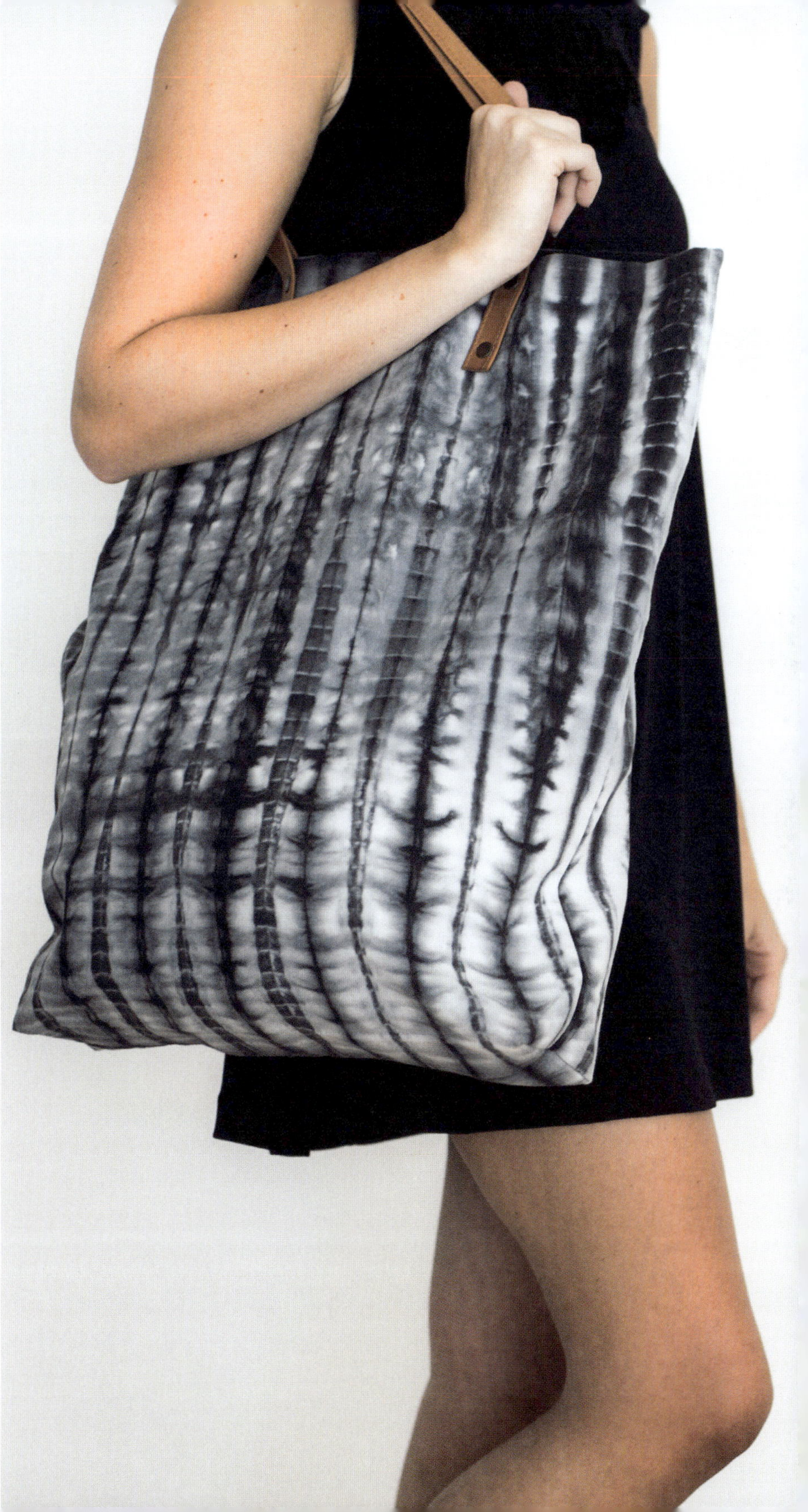

tazuna shibori

Streifen & Bänder

Material
Leichte Baumwolle | Schnur | Seil | Bügeleisen

Anleitung

- Den Stoff in schmaler Faltung zickzackartig in Längsrichtung bügeln (Abb. 2 – 4).
- Den Stoffstrang auf ein Seil legen, festbinden und nur stellenweise umwickeln (Abb. 5 – 9).
- Die lockeren Stoffpartien auffächern, sodass im Färbebad die Pigmente den Stoff gut erreichen können (Abb. 10 – 12).

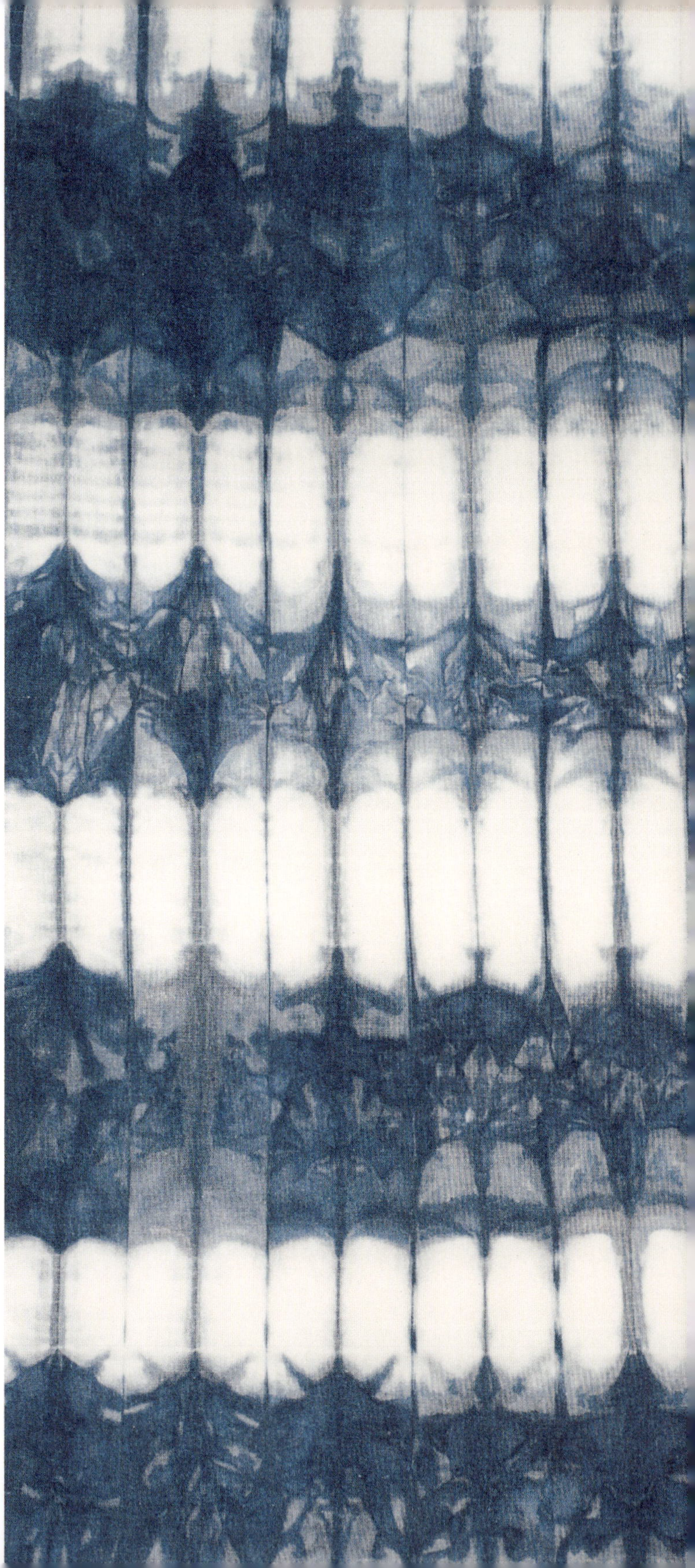

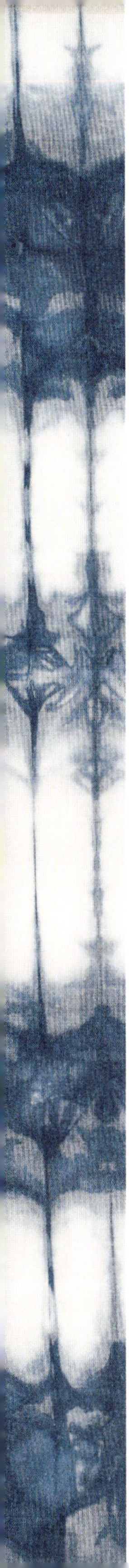

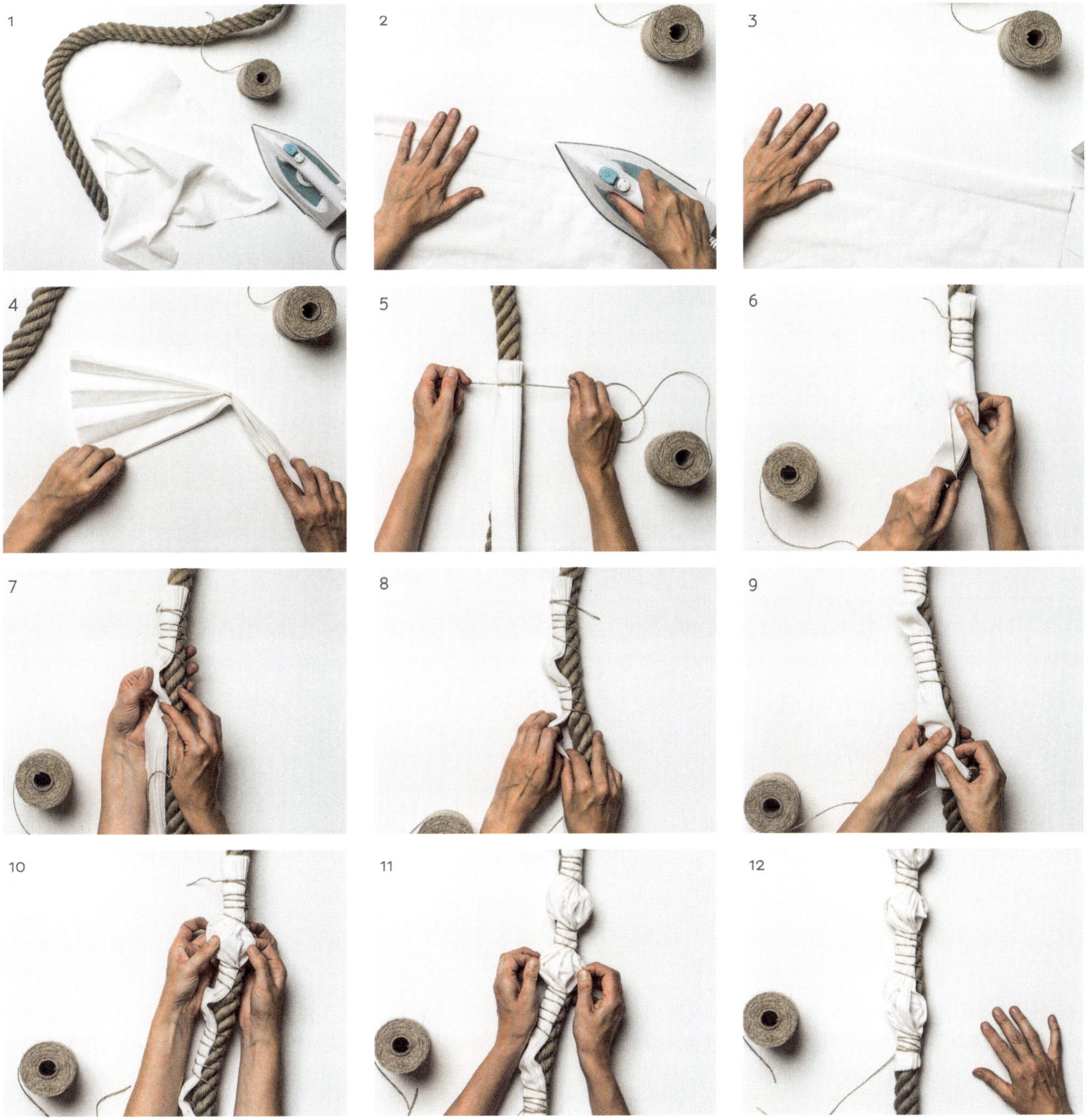
1
2
3
4
5
6
7
8
9
10
11
12

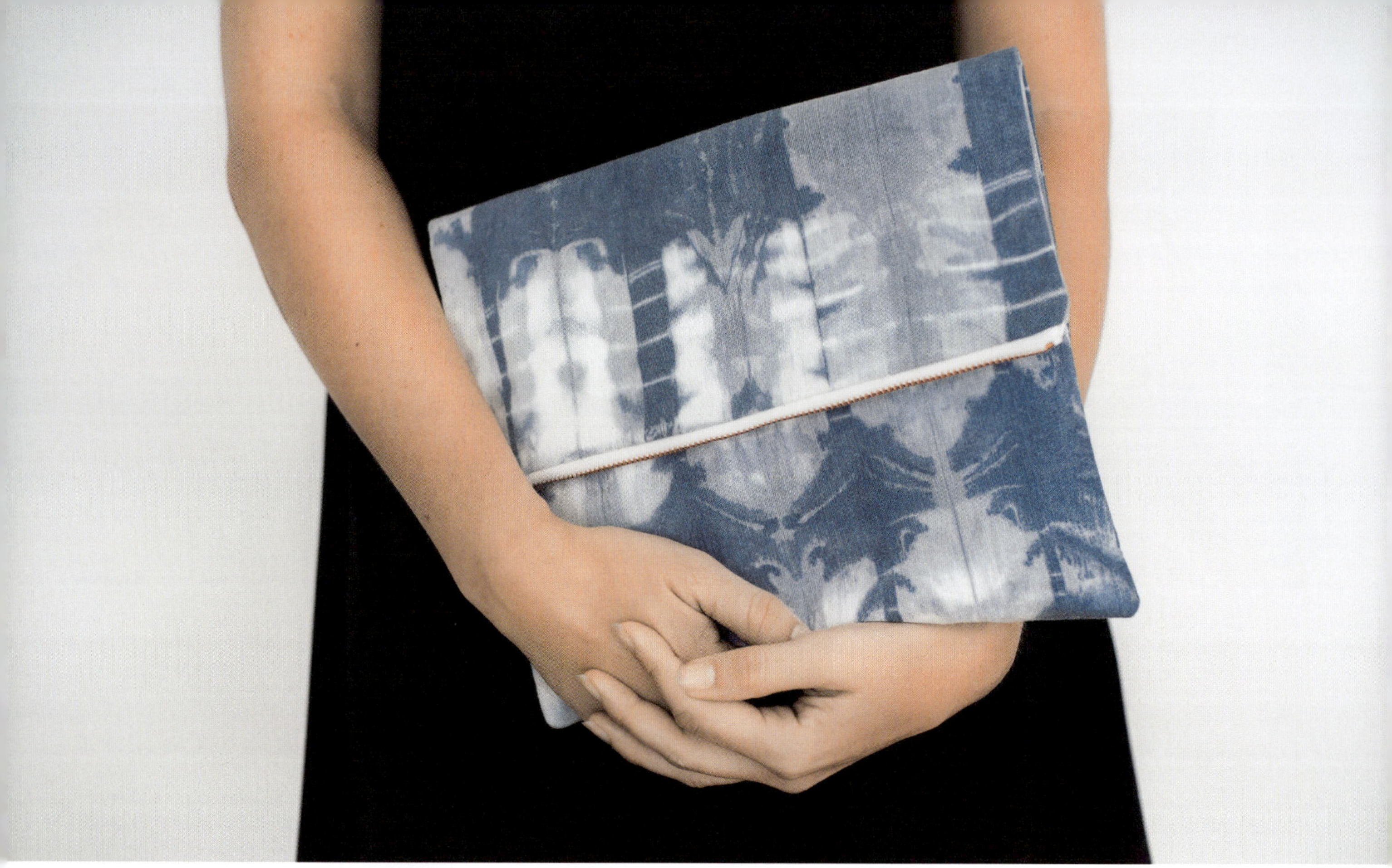

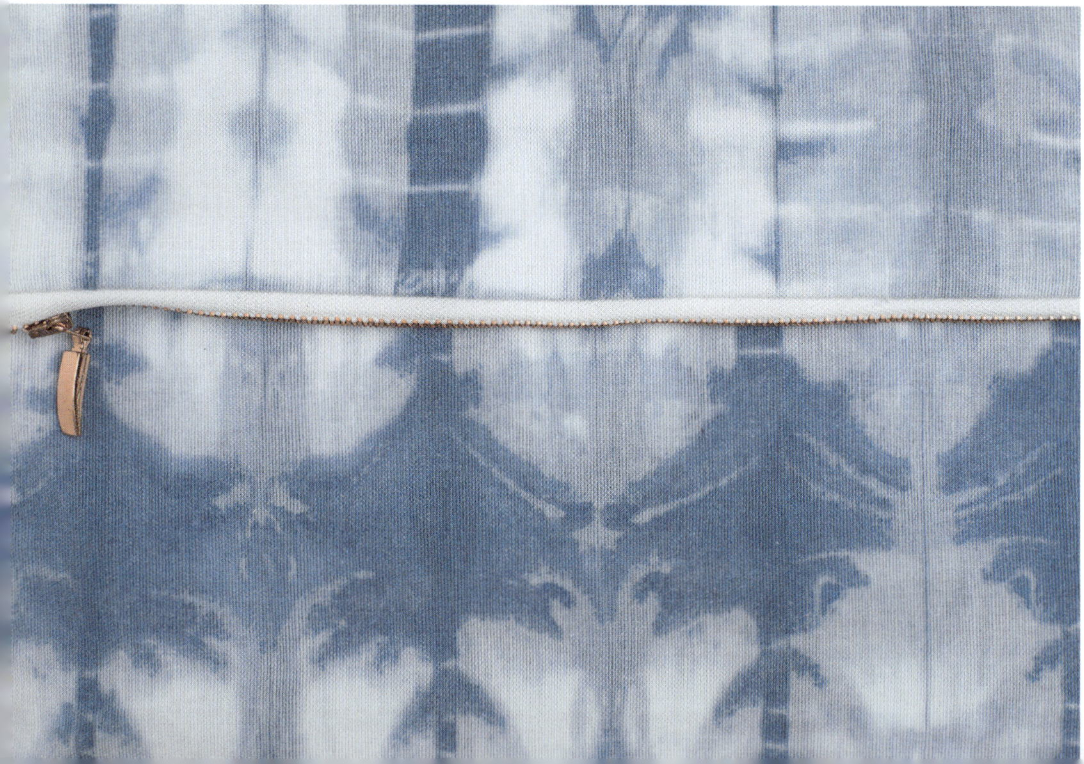

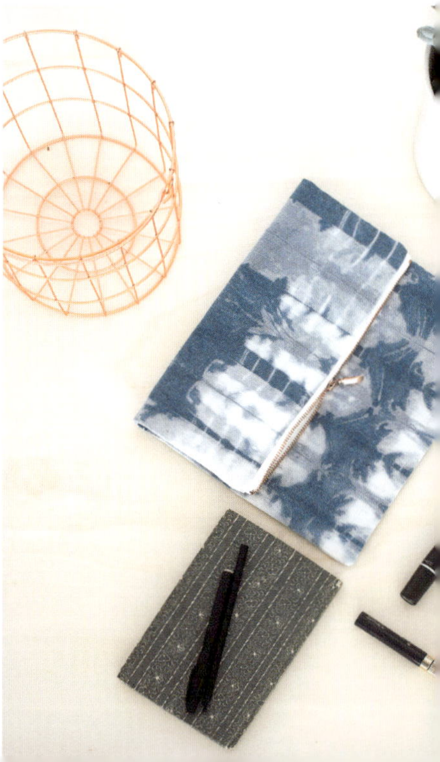

Projekt Clutch

Größe
ca. 26 x 38 cm

Material
Leichte Baumwolle, Shibori, 2-mal 28 x 40 cm | Bügelvlies h250, 2-mal 28 x 40 cm | leichte Baumwolle, 2-mal 28 x 40 cm | Reißverschluss, Länge 26 cm

Schnittvorlage auf Seite 140

Anleitung

› Den Stoff nach der Schnittvorlage zuschneiden.
› Das Bügelvlies von links auf den Shibori-Stoff bügeln.
› Den Reißverschluss rechts auf rechts auf den Shibori-Stoff legen, darüber das Innenteil platzieren und feststeppen (siehe Abb. 1 + 2 auf S. 140)
› Die zwei weiteren Taschenteile auf der gegenüberliegenden Seite des Reißverschlusses festnähen.
› Zunächst die Seitenteile und anschließend den Boden rechts auf rechts zusammensteppen. Im Boden des Innenteils eine Wendeöffnung belassen.
› Die Tasche auf rechts wenden und bügeln.
› Die Wendeöffnung im Innenteil von rechts vernähen.

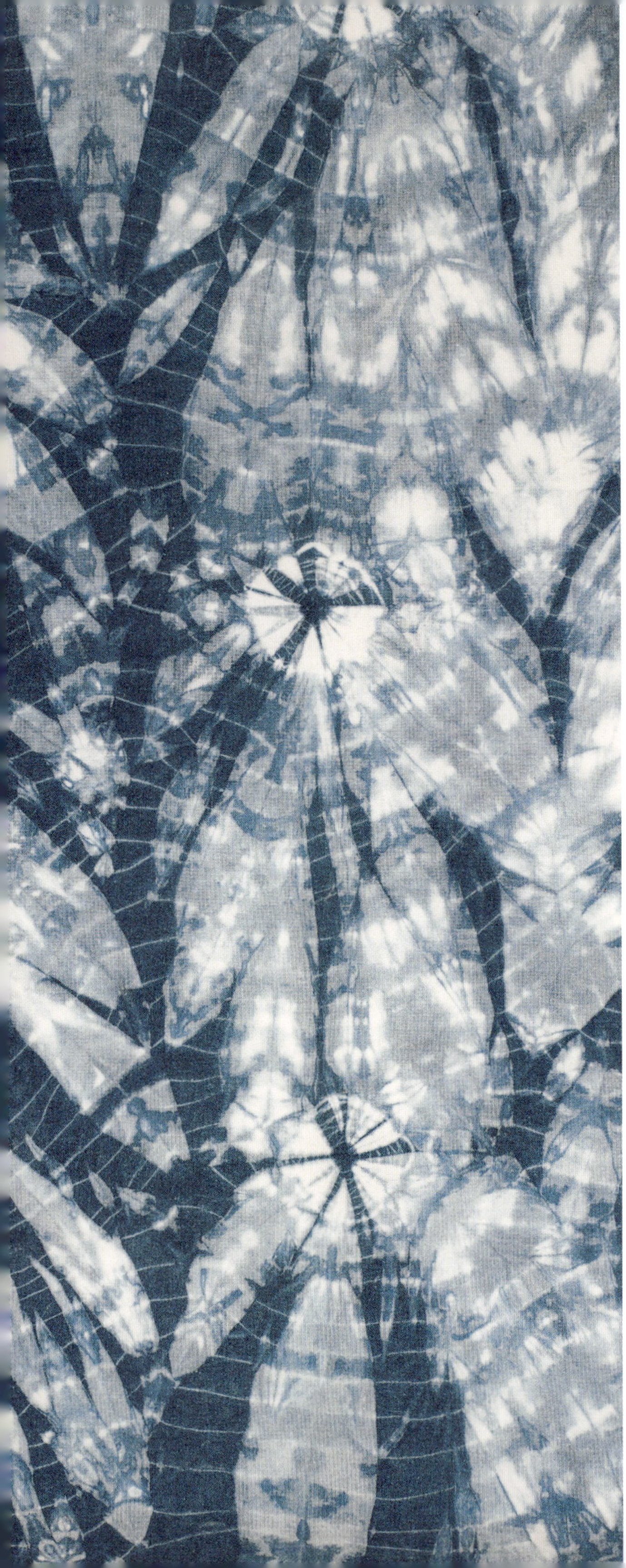

yanagi shibori

Weidenmuster

Material
Leichte Baumwolle | Knopflochgarn |
wasserlöslicher Stoffmarkierstift | Shibori-Haken | Seil

Yanagi shibori ist eine Erweiterung des *kumo shibori,* Spinnweben (siehe S. 28).

Anleitung

› Mit dem Stoffmarkierstift die Mittelpunkte der Spinnenweben auf dem Stoff markieren.
› Den Shibori-Haken in die Markierung des Stoffes einhaken.
› Den Stoff zu sich ziehen und kegelförmig spannen (Abb. 1).
› Das Garn am unteren Rand der Spinnenwebe verknoten
› Den Stoffkegel auf- und abwärts fest mit dem Garn umwickeln (Abb. 2 + 3).
› Die Garnenden verknoten und abschneiden.
› Den Stoff mit den Händen raffen, um das Seil legen und mit Garn festbinden (Abb. 4 – 7).
› Mit dem Garn den Stoff umwickeln, dabei die abgebundenen Spinnenweben jedoch frei stehen lassen (Abb. 8 – 10).
› Am Ende des Stranges das Garn verknoten und abschneiden (Abb. 11).

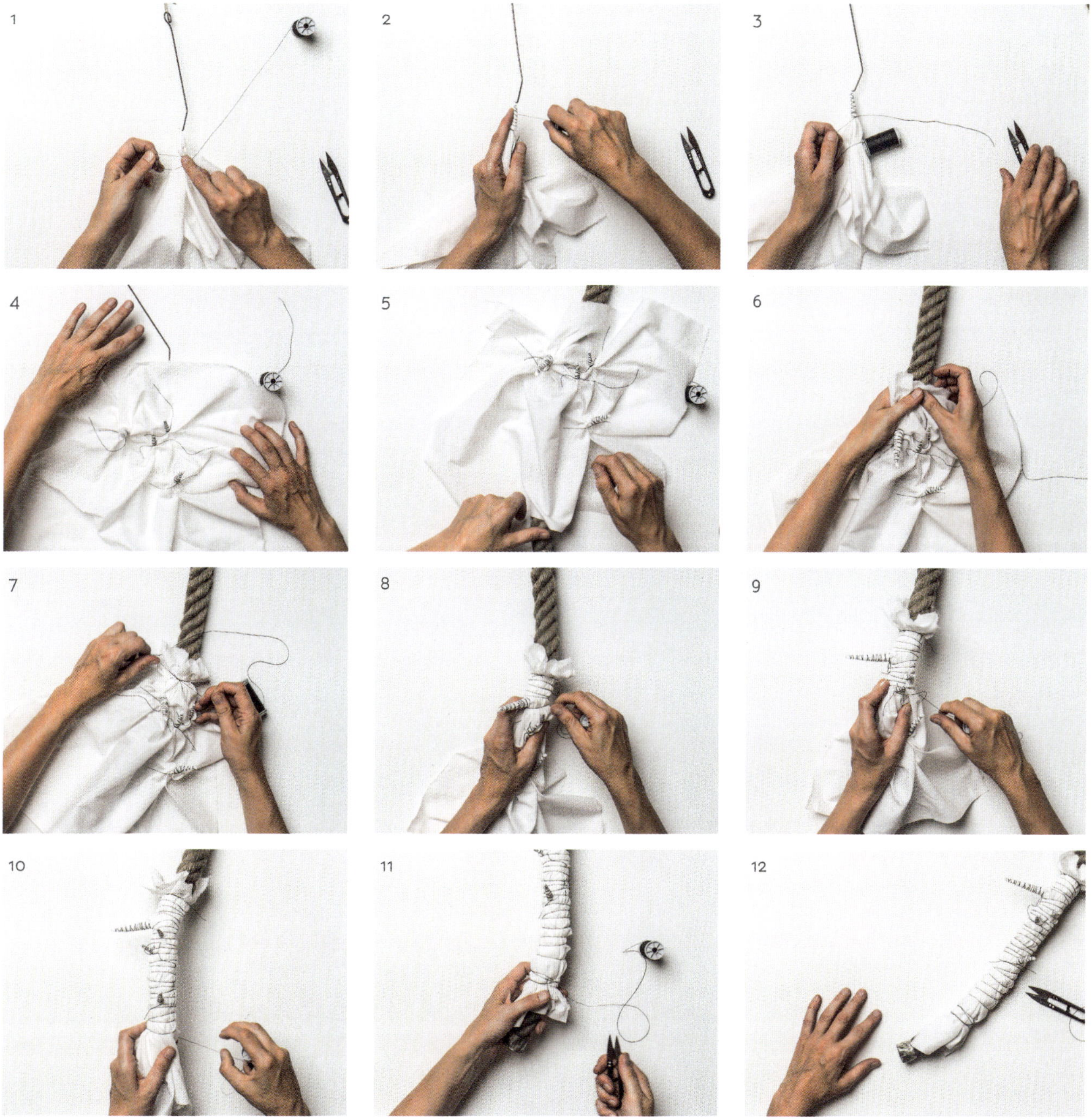
1
2
3
4
5
6
7
8
9
10
11
12

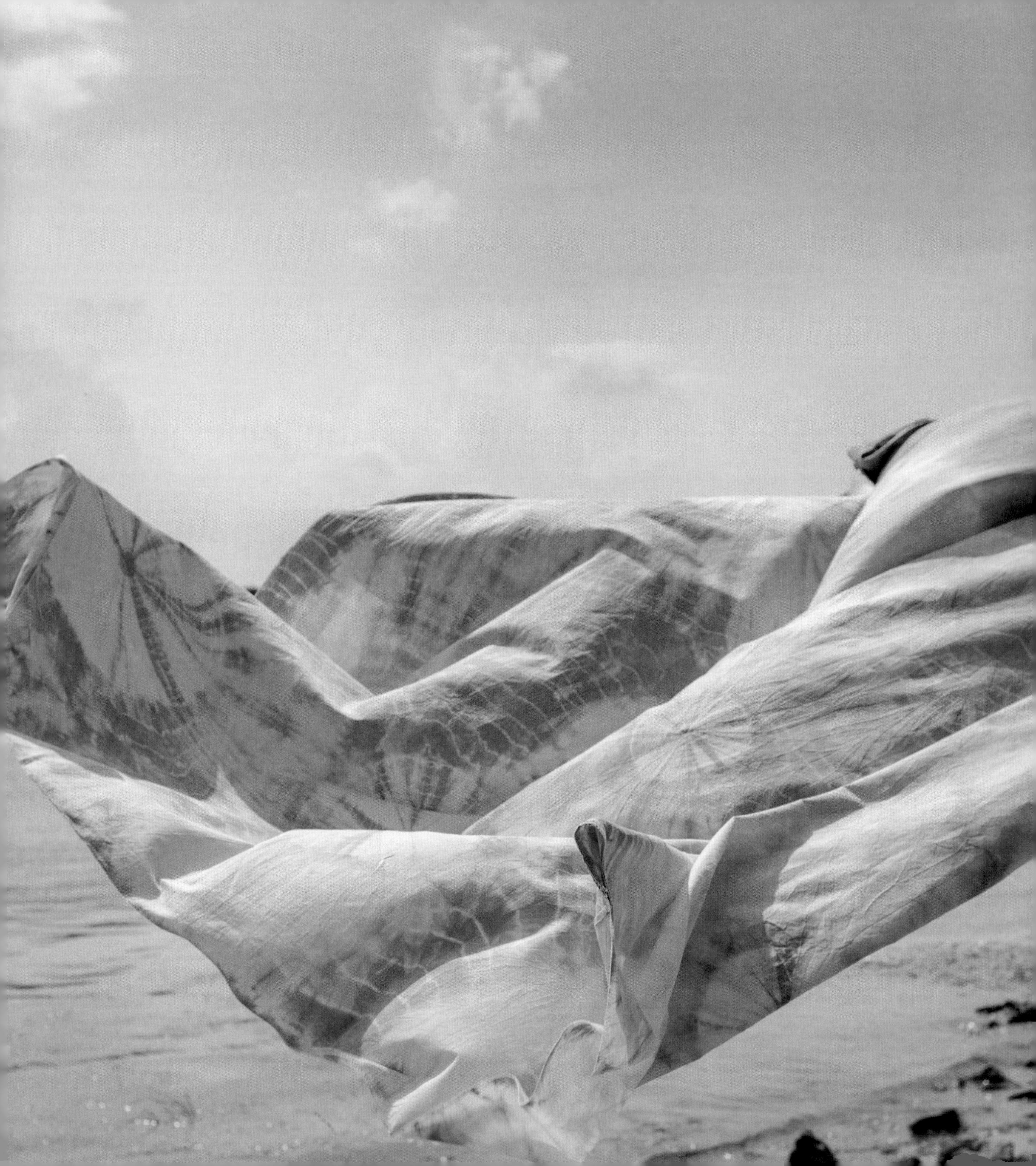

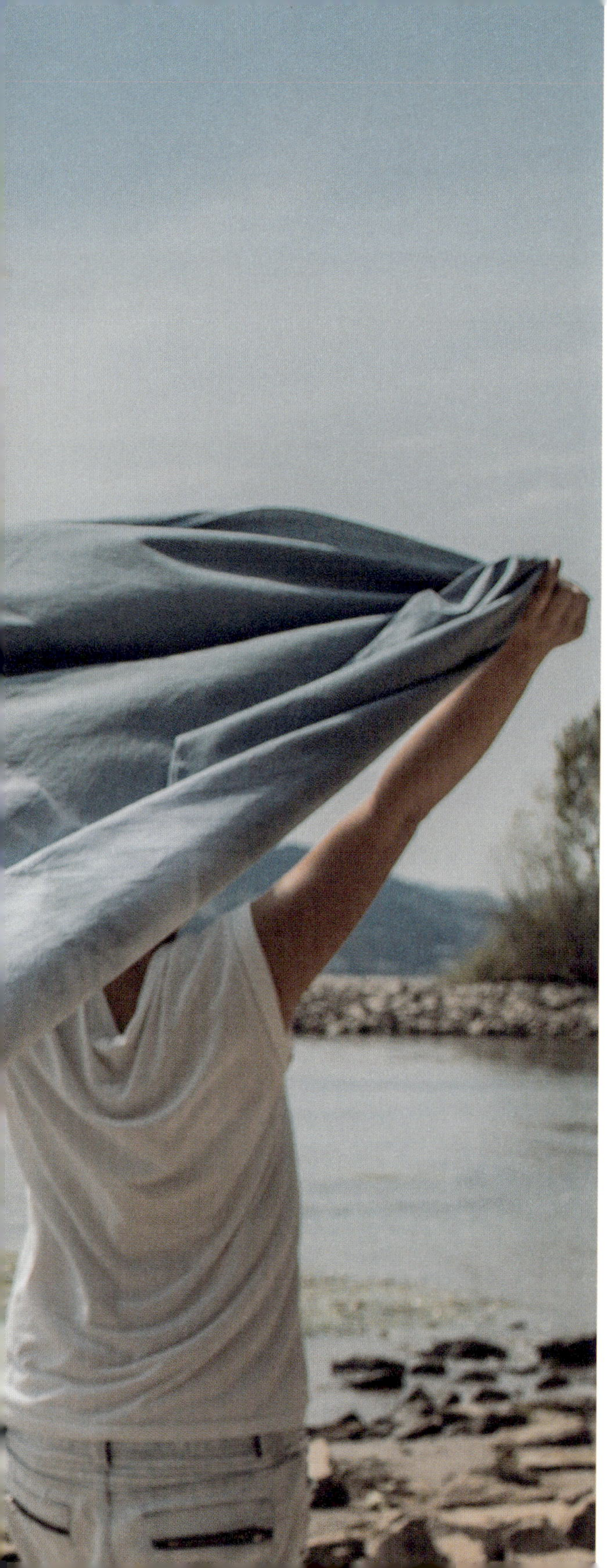

Projekt Strandtuch

Material
Leichte Baumwolle, Überbreite, 240 x 240 cm

Anleitung

› Die Kanten des Stoffes mit der Overlock-Nähmaschine versäubern oder mit einem Saum, wie auf Seite 94 / Platzsets beschrieben, versehen.

Zum Strandtuch passend lässt sich auch ein Pareo / Hüfttuch herstellen.

Projekt Stickrahmen

Material
Shibori-Stoff | Holzstickrahmen | wasserlöslicher Stoffmarkierstift | Heißklebepistole

Anleitung

› Den Shibori-Stoff mit 1,5 cm Kleberandzugabe rund ausschneiden.
› Den zugeschnittenen Stoff in den Stickrahmen einspannen.
› Auf der Rückseite des Stickrahmens den Stoff mit Heißkleber am Innenrahmen festkleben.

Tipp
Auf diese Weise lassen sich aus Reststücken kleine Kunstwerke machen!

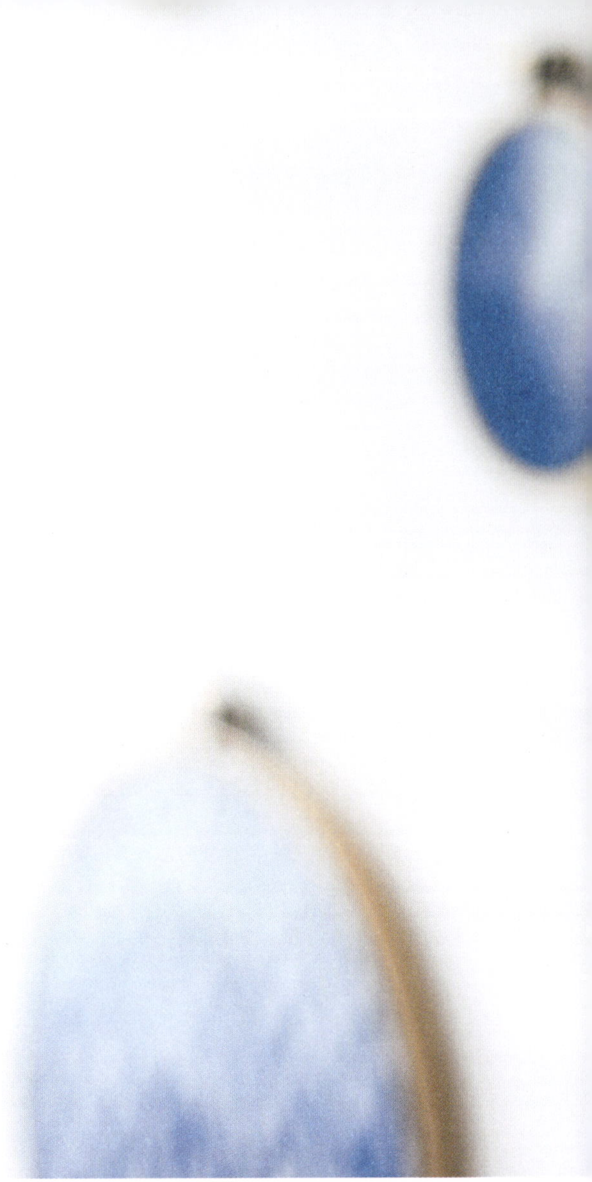

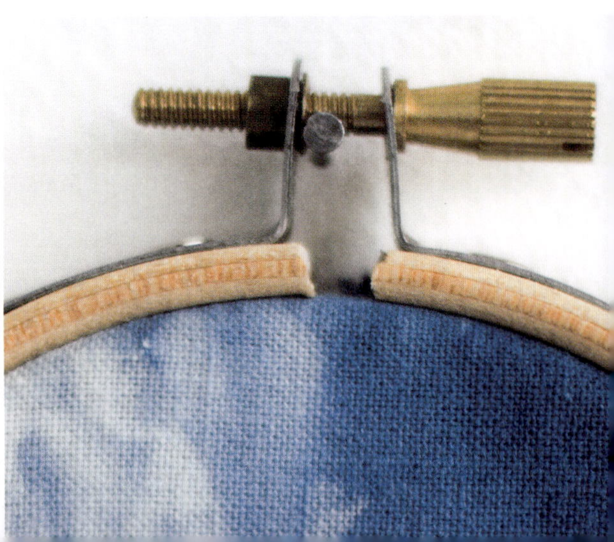

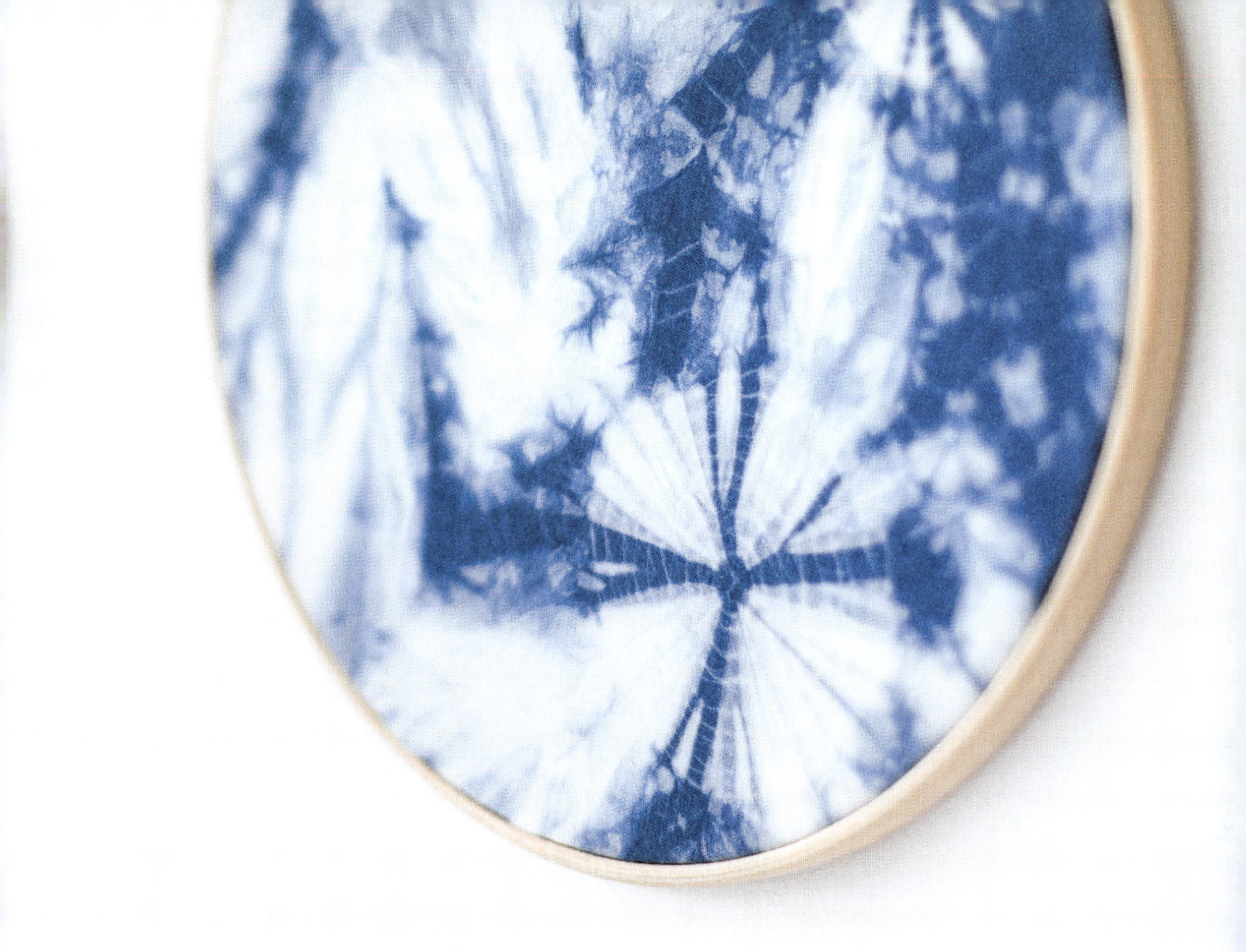

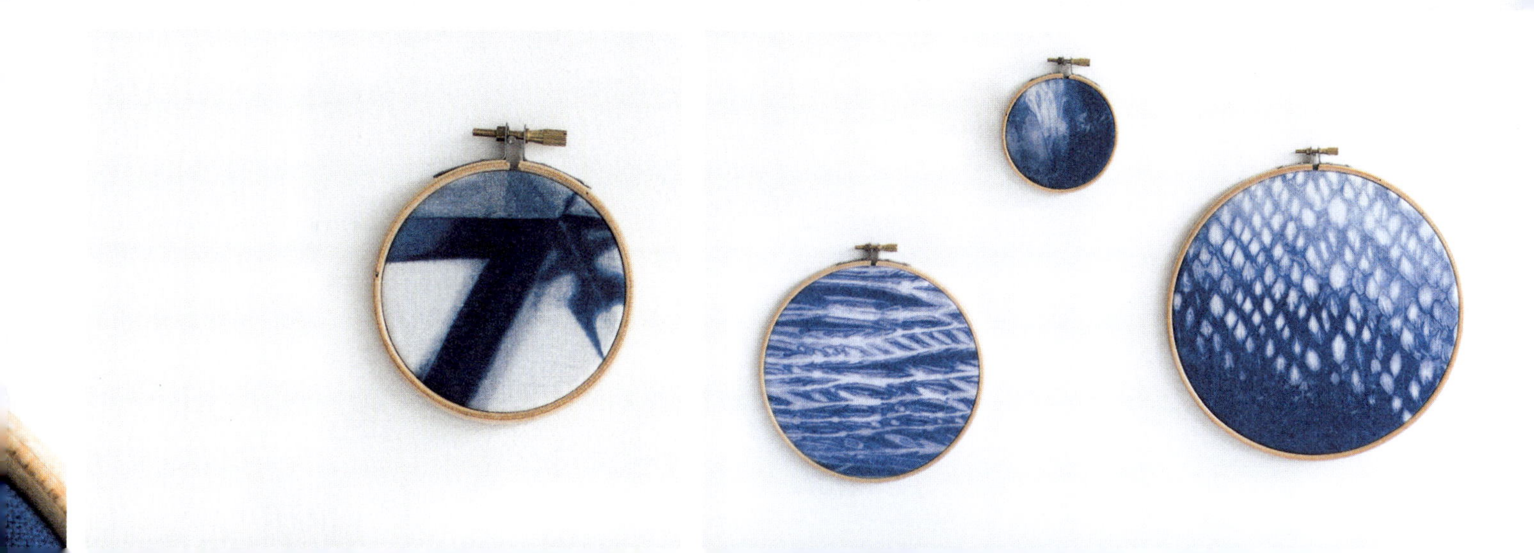

Schnittvorlagen

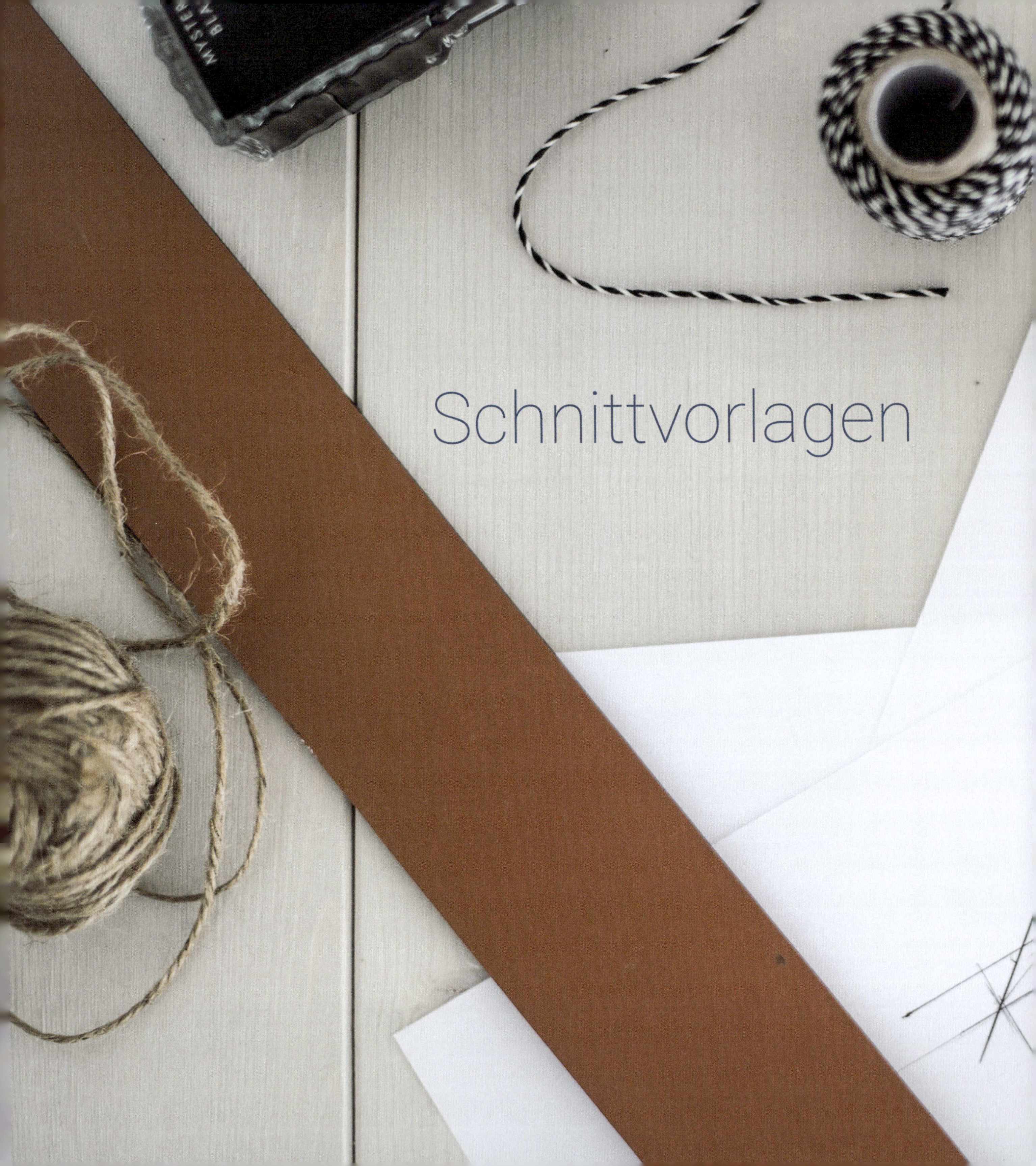

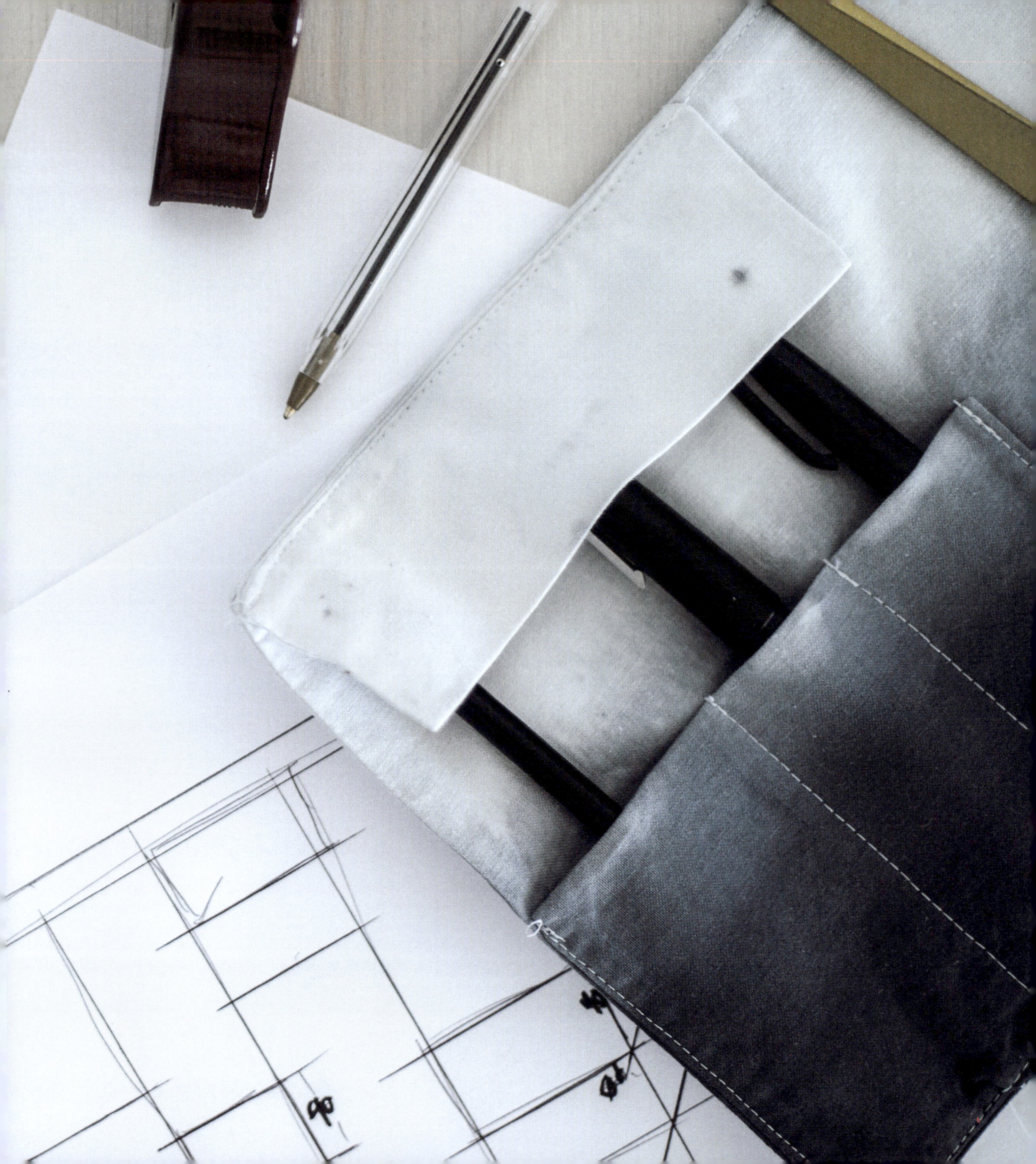

Die Schnittvorlagen verstehen sich als Prinzipdarstellungen. Die farbigen Flächen zeigen die rechte Seite der Shibori-Stoffe.

Projekt Lunchbag S. 27

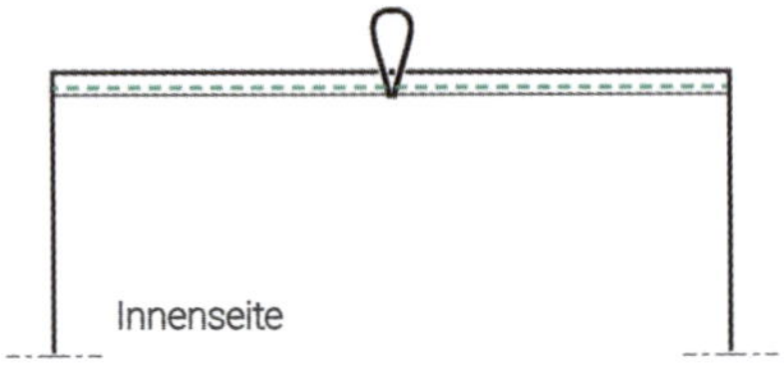

Abb. 1

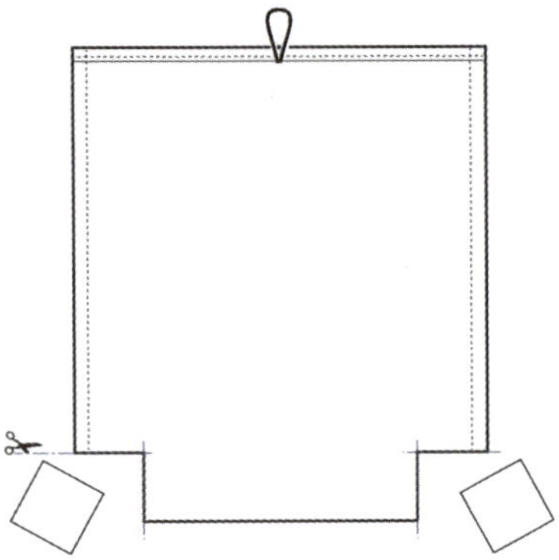

Abb. 2

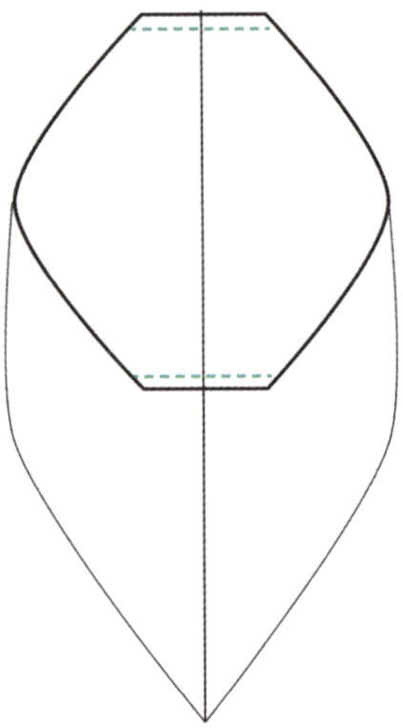

Abb. 3

Projekt Buchhülle S. 33

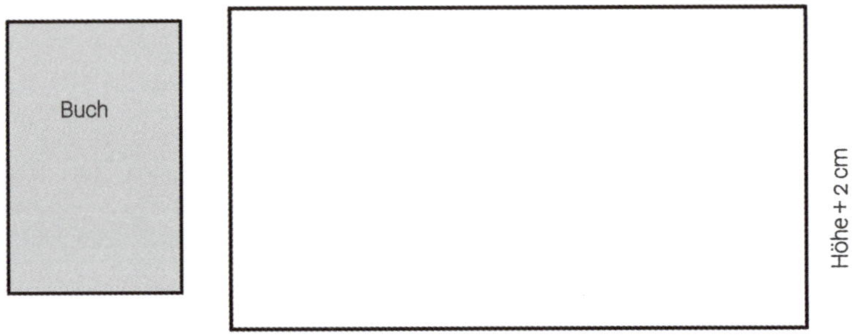

Abb. 1 2-mal Breite + Rückenbreite + 15 cm

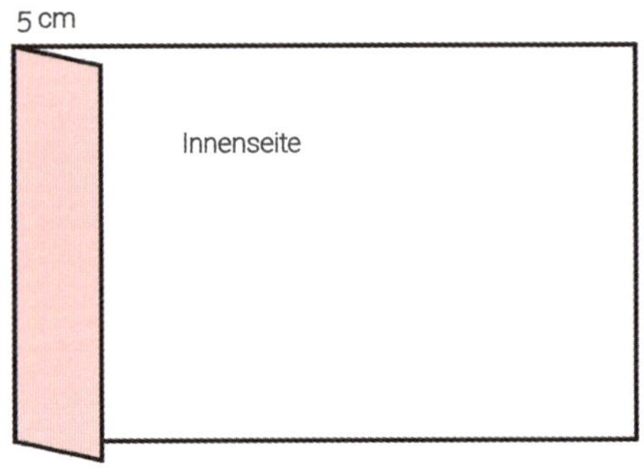

Abb. 2

Projekt Kosmetiktäschchen S. 56

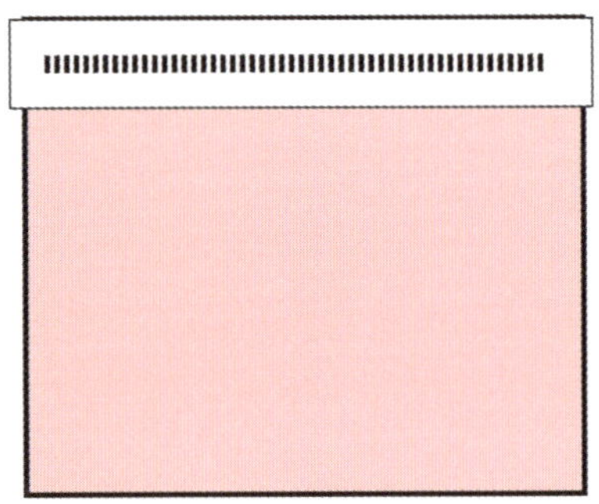

Abb. 1

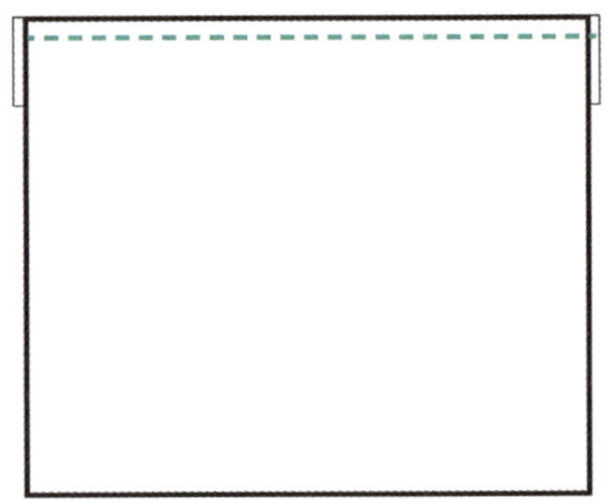

Abb. 2

Projekt Utensilo S. 40

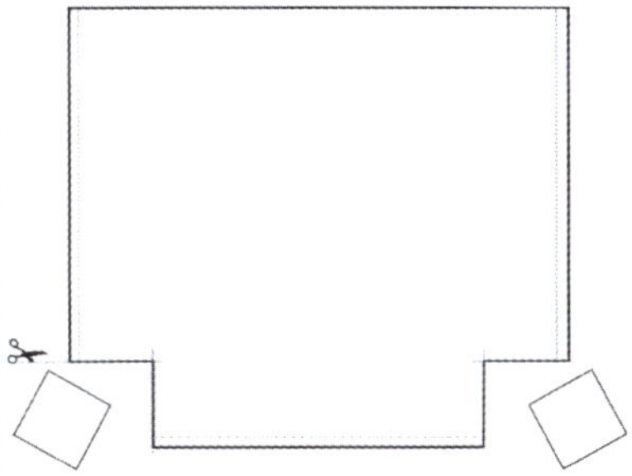

Abb. 1

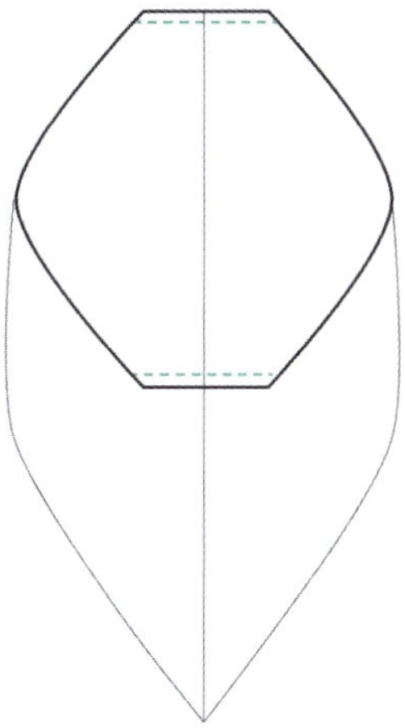

Abb. 2

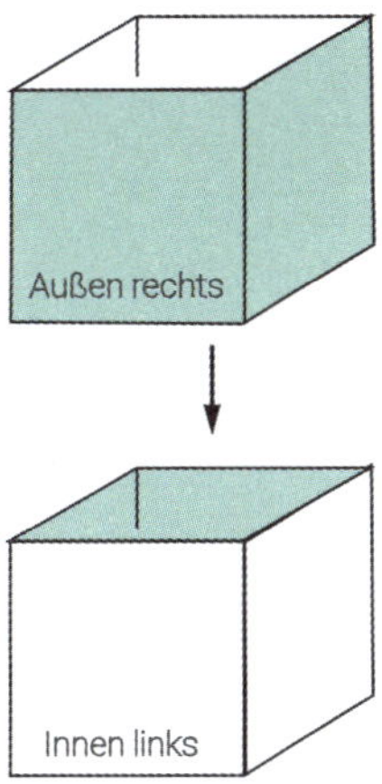

Abb. 3

Projekt Vasenhülle S. 37

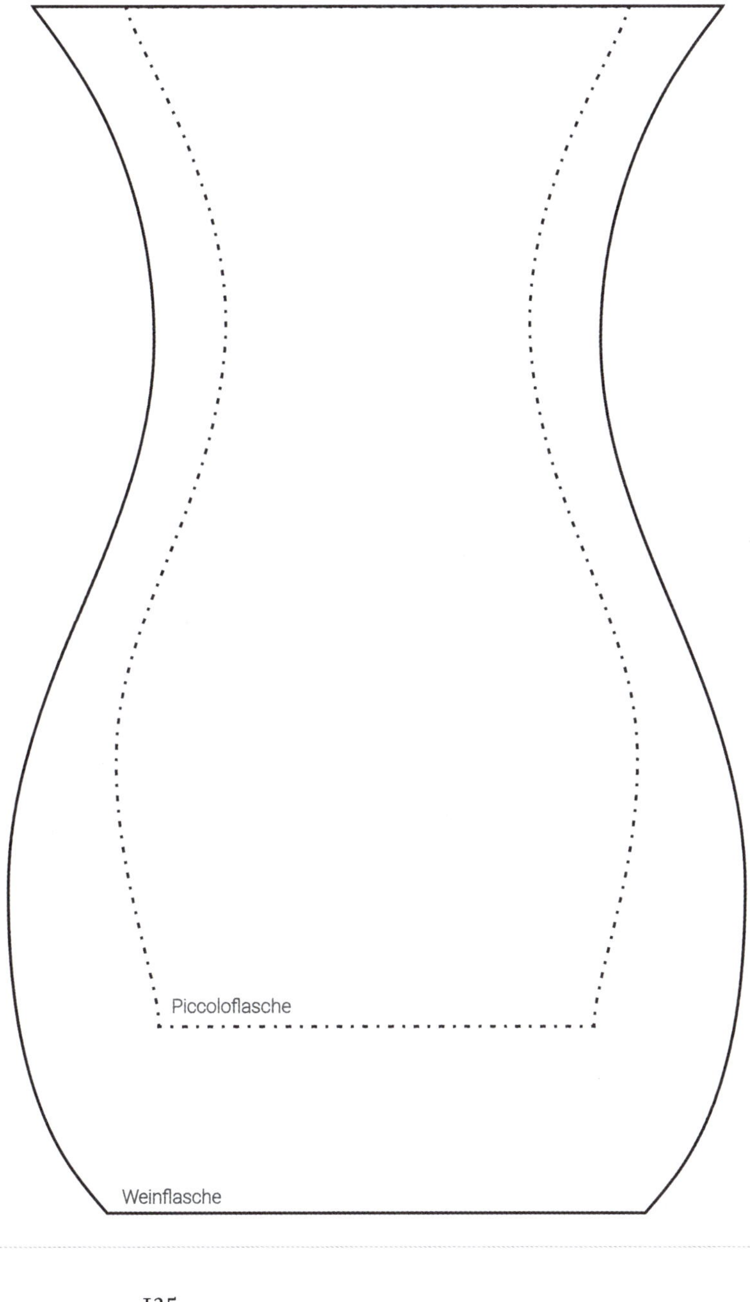

Projekt Handytasche S. 45

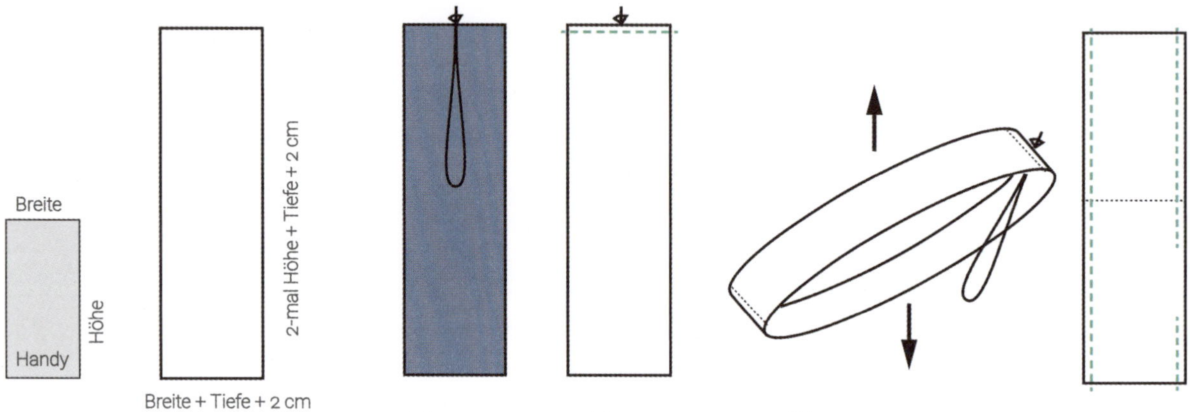

Abb. 1 Abb. 2 Abb. 3 Abb. 4 Abb. 5

Projekt Waschbeutel S. 80

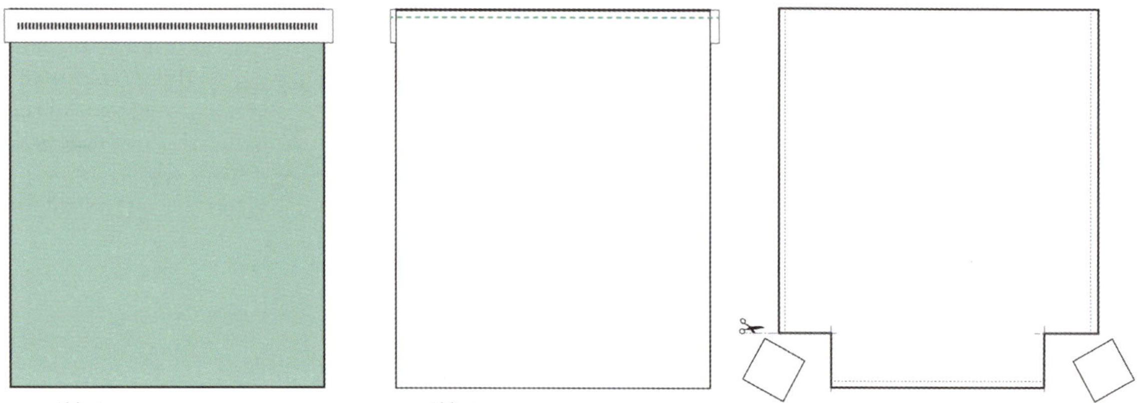

Abb. 1 Abb. 2

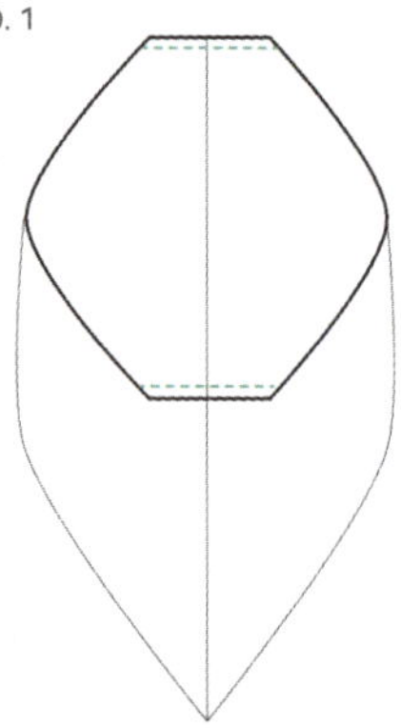

Abb. 4

Projekt Turnbeutel S. 60

Abb. 1

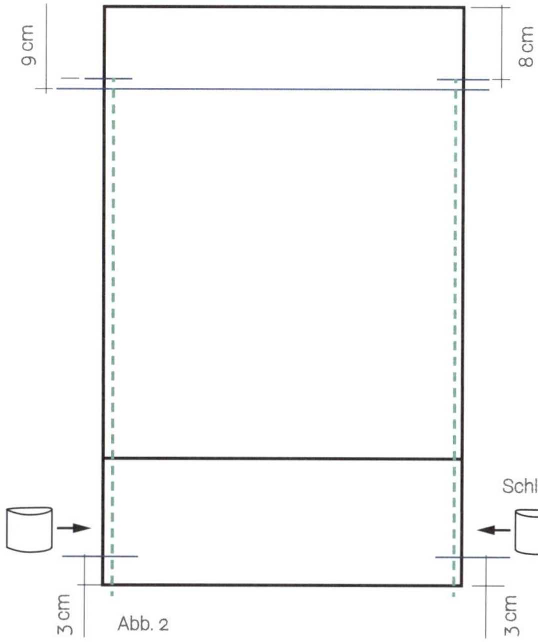

Abb. 2

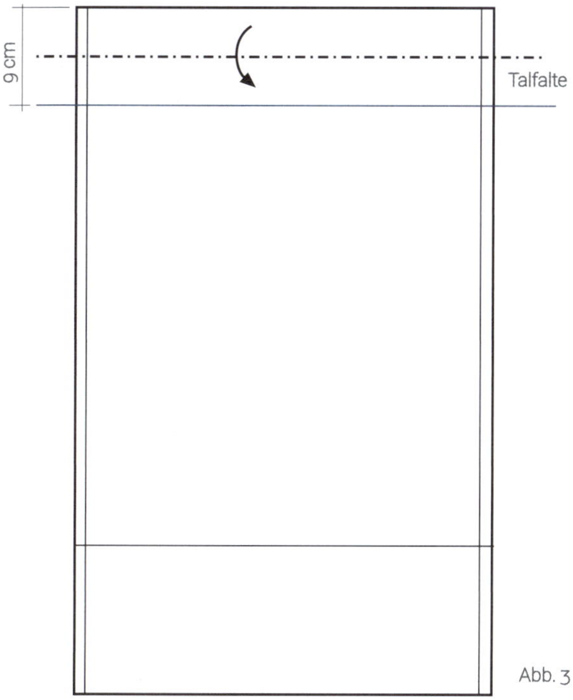

Abb. 3

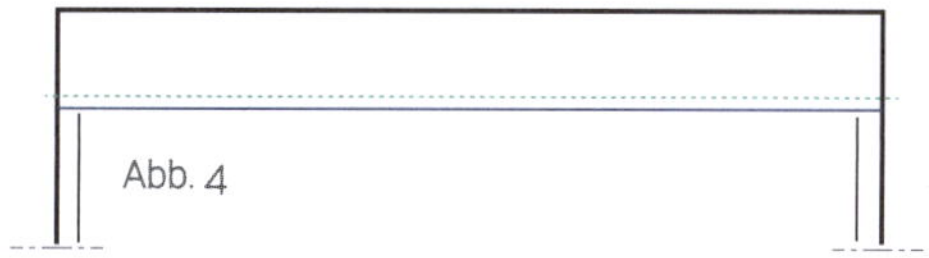

Abb. 4

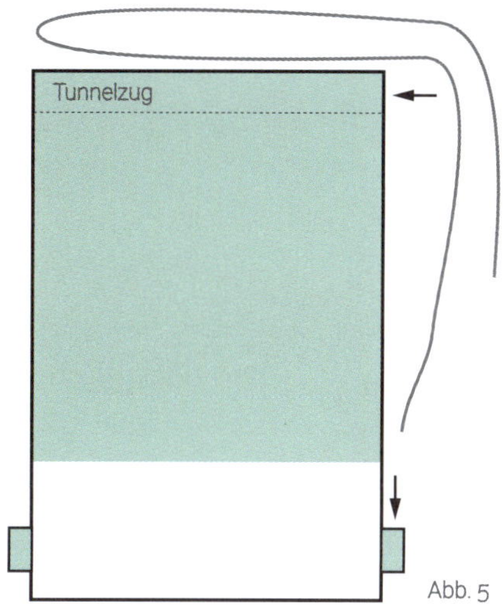

Abb. 5

Projekt Stifterolle S. 70

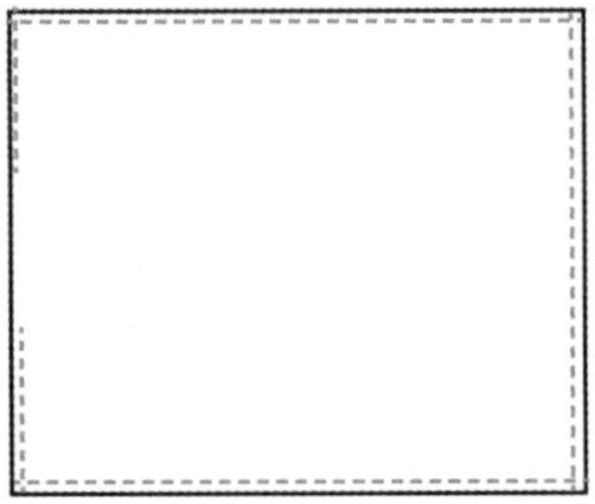
Abb. 1

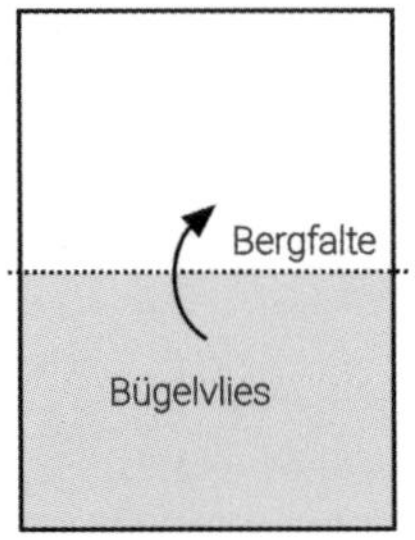

Abb. 2

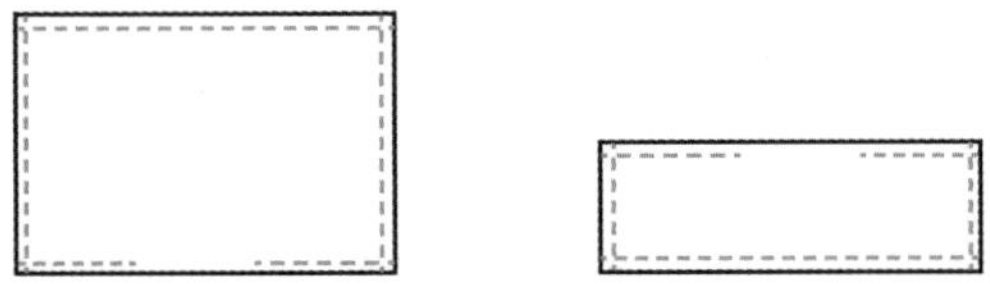

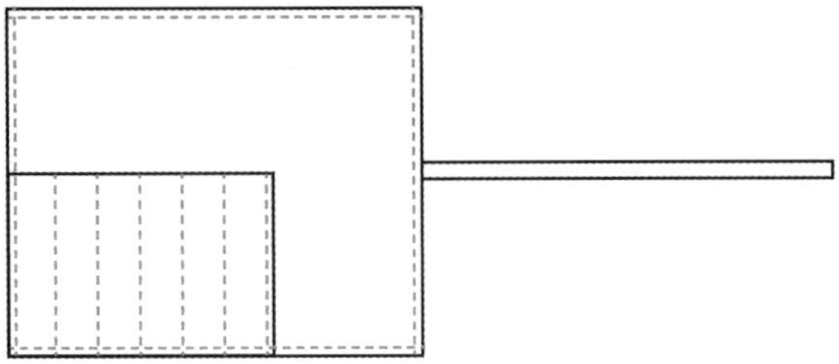
Abb. 4

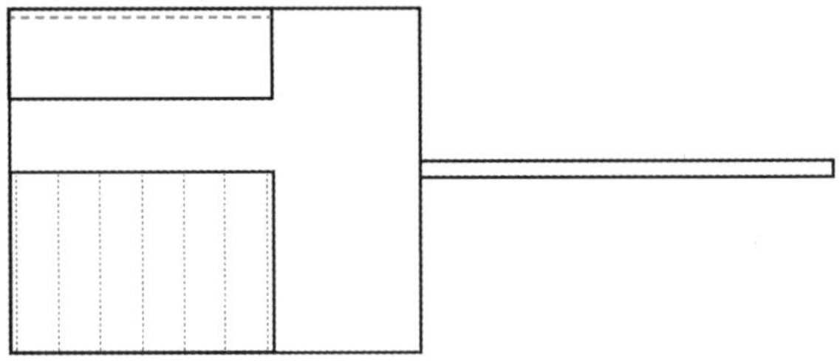
Abb. 5

Projekt Platzset S. 94

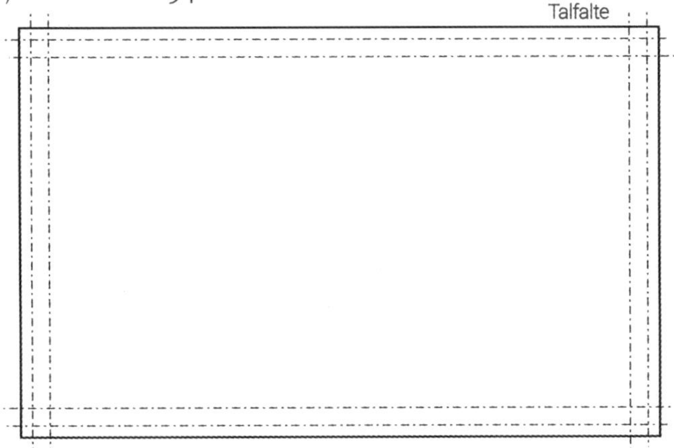

Abb. 1

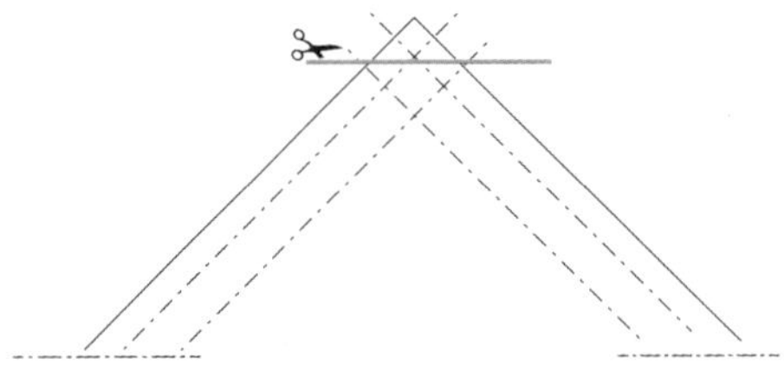
Abb. 2

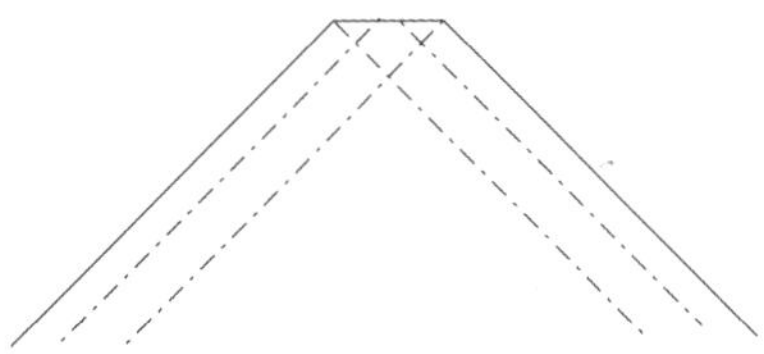
Abb. 3

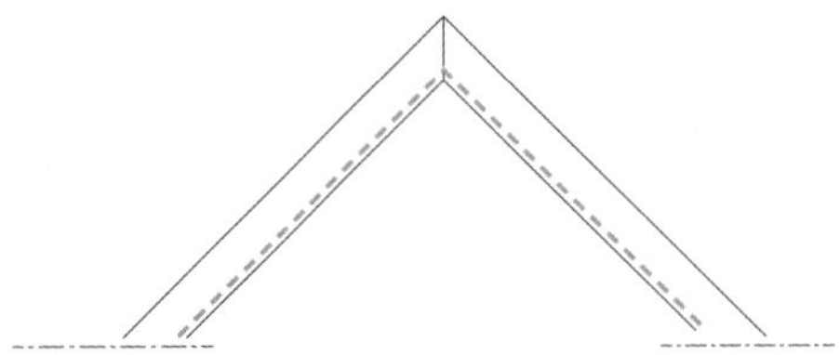
Abb. 4

Projekt Wäscheklammerbeutel S. 86

Abb. 1

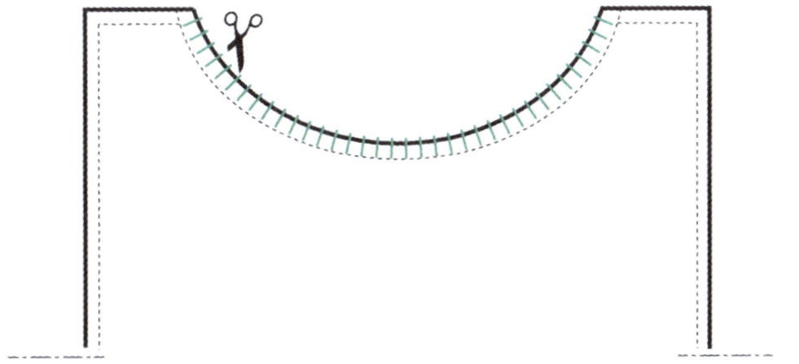

Abb. 2

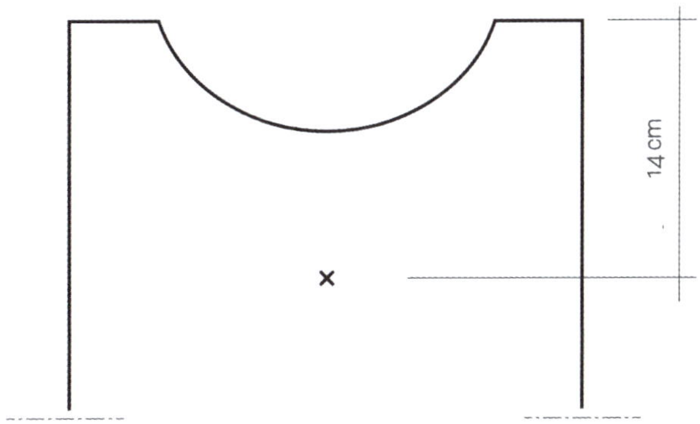

Abb. 3

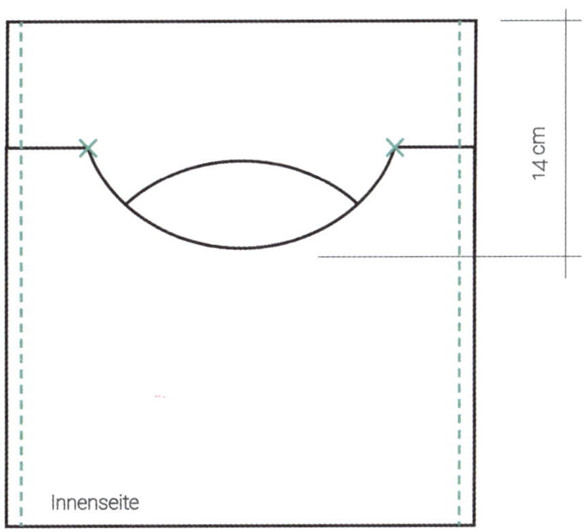

Abb. 4

Projekt Sofakissen S. 108

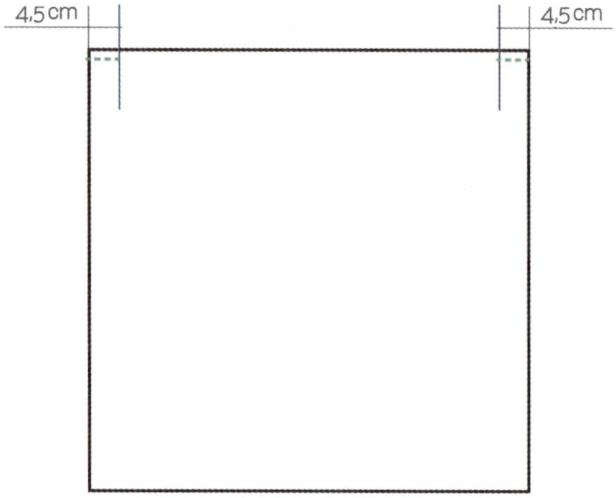

Abb. 1

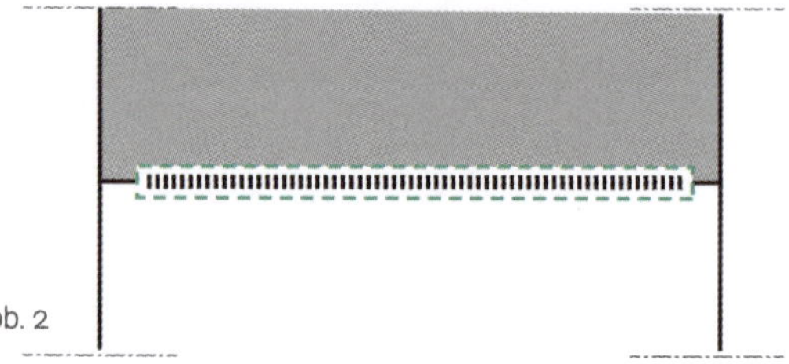

Abb. 2

Abb. 3

Projekt Clutch S. 129

Abb. 1

Abb. 2

Projekt Shopper S. 120

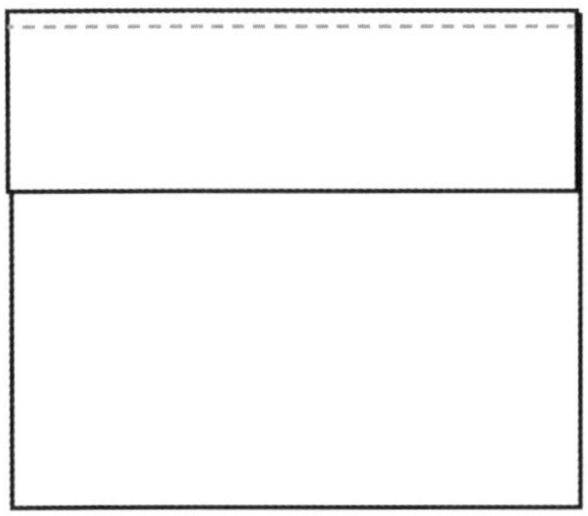

Abb. 1

Abb. 2

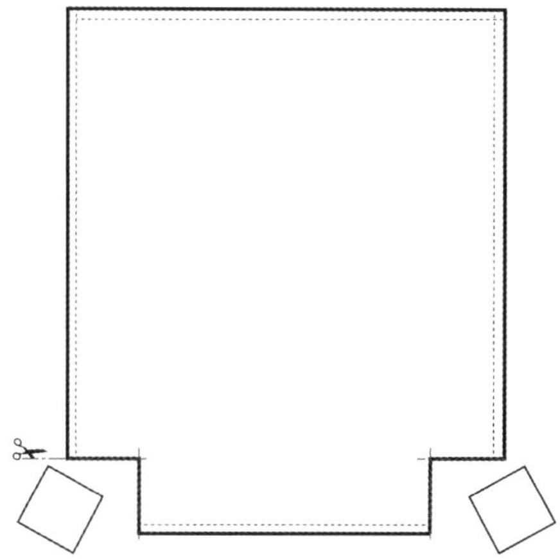

Abb. 3

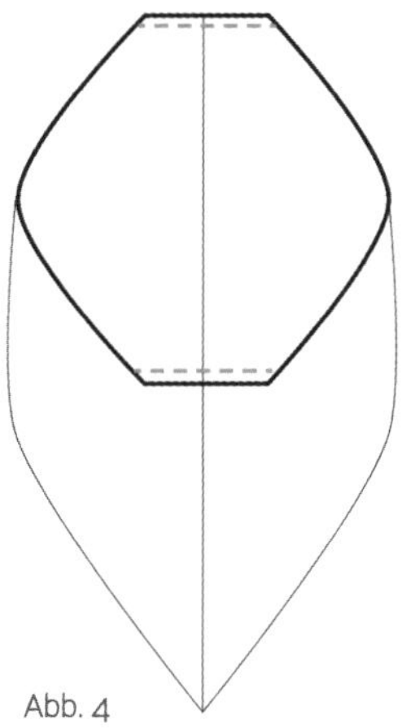

Abb. 4

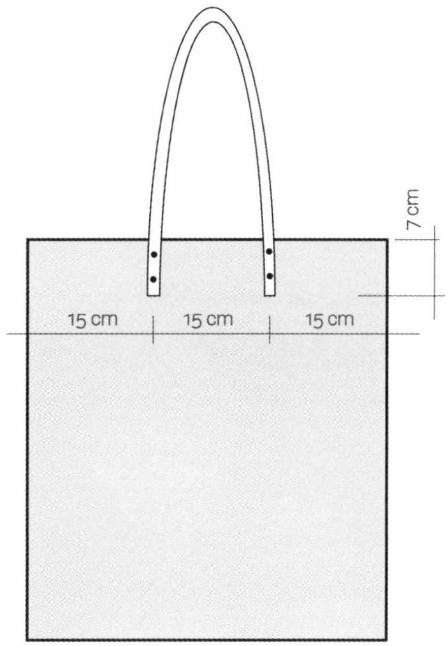

Abb. 5

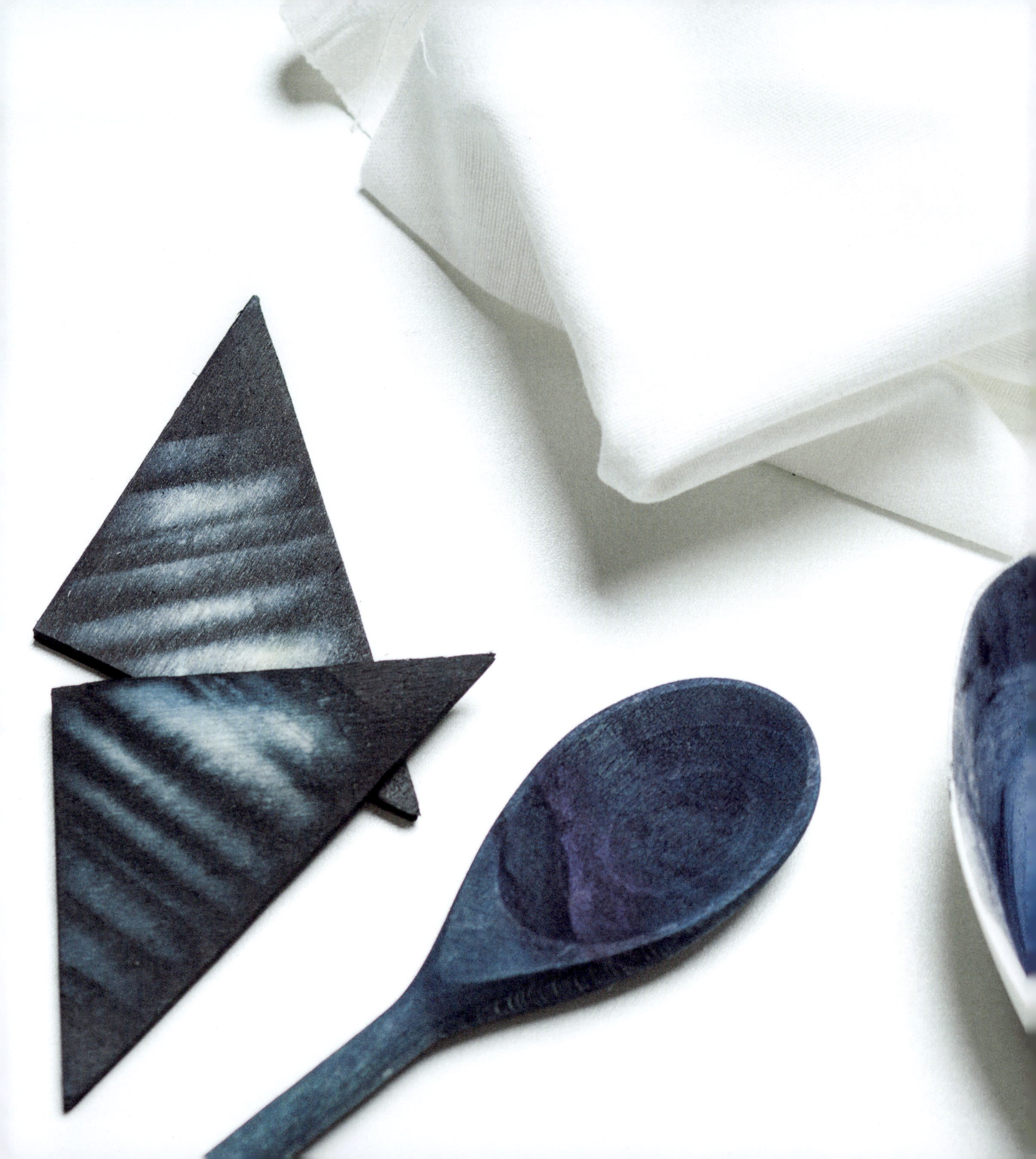

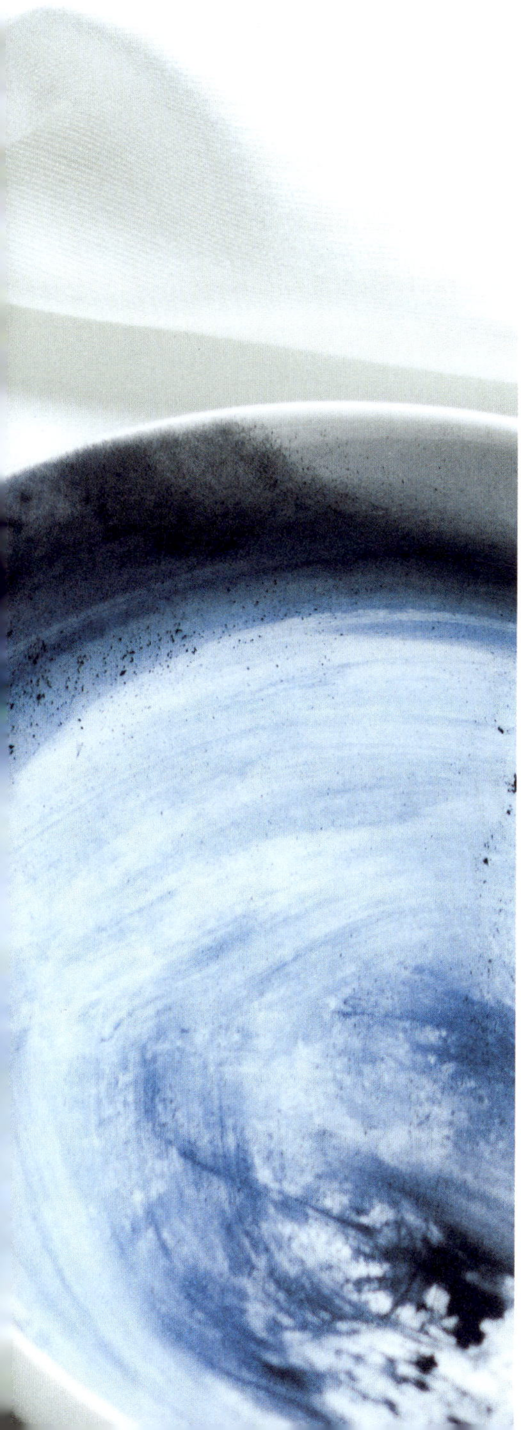

Bezugsquellen Färbe- und Hilfsmittel

Galerie Smend
Mainzer Straße 31
50678 Köln
www.smend.de

Garn & Mehr
Birgit Hahn
Ernst-Griesheimer-Platz 6
63071 Offenbach
www.garn-und-mehr.de

Kremer Pigmente GmbH & Co. KG
Hauptstraße 41 – 47
88317 Aichstetten
www.kremer-pigmente.com

Panenka Design Produkte München
Günther Panenka
Hauptstraße 7a
85649 Otterloh
www.patchworkshop.de

Patchwork-Pro
Am Hafen 34
38112 Braunschweig
www.patchwork-pro.de

Pflanzenfärber Shop
Herder Straße 40a
41836 Hückelhoven
shop.pflanzenfaerber.eu

Literaturverzeichnis & Webseiten

Yoshoiko Iwamoto Wada; Marry Kellogg Rice; Jane Barton: *Shibori. The Inventive Art of Japanese Shaped Resist Dyeing*, New York 1983 / 2012.
Janice Gunner: *Shibori im Textildesign*, Bern 2007.
Pepe Martin und Karen Davis: *Tie Dip Dye. Fashion and Lifestyle Projects to Hand-Dye in Your Own Kitchen*, New York 2015.

World Shibori Network: shibori.org
Arimatsu Shibori Museum: shibori-kaikan.com

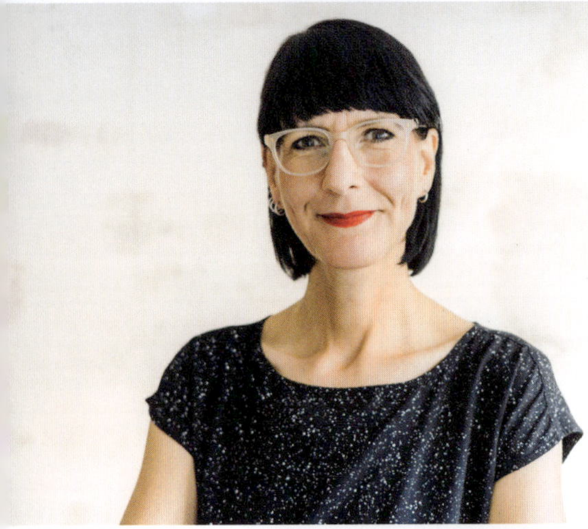

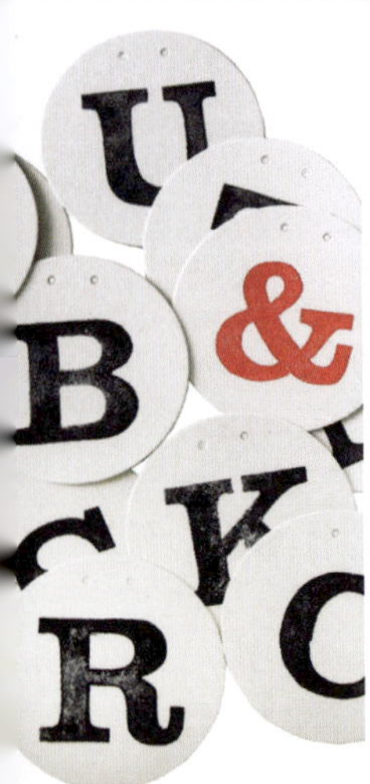

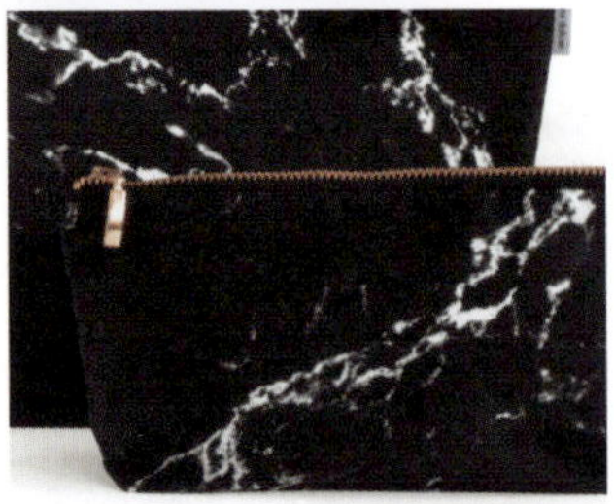

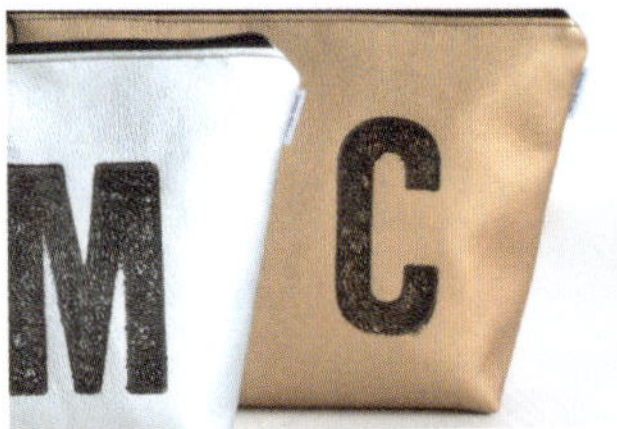

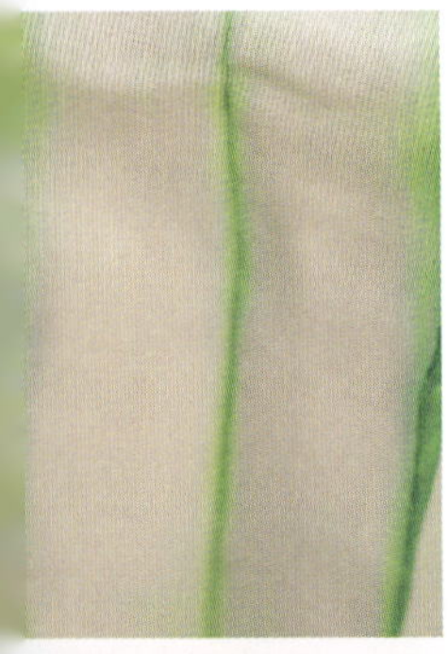

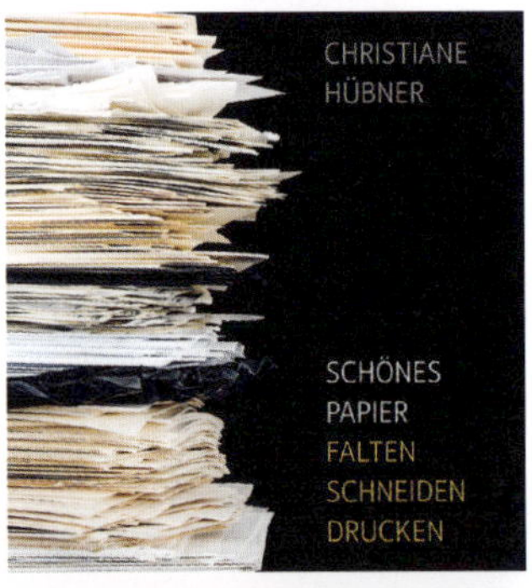

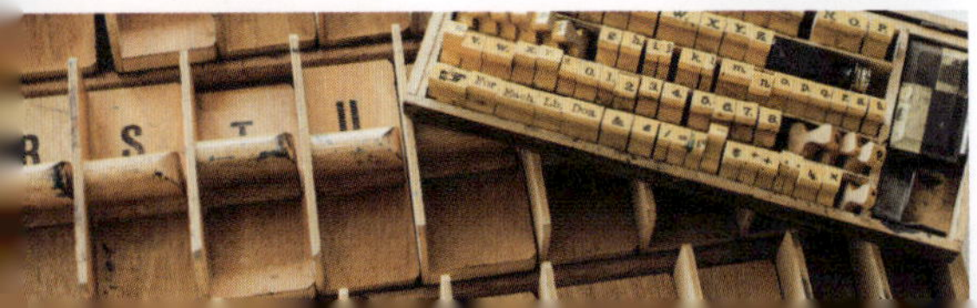

Die Autorin

Nach Abschluss der Studiengänge Architektur und Produktdesign an der Bauhaus-Universität Weimar führte Christiane Hübner mit ihrem Partner Matthias Becker viele Jahre die gemeinsame Designagentur *produktgruppe*.
Seit dem Studium setzt sie sich mit Japan in den Bereichen Architektur, Design und traditionelles Handwerk auseinander. Während einer Reise durch das Land verstärkte sich das Interesse, handwerkliche Techniken zu erlernen und neue Anwendungen zu entwickeln.
Im Jahr 2010 gründete sie das Label *renna deluxe* und vereint hier ihre Leidenschaften für Stoff und Papier. Im Spannungsfeld dieser Materialien und in Verbindung mit Schrift entstehen puristische Papierwaren, Lifestyle-Produkte und Wohnaccessoires.
2019 erschien ihr Buch *Schönes Papier. Falten – schneiden – drucken*, in dem sie ihre Leidenschaft für den Werkstoff Papier zum Ausdruck bringt.
Die Handschrift der Designerin ist von einer Liebe zur Reduktion getragen. Die intensive Auseinandersetzung mit Material, Kontext, Herstellung und Anmutung bringt Kreationen mit einer sinnlichen Ästhetik hervor.
Christiane Hübner lebt mit ihrem Partner in Wiesbaden und arbeitet in ihrem Studio stetig an neuen Konzepten.

renna-deluxe.de
mimiundanton.de

renna deluxe

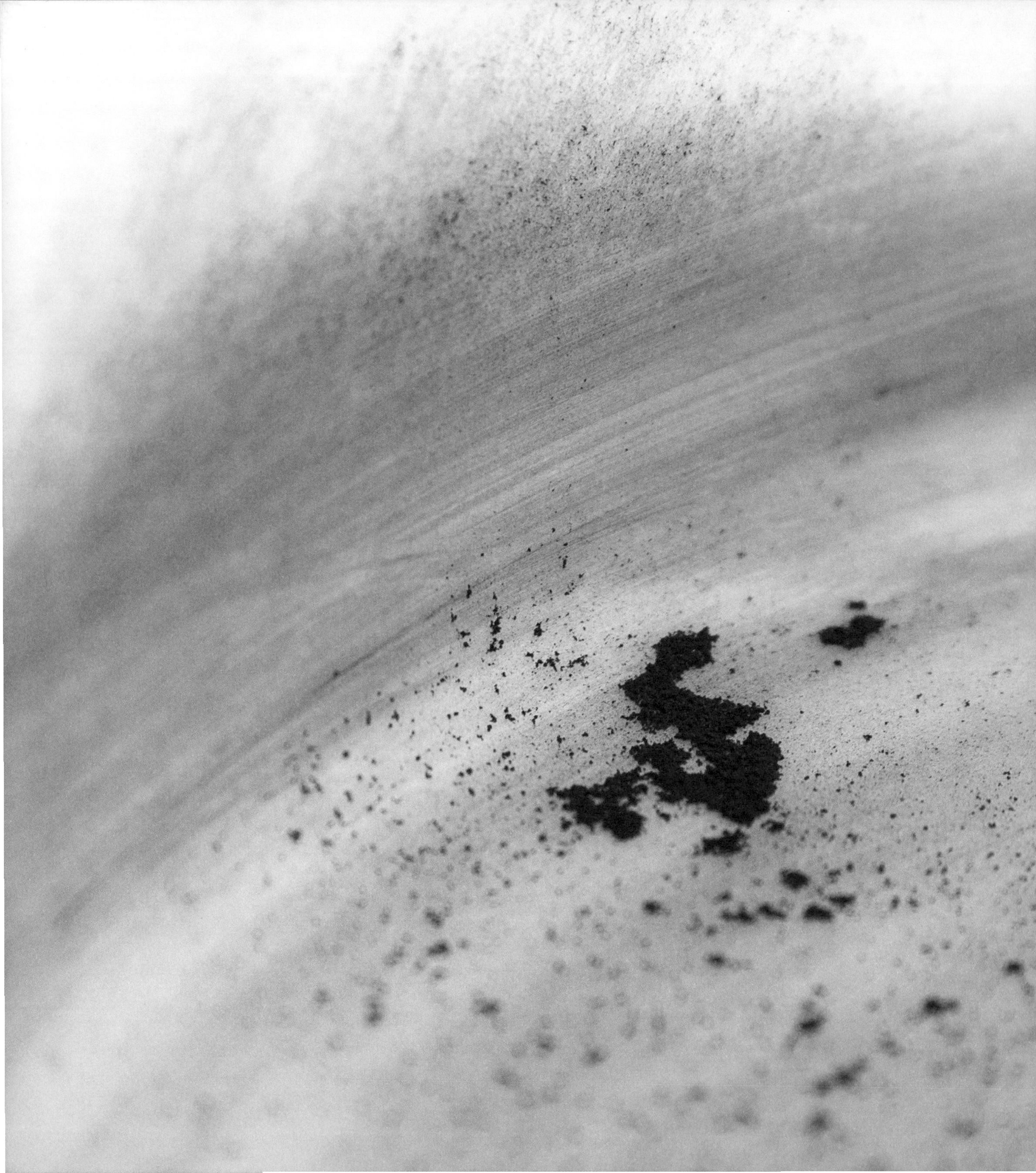